Thaddäus Podgorski

Die grosse ILLUSION

Erinnerungen an 50 Jahre mit dem Fernsehen

Bibliophile Edition

Die Deutsche Bibliothek-CIP-Einheitsaufnahme
Podgorski Thaddäus: Die große Illusion/Erinnerungen an 50 Jahre mit dem Fernsehen/Podgorski Thaddäus
Wien: Bibliophile Edition, 2005
ISBN: 3-9500956-9-1

GESTALTUNG: Media & Grafik
LEKTORAT: Dr. Ruth Mautner
PRODUKTION: Josef Frühwirth
LITHOGRAPHIE: Media & Grafik
DRUCK UND BINDEARBEITEN: Laber Druck
ISBN: 3-9500956-9-1

Viel Vergnügen

Ihr

[illegible]

Inhalt

Vorwort

Es gibt Lebensmenschen, Lebenspartner, Lebensabschnittspartner und Weggefährten. Ich weiß nicht, was meine burgenländische Friseurin für mich ist. Wahrscheinlich hat sie von allem etwas. Seit dreißig Jahren schneidet mir Frau Anna regelmäßig die Haare und verhilft mir auf diese Weise auch in der Großstadt zu einem vielbeachteten, gestylten Outfit.
Wie die meisten Vertreter dieses Metiers ist Frau Anna sehr eloquent und hat die Meisterschaft des einseitigen Dialogs entwickelt. Sie plaudert – neben so wichtigen Dingen wie über das Wetter oder die aktuellen burgenländischen Heurigen – über meine persönlichen Vorzüge und Fähigkeiten.
Was mich fast am meisten beeindruckt, ist die Tatsache, daß bei ihrer Arbeit keine kratzenden Haare in meinen Kragen fallen.
Frau Anna ist über meinen beruflichen und – wie ich der einen oder anderen schelmischen Andeutung entnehmen konnte – auch privaten Werdegang auf dem Laufenden. Sie verfolgte nicht nur mein vielfältiges Wirken im Fernsehen, sondern scheute auch nicht davor zurück, mich das eine oder andere Mal im Theater zu beachten.
Als ich einmal in einer Saison in drei winzigen Rollen am Theater in der Josefsstadt zu sehen war, erwartete sie mich kurzatmig vor Begeisterung in ihrem Salon . Schon während der Kopfwäsche prasselte mir ihre Laudatio in die nassen Ohren. Immer wieder unterbrach sie ihr hemmungsloses Lob mit dem Satz:“Muß ich sagen ...“, damit fixierte sie das bisher Gesagte. Es war ihr „enter“.

„Unglaublich", staunte sie, „muß ich sagen, daß sie die Texte der verschiedenen Stücke, muß ich sagen, nicht durcheinander bringen".

„Aber Frau Anna", entgegnete ich etwas verärgert, weil sie nur das beeindruckte und nicht meine schauspielerische Brillanz, „aber Frau Anna, soviel Text ist das ja wirklich nicht".

„Sagen sie das nicht; es ist ein Wahnsinn – in den Kammerspielen eine Komödie, in der Josefsstadt einen Schnitzler - muss ich sagen"

„Aber Frau Anna, schauen Sie sich doch den Herrn Lohner oder den Herrn Schenk an - das sind Rollen, das sind Leistungen!".

Sie weigerte sich auf dieses schlagende Argument einzugehen und holte tief Luft. In jener Pause sagte ich, um das Gespräch zu beenden: „Auf jeden Fall ist das ein gutes Gehirntraining".

„Und ob. Herr Podgorski, und ob! Muß ich sagen: Sie, Herr Podgorski, muß ich sagen, kriegen noch lange keine grauen Zellen."

Was immer diese kryptische Prophezeihung bedeuten mag, ich glaube, es ist höchste Zeit einige Erinnerungen niederzuschreiben! Befürchten Sie bitte keine Autobiographie – freuen Sie sich auf Geschichten aus einem halben Jahrhundert mit dem Fernsehen!

Thaddäus Podgorski, Wien im Frühjahr 2005

Mit Lebensabschnitts-
partner „Argos" auf
dem Lande. Kurz vor
der Erstkommunion.

Die unschuldigen Jahre

Meine Kindheit wurde während der Kriegszeit von zwei in ihrer Größe sehr unterschiedlichen Würfeln beeinflußt: vom „Volksempfänger“ und von der Wiener Staatsoper.

In unserer Zimmer-Küche-Wohnung in den sogenannten Krankenkassenhäusern am Kanal 75 in Simmering stand auf der Kredenz, deren Holz durch die dünne weiße Lackierung da und dort durchschimmerte, dieser schwarze Würfel aus Bakelit. Aus diesem Würfel meldete sich der „Großdeutsche Rundfunk“ mit Stimmen, die mir völlig fremd waren.

Mein Vater, gebürtiger Altösterreicher, sprach Deutsch mit einem starken polnischen Akzent und meine Mutter antwortete ihm mit einer weichen melodischen Stimme, die ihre Herkunft aus Niederösterreich nicht verleugnen konnte.

Die Stimmen, die aus diesem kreisrunden, „zutapezierten Loch“ kamen, waren hart und bedeutungsvoll. Seither höre ich immer wieder diese Stimmen. Es sind die Stimmen von Eiferern. Und vor Eiferern sollte man auf der Hut sein. Sie sind sich ihrer Sache immer ganz sicher und vertragen keinen Widerspruch. Sie sind von sich selbst begeistert und verlangen das auch von ihrer Umgebung. Am besten entwickeln sie sich in einer Umgebung, die ihnen sehr große Öffentlichkeit verspricht: Also Radio und Fernsehen! Sie sehen meist ganz verschieden aus – aber sie sprechen mit einer Stimme. Und diese Stimme klingt nach Bakelit.

Aus dem Würfel aus Bakelit kamen auch noch andere Geräusche: der „Kuckuck“ zum Beispiel oder der „Wecker“. Der hatte allerdings nichts mit dem heutigen Wecker von Ö3 zu tun, sondern kündigte einen Fliegeralarm an! Meine Kindheit war durchsetzt von Bombenangriffen und Opernbesuchen. Ich wußte damals nicht, was ich mehr fürchten sollte!

Mit der Oper war das so eine Sache: Meine um neun Jahre ältere Schwester tanzte im Staatsopernballett und der kleine Bruder mußte sich das mit seinen Eltern ansehen! Die Feierlichkeit, mit der das passierte, und der kratzende, juckende Brennesselstoff, aus dem der Matrosenanzug geschneidert war, in dem ich zu diesem Anlaß gesteckt worden war, versetzten mich in Panik.

Außerdem wurde ich schon damals mit einer Problematik konfrontiert, die ich erst jetzt so richtig begreife: Wie kann man einen Menschen, der einem hinterrücks das Malbuch ausmalt, das letzte Stück von seiner Schokolade aufißt und obendrein das Lieblingsspielzeug versteckt, wie kann man also einen Menschen, über den man sich schon sein Urteil gebildet hat, auf der Bühne gut finden?

Meine Schwester schwebte über die Bühne, leicht wie eine Feder und schön wie eine Fee – aber sie war meine Schwester. Daran war nicht zu rütteln. Die Augen meiner Mutter schwammen in öligem Glück und mein Vater räusperte sich stolz auf polnisch. Ich gähnte und kratze mich. Das war der Grund, warum ich den Fliegeralarm interessanter fand. Im Luftschutzkeller waren wir alle gleich! Und mein Neid hielt sich in Grenzen.

Als die Fliegerangriffe immer häufiger wurden, schickte mich meine Mutter zu ihrer Schwester aufs Land. Zu Tante Julie. Mein Vater war schon längst, wie das so schön hieß „dienstverpflichtet". Der Werkmeister der „Saurerwerke" mußte in einem Bergstollen in Halle an der Saale zusammen mit polnischen KZ-Häftlingen V1- und V2-Raketen zusammenbauen. Und einmal im Monat durfte er uns auf einer offenen Postkarte schreiben, wie schön das Wetter im Altreich ist.

Ich besuchte mittlerweile die dritte Klasse Volksschule in Spital am Phyrn, während mir meine Tante demonstrierte, was sie unter guter Erziehung verstand! Der Ordnung halber muß gesagt werden, daß sie Kettenraucherin und Hundezüchterin war. Das alte Bürgerhaus war also ausgefüllt von undurchdringlichem Rauch gestopfter Zigaretten und vom Gebell von wenigstens zehn bis zwölf Hunden. Deutsche Boxer. Ausschließlich die Freundschaft zu einem dieser Boxer, sein Name war „Argos", ermöglichte mir die Hoffnung auf einen menschlichen Zugang zu dieser unerbittlichen, hustenden, eisernen Lady, deren Äußeres man heute als Abschreckungslabel für Zigarettenpackungen verwenden könnte.

Die Tante hieß im Dorf nur „die Tante" und verbreitete bei Jung und Alt, Reich und Arm nackte Angst. Die Dorfbewohner begegneten mir mit Scheu und Mitleid und so manche gute Bauersfrau strich mir übers Haar und seufzte. Ja, ja, so eine war meine Tante. Viele hielten sie auch für eine Spiritistin und Alchemistin. Sie war nämlich bekannt dafür, die grauenhaftesten Weihnachtskekse zu backen. Diese Kekse waren aus dunklem Mehl, ohne Zucker, aber dafür mit Rinderfett zubereitet und wurden immer verkohlt aus dem Backofen geholt. Weihnachtssterne des Satans! Trotzdem, die Zeiten waren schlecht, wollten manche diese Sterne kosten. Aber sie gab nicht einen Stern heraus. Nicht einmal ihrem restlos verschüchterten Mann, dem ein Daumen fehlte. Mir gab sie schon gar nichts. Aber ich wollte einen Stern um jeden Preis!

Eines Tages, meine Tante befand sich gerade auf dem Hundeabrichteplatz, schlich ich mich in ihr altdeutsches Schlafzimmer, wo sie auf einem nutzlos gewordenen Schminktisch die Weihnachtssterne in einem amphorenartigen Gefäß abgestellt hatte. Es sah aus wie eine Urne mit nicht restlos verbrannten menschlichen Überresten. Das ganze Zimmer roch wie nach einem erst kürzlich gelöschten Schwelbrand. Ich nahm mir also vorsichtig einen Stern, der noch fast alle Zacken hatte, klopfte die dicke schwarze Staubschicht ab, schlich zur Tür, sprang mit wenigen Sätzen durch das Wohnzimmer und verbarrikadierte mich auf dem Klo. Als ich in Sicherheit war, biß ich eine Ecke von dem Stern ab, kaute sie vorsichtig, biß auf ein verkohltes Stück Fenchel und spuckte alles in die Muschel. Dann warf ich das restliche Keks hinein, zog die Spülung und stellte mich wieder der Realität.

Die Tante erschien von Hundegebell begleitet und überreichte mir feierlich eine riesige Kerze. Ich hatte am nächsten Tag Erstkommunion, hatte aber noch nicht gebeichtet. Ich fürchtete mich davor. Mehr noch als vor der Tante. „Wer ohne Beichte zur Kommunion geht", sagte im Religionsunterricht der hochwürdige Dechant Stögmüller, „der kommt in die Hölle". Und wie die Hölle aussehen könnte, war mir ja schon ein wenig vertraut. Ich ging also zur Beichte und wußte trotz intensiver Gewissenserforschung nicht, was ich beichten sollte. Plötzlich wurde mir siedend heiß. Ach ja: „Ich habe gestohlen! Ich habe einen Weihnachtsstern der Tante Julie gestohlen." Beichtstühle sind magische Orte. Tausend Gerüche hängen in der abgestandenen Luft. Der strenge Duft des alten Zirbenholzes behauptet sich nur schwer gegen den schon unsichtbar gewordenen Weihrauch, der auch die kleinsten Vergehen zu Kapitalverbrechen werden läßt. Vor dem Betreten des Beichtstuhles wirft man noch einen hilfesuchenden Blick auf die Seitenaltäre, in deren Reliquienschreinen allenthalben Kekse der Tante Julie gelagert sind. In Gold gefaßt. Der Priester war unsichtbar. Aber nur fast. Ich wußte: Das ist der Dechant Stögmüller. Es gibt kein zurück! Ich bekenne vor Gott: „Ich habe die Hunde lieber als die Tante Julie!" Der Dechant Stögmüller seufzte, beugte sich etwas vor und sagte ganz sanft: „Ich weiß, mein Sohn ... Es sei dir vergeben – und weiter?"

Jetzt mußte es wohl sein: „Ich habe gestohlen!"

„Du betest als Buße ein Vaterunser und ein Gegrüßet-seist-du-Maria. Ego te absolvo in nomine patris et filii et spiritus sancti."

„Amen", sagte ich und wartete. Aber er sagte weiter nichts. Er fragte gar nicht, was ich gestohlen hatte. Halleluja! Als ich gehen wollte, sagte er mir noch: „Aber den Schaden mußt du wieder gut machen – sonst ist die Absolution wertlos und du kannst morgen nicht zur Kommunion gehen!" Ich lief aus der Kirche und setzte mich auf einen steinernen Engel. Jetzt hatte ich ein Problem. Das Problem von Schuld und Sühne. Wie um Himmelswillen sollte ich dieses verkohlte Keks refundieren? Ich ging nach Hause und dachte nach. Mein Onkel drehte mit Zeige- und Mittelfinger am Radioknopf und suchte den Sender der BBC. Von Zeit zu Zeit sah er mich prüfend an, um sicher zu gehen, daß ich nicht verstand, was er da tat. Er beging zwar ein Verbrechen, auf das die Todesstrafe stand. Aber man brauchte es nicht zu beichten.

Ich hatte andere Sorgen. Bei mir ging es um die ewige Verdammnis. Ich setzte mich ganz nahe an das Radio und hörte interessiert zu. Es war von schweren deutschen Verlusten die Rede. Mein Onkel sah mich wieder forschend an. Kein Zweifel – er wollte mich los sein. „Darf ich ein Keks haben", fragte ich ihn.

„Nimm dir eins und verschwinde", sagte er.

Ich schlüpfte ins altdeutsche Zimmer und verließ es wieder, ohne mir etwas aus der Urne genommen zu haben. Damit war der Schaden wieder gut gemacht vor Gott und der Welt.

So ein „Hornyphon-acht-Röhren Super" stand auch im Rauchzimmer des Stiftsgymnasiums Admont, das ich als Konviktsschüler absolvierte. Weil der Konviktsdirektor Dr. Pater Hildebert Tausch Kettenraucher war, durften alle ab der fünften Klasse rauchen. Zwischen 16.00 und 17.00 Uhr und zwischen 19.30 und 20.30 Uhr durften wir auch Radio hören. Mittelwelle. Aber es waren so gut wie keine Programme zu finden. Der Österreichische Rundfunk sendete sogenannte Unterhaltungsmusik von Emil Waldteufel, Alois Pachernegg, Karl Pauspertl und Karl Schönherr. Titel wie der „Teddybär", „Nymphen am Waldesrand" oder „Ein Student geht vorbei" waren die Hits dieser Programme. Wir waren also nicht nur auf der Suche nach so legendären Radiostationen wie Radio Tirana oder Hilversum, die meines Wissens bis heute noch niemand gefunden hat, sondern nach Swing und Jazz, was im Kloster als entartete Musik galt. Gelegentlich konnte man den österreichischen Saxophonisten Charly Gaudriot hören, aber das war es dann auch schon. Irgendwann entdeckten wir einen italienischen Sender, der nur mit schweren atmosphärischen Störungen zu empfangen war. Der brachte jeden Tag um 20.00 Uhr die Sendung „Ballate con noi". Das hörten wir. Solange bis der Pater Hildebert erschien, der mit den Worten „indolente Hedonisten" das Radio abdrehte. Mich bezeichnete er noch zusätzlich als Josefinisten. Ich weiß bis heute nicht warum. Ich wußte auch nicht, daß Radio süchtig machen kann. Doch ich war süchtig. Wo immer ich konnte, hörte ich Radio: „Die große Chance" mit Maxi Böhm, „Faß das Glück" mit Heinz Conrads. Hörspiele und sogenannte „Hörbilder". Und selbstverständlich Sport. Länderspiele: Heribert Meisl.

Beim Radio müßte man sein! Aber daran war nicht zu denken. Als wir kurz vor der Matura von einer Berufsberatungskommission getestet und gefragt wurden, was wir werden wollten, wußte ich es natürlich nicht und antwortete „Berufsberater". Daraufhin mußte ich wegen ungehörigen Benehmens in die Direktion.

Wir spielten auch Theater. „Weh dem, der lügt", „Sommernachtstraum", fromme Krippenspiele, Kabarett, Sketches ... Aber ist das ein Beruf?

Admont hatte auch ein Kino. Nein, kein Kino: ein Lichtspieltheater. Die Wahrscheinlichkeit, einen Kinobesuch erlaubt zu bekommen, war nahezu null. Die Voraussetzungen waren so gut wie unerfüllbar! Abgesehen von einer monatelangen guten Führung, mußten wir eine Filmkritik aus dem „Volksboten" oder dem „Feuerreiter" (das war eine katholische Jugendillustrierte) beibringen. Letzteres war noch härter als die „gute Führung". Wir versuchten, Kritiken aus anderen Zeitungen in den „Feuerreiter" einzukleben, aber die Sache war kompliziert, denn der „Feuerreiter" war ganz in Heimwehrgrün gehalten. Wir mußten uns also über weite Strecken damit begnügen, einander die Filme, die wir in den Ferien gesehen hatten, zu erzählen. Eigentlich war uns ja der Film Nebensache. Wir wollten einfach in diesen heiligen Raum. In die Finsternis mit den Projektionslöchern. Schon der Aufenthalt in diesem Raum bewirkte bei beginnender Wochenschau eine Ganzkörpererektion. Ich jauchzte über jeden Filmriß. Er verlängerte die Dauer des Kinobesuches. Selbstverständlich wollte ich auch zum Film.

1 Meine Schwester war zu meinem Ärgernis beim Wiener Staatsopernballett.

2 In diesem „Tuxedo für Unmündige“ wurde ich in die Oper geschleppt, um meiner Schwester zu applaudieren.

3 Ein Stück unbewältigte Vergangenheit: unmenschliche Mathematikprüfung.

„Kauft österreichische Qualitätswaren!" 1959 mit dem „Stuzzi"-Magnetophon bei einem Zulu Häuptling in Südafrika.

Radio-DAYS

Aber wo ist der Film zu Hause. Steht er im Telefonbuch? Hat er eine Adresse? Ist dort der Wolf Albach-Retty oder der Peter Alexander? Die Beine der Dolores? – Das Theater ist hingegen leichter auszumachen. Es wohnt in schönen großen Häusern. Gelegentlich las man damals in den Zeitungen vom Fernsehen, das in Amerika angeblich schon zum Alltag gehören sollte. Aber das war unvorstellbar! Das wäre ja eine Symbiose von Rundfunk, Film und Theater! Genial. Aber das ist reiner Jules Verne. Mehr noch: Es ist eine Illusion. Doch diese Illusion sollte Wirklichkeit werden! Für kurze Zeit.

Nach der Matura inskribierte ich an der Wiener Universität Germanistik, weil ich – naiv, wie ich war – annahm, daß das etwas mit Literatur zu tun hätte. Vielleicht sogar mit dem Theater. Zum Theater ging ich – genau gesagt, zum Theater an der Wien, wo damals die Staatsoper untergebracht war – weil ich mir als Komparse meinen Lebensunterhalt verdienen wollte. Aber das dachten sich damals viele. Vor einer Vorstellung, wie zum Beispiel „Aida", drängten sich mindestens hundert Menschen vor dem Bühneneingang, um für diese einzige Vorstellung engagiert zu werden. Es waren Studenten, Arbeitslose, verkrachte Schauspieler und Sänger sowie Rentner und Tagediebe. Etwa eine Stunde vor Vorstellungsbeginn öffnete sich der Bühneneingang und es erschien der Komparseriechef. Ein pensionierter Tänzer, der wie alle Tänzer, die nicht schwul sind, diesen Umstand durch besonders rüdes und taktloses Benehmen demonstrieren wollte. Franz Klos blickte stumm in die Menge, die zunächst ganz still wurde. Dann begann ein allgemeines Wimmern und Flehen: „Bitte mich, Herr Klos, ich war schon vierzehn Tage nicht dran. Bitte, bitte, meine Frau ist krank, Herr Klos."

„Herr Klos , ich soll sie von ihrer Schwester schön grüßen lassen."

„Ruhe!", schrie Klos.

Dann begann die Selektion. Willkürlich pickte er einzelne Bittsteller aus der Menge:

„Du ... du ... und du. Du net! Du a net! Du ...

Ein fußmaroder Tänzer als Herr über Leben und Tod! Er berauschte sich an seiner Macht! Du net, hab i gsagt, vielleicht das nächste Mal. Er hatte auch Lieblinge: „Ferry, Karl, Marie ... Gefangene!"

Nach cirka zwanzig Rekrutierungen schrie er: „Schluß für heut! Und jetzt schleichts euch!"

Als er sich im Weggehen noch einmal umdrehte, um sich zu überzeugen, daß sich auch alle an seinen Imperativ hielten, erblickte er mich. Ich muß besonders heruntergekommen ausgesehen haben, denn er sagte nur: „Also kumm eine da."

Damit begann meine seltsame Theaterkarriere, die zwei Jahre später durch eine Verkettung merkwürdiger Umstände fünfunddreißig Jahre unterbrochen werden sollte. Die Abendgage betrug 12,50 Schilling (ca. 90 Cent). Das heißt, man konnte von einer Vorstellung „Aida" oder „Carmen" pro Woche unmöglich leben. Ich statierte also auch am Burgtheater und kam immer mehr in den Sog einer Welt, die mir so viel mehr zu bieten hatte als die Realität.

Schauspieler wie Aslan, Hörbiger, Wessely und Skoda setzten sich auf den Proben zusammen mit Regisseuren wie Ernst Lothar anhand von Texten der Weltliteratur mit existenziellen Fragen auseinander, über die ich mich, der ja ganz fremd war in dieser Stadt, mit niemanden unterhalten konnte. Ich schaute mir alle Proben an. Auch wenn ich nicht dran war. Ich war fassungslos, wenn Albin Skoda sagte: „Na endlich ist diese Scheißprobe aus ...“ Ich hingegen war unglücklich darüber.

Unglücklich war ich auch, weil ich auch jetzt noch nicht von Burg und Oper leben konnte. Also bemühte ich mich auch um das Volkstheater. Mit Erfolg. Karl Skraup spielte dort. Fritz Muliar, Egon von Jordan, Otto Wögerer, Hans Frank, Walter Kohut und die schönsten Frauen von Wien: Elfie Gerhart, Lotte Ledl, Luise Martini, Helmi Mareich und die atemberaubende Paula Pfluger. Eine unnahbare Sexgöttin. Oskar Willner erzählte, daß sich ein junger Schauspieler unsterblich in sie verliebt hatte und sich in seiner Hilflosigkeit und Liebestollheit leichtsinnigerweise an ihn, den erfahrenen Kollegen und Pfluger-Kenner um Rat wandte.

„Kaufen's a paar rote Rosen“, sagte Willner, gehn's nach der Vorstellung in ihre Garderob', sagen's ihr gradheraus, daß Sie in sie verliebt sind und bitte Sie sie um ein Rendezvous.“ Der junge Mann tat wie ihm geheißen und klopfte nach der Vorstellung zaghaft an die Garderobentür seiner Liebesgöttin.

„Herein!“

Der angehende Bonvivant trat ein und schloß umständlich die Türe hinter sich. Paula Pfluger schminkte sich gerade ab und sah dabei in den Spiegel. Sie beachtete ihren Besucher überhaupt nicht. Das brachte den Verehrer ein wenig aus dem Konzept, das er sich sorgfältig zurechtgelegt hatte. Er trat einen Schritt zur Seite und lehnte sich an einen ziemlich großen zweitürigen Kasten. Paula Pfluger sagte nichts. Der Mann rang nach einer Formulierung. Stille. Mit hochroten Wangen starrte er auf das Objekt seiner Begierde. Dann, als er schon etwas sagen wollte, entwich ihm – offensichtlich als Folge der Aufregung – völlig selbständig und unabwendbar ein allzu menschliches Geräusch, obwohl er seinen Körper an den Kasten gepreßt hatte.

„Dieser Kasten“, sagte Willner, „wirkte aber wie ein Cello ...“

Der Liebhaber war paralysiert. Die Hand mit dem Rosenstrauß weit ausgestreckt wie Hermes der Götterbote.

In diesem Moment legte die Pfluger ihr vaselinegetränktes Abschminktuch zur Seite und sah ihrem Verehrer tief in die Augen. Dann sagte sie:

„Hab'n Sie an Schaß lassen?“

Es ist nicht bekannt, was aus dem jungen Mann geworden ist. Nach einer Pointe kümmert man sich ja nicht mehr um die Leute.

Am Volkstheater gab es damals zwei „progressive“ Regisseure. Gustav Manker und Günther Haenel. Letzterer inszenierte „Androklus und der Löwe“. Ich spielte einen römischen Legionär. Nach einer Probe sagte Haenel zu mir: „Junge, du bist begabt“, und gab mir neben einem rudimentären Schauspielunterricht auch kleinere Rollen.

Daß ich keine reguläre Schauspielschule absolviert habe, verbindet mich mit so großen Leuten wie Helmut Qualtinger, Peter Ustinov, Oskar Werner oder Theo Lingen. Von Hans Moser ganz zu schweigen.

Jetzt war ich Schauspieler, bekam einen Vertrag und durfte das sogenannte Konversationszimmer aufsuchen, dessen Benützung ausschließlich Schauspielern zwischen ihren Auftritten vorbehalten war. In diesem Konversationszimmer saßen eines Tages der Doyen des Hauses, Karl Skraup, Fritz Muliar und etwas abseits der notorisch elegante Egon (Exi) von Jordan. Ihm waren die Rollen der Aristokraten, Könige, Kardinäle und Industriekapitäne vorbehalten. Er trug ausschließlich Maßanzüge und Maßschuhe. Seine Maßhemden schienen mir ein bißchen eng geratene Krägen zu haben, sodaß seine Stimme etwas gepreßt klang, eben sehr aristokratisch.

Er beteiligte sich nicht am Gespräch.

„Was meinst du, Fritz“, sagte Skraup, „die wollen mir jetzt das silberne Ehrenzeichen der Stadt Wien geben“.

„Das ist ein Unsinn“, meinte Muliar, „entweder das goldene oder gar nix“.

„Na ja – aber vielleicht muß man vorher das silberne haben?“

„Nein, nein“, beharrte Muliar, „ich würde ablehnen“.

„Aber das ist doch auch kokett. Und kindisch.“

„Überhaupt nicht“, erwiderte Muliar und wandte sich an Egon von Jordan:

„Was sagst du, Exi?“

Egon von Jordan sah von seiner Lektüre auf – ich glaube es war der Gotha:

„Ich kann dazu nichts sagen – ich hab’ das bronzene.“

Am Volkstheater lernte ich auch Otto Schenk kennen. Er spielte in „Der Schützling“ von Nestroy die Titelrolle. Regie: Gustav Manker. Folgende Szene: Der Schützling kommt in das Vorzimmer eines Industriemagnaten, in dem schon viele Bittsteller sitzen. Erster Bittsteller: Rudi Schippel. Er hatte zwei Sätze. Zweiter Bittsteller: Podgorski. Ein Satz. Der Schützling versucht sich vorzudrängen, worauf die Bittsteller protestieren.

Schippel leise, ich laut.

Als Schippel einmal krank wurde, gab mir Manker die zwei Sätze dazu. Jetzt hatte ich drei. Daraufhin beschloß ich, die Rolle anders anzulegen und anstatt wie Schippel den Schützling anzuwieseln, brüllte ich ihn an. Schenk erschrak und hing.

„Burschi“, sagte er nachher, „du mußt mir schon sagen, wenn du was anderes machst“.

„Ich mach’ es nächste Vorstellung wieder so“, erklärte ich.

Die nächste Vorstellung spielte aber wieder Rudi Schippel und winselte den Otti an. Otti erschrak und hing. Er sollte noch eine Virtuosität im „Hängen“ erlangen.

Fast alle Schauspieler hatten Nebenjobs, denn von den Gagen konnte man nicht leben. Einige wenige beim Film, die meisten beim Radio. Ich nirgendwo. Also beschloß ich, das zu ändern.

Es gab damals drei Radioprogramme in Wien: den Österreichischen Rundfunk („RAVAG“), der von den Russen und den schwarz-roten Proporzparteien besetzt war; den amerikanischen Soldatensender „Blue Danube Network“ (BDN) und den amerikanischen Sender „Rot-Weiß-Rot“, der ein österreichisches Programm produzierte, aber vom CIA gemacht wurde. Er war der populärste und modernste Sender. Dort trafen sich die jungen österreichischen Künstler und Intellektuellen und machten Programm. Es gab das sogenannte „Skriptdepartement“, geleitet von Peter Weiser und Jörg Mauthe. Helmut Qualtinger war dort, Ingeborg Bachmann, Hans Weigel, Friedrich Torberg und viele andere.

Es gab die erste Radiofamilie „Floriani“ in der Taubengasse mit Hans Thimig, Vilma Degischer und Guido Wieland. Regie: Walter Davy. Es gab das erste „Große RWR-Tanzorchester“ unter Karl Loube. Fred Ziller machte „Vergnügt um Elf“ und Louise Martini „Musik zum Träumen“. Und es gab die erste und einzige satirische Sendung Österreichs, die dieses Adjektiv verdiente: „Der Watschenmann“.

Bei diesem Sender mußte ich mitarbeiten! Da ich dort niemanden kannte, ging ich zum Portier in das Haus Seidengasse 13 und fragte ihn, wo ich mich als Sprecher bewerben könnte. Er war von zwei bewaffneten „Civilian Guards“ flankiert.

„Mir brauchen kane Sprecher da“, sagte der Portier, der zuvor Badewaschel in einem amerikanischen Bad in Grinzing gewesen war. Ich gab ihm zu verstehen, daß ich seine Kompetenz bezweifelte, und ging an ihm vorbei in Richtung Studio. Die Bewaffneten versuchten mich daran zu hindern, es kam zu einem kleinen Handgemenge in der Eingangstür, worauf die Telefonistin, eine gewisse Lizzy, spitze Schreie ausstieß. Diese riefen in der Folge den sich fadisierenden Chefsprecher, Karl Graf Schönfeldt – alias Rudolf Hornegg – auf den Plan, und der schien über diese Abwechslung sehr erfreut zu sein.

Wir unterhielten uns angeregt und ich log, daß sich die Balken bogen. Ich versicherte ihm, daß ich ein ausgebildeter Sprecher war. Daß ich neben Griechisch und Latein auch Italienisch und Englisch sprach. Das war zwar riskant, aber ich hatte das Glück, daß auch er das nicht konnte und sich auf die Frage zurückzog, wie alt ich denn sei. Jetzt konnte ich nicht mehr lügen und sagte wahrheitsgemäß: fast neunzehn. Offensichtlich wollte er meine Jugend nicht freudlos machen, denn er versprach, mich zu einem Vorsprechen einzuladen.

Als ich zwei Monate später vor dem Mikrofon saß und mir ein amerikanischer Offizier, der fließend Deutsch sprach, die Mittagsnachrichten in die Hand drückte, war ich etwas ratlos. Mit mir hatten sich noch acht weitere Schauspieler angemeldet. Zwei vom Burgtheater. Als ich das Zeichen zum Einsatz bekam, beschloß ich einen Nachrichtensprecher zu spielen. Es wurde fast eine Parodie: „Mit dem letzten Ton des Zeitzeichens wird es auf der schweizer Präzisionsuhr Helvetia 12.30 Uhr. Die Nachrichten ...

Als einziger bestand ich den Test. Das war das Sympathische an meinen neuen Chefs: sie fragten nicht nach Schulen, nach Prüfungen, nach Empfehlungen schon gar nicht – nach einem Parteibuch – sie sagten „show-me“, und wenn ihnen gefiel, was man ihnen zeigte, dann war das in Ordung. Ich wurde also Nachrichten- und Tagessprecher, las den dramatisierten Fortsetzungsroman, spielte als Schauspieler in Hörspielen und im „Watschenmann“ mit.

Ausschnitt gefällig?

GLATTEIS

Alte Frau:	Susi Peter
Polizist:	Teddy Podgorski
Alte Frau:	Au weh auweh, aau weh au weh. Au, au, au ... sie weint.
Polizist:	Na Mutterl, was ist denn geschehen?
Alte Frau:	Ausg'rutscht bin i am Glatteis und hing'fall'n. Auweh, auweh.
Polizist:	Wahrscheinlich hat der Hausherr, der Verbrecher, net g'straht g'habt am Gehsteig!
Alte Frau:	Na, es war alles ganz rutschig. Au weh!
Polizist:	Na, Sie g'hörn ja sofort ins Spital. Wo san's denn ausg'rutscht? Den Hausherrn, des G'fraßt, zag ma an! Der kriagt a Straf, daß eahm schlecht wird. Und Schmerzensgeld muß er a zahl'n. Also, wo sans ausg'rutscht?
Alte Frau:	Na, na ...! Es wird scho guat werden. I wüll kane Scherereien ...
Polizist:	Nix da, dem Hundling wird ma's zagen! Also – wo sans ausg'rutscht?
Alte Frau:	Vor'm Rathaus.
Polizist:	Na ja, da muß ma halt a bißerl aufpassen!

Unabhängig von der österreichischen Innenpolitik, keinen politischen Rücksichtnahmen verpflichtet, unterhielt der Sender mit dem Namen „Sendergruppe Rot-Weiß-Rot Wien-Salzburg-und-Linz" (RWR) fast das ganze Land. Die neuesten amerikanischen Platten und eine freie Information begeisterten die Hörer. Die Nachrichtensendungen waren hart an der Grenze amerikanischer Propaganda. Aber, jetzt mitten im Kalten Krieg, war niemand an einer objektiven Berichterstattung über die Sowjetunion interessiert. Doch man fürchtete den Kommunismus. Das war vielleicht auch der Grund dafür, daß die Gewerkschaften – vor allem die sozialistischen sehr umworben wurden. Nur sie konnten die Kommunisten, die ja schon im Erdölgebiet sehr stark geworden waren, in Schach halten.

Im Programm gab es somit täglich Gewerkschaftssendungen. Gestaltet von einem jungen Gewerkschafter und Schauspieler aus Baden bei Wien: Gerhard Freund.

Heute braucht der Kapitalismus die Gewerkschaften nicht mehr als homöopathische Prophylaxe gegen den Kommunismus. Der ist ein Gespenst aus dem vorigen Jahrhundert. Inzwischen ist die Sozialdemokratie als Abfederung gegen den Kommunismus für das täglich größer werdende Großkapital wertlos geworden. Sie ist eine zahnlose alte Mutter, die nicht nur hilflos zusehen muß, wie ihren Arbeiterkindern die Würde genommen wird, sondern in ihrer Verzweiflung selbst daran mitwirkt.

Heute ist der Feind nicht mehr so leicht auszumachen. Und der Terrorismus hat keine Gewerkschafter, mit denen man verhandeln könnte.

Jedenfalls war RWR ein vorgeschobener Posten des „American Way of Life". Ein Reader's Digest mit einer Radiofrequenz. Aber mein Leben in diesem Paradies war nicht von langer Dauer. Im Mai 1955 bekam Österreich den Staatsvertrag. Der Sender sperrte zu und ich spielte wieder für fünfzehn Schilling pro Abend im Theater der Jugend oder im Kleinen Theater im Konzerthaus.

Verzweifelt versuchte ich im Österreichischen Rundfunk einen Job zu bekommen. Es schien aussichtslos zu sein. Der Intendant von Radio Wien, Bujak, war der einzige, der mir einen Job in Aussicht stellte: „Kommen's nächste Woche wieder, ich hab was für Sie", gluckste er. Nach einer qualvollen Woche eilte ich zu Bujak. Diesmal bot er mir sogar einen Sessel an.

„Wir haben doch von Euch dieses sinnlose Bürgertheater übernommen", sagte er nicht ohne Vorwurf, vor allem aber zu laut, sodaß sich in seinem veralteten Hörapparat der Marke „Neroth" eine Rückkoppelung entwickelte, die einen schrillen Pfeifton produzierte. Während er sein Hörgerät reparierte, fügte er leise hinzu: „Was können's denn?"

Ja, ja, sie haßten uns von RWR. Oder besser gesagt, das Rundfunkestablishment haßte uns. Was waren das für Leute?

Sie kamen alle ausnahmslos aus den Reihen der beiden Großparteien „Schwarz" und „Rot" und waren streng nach dem Proporz installiert. Die „Schwarzen" als stärkste Partei mit etwas mehr Gewicht; viele von ihnen kamen noch aus dem Austrofaschistischen Kulturbetrieb der Dollfuß- und Schuschnigg-Zeit. Alle waren bei der Vaterländischen Front und viele bei der Heimwehr. Zum Beispiel der Programmdirektor Professor Rudolf Henz. Er war, bevor er Programmdirektor wurde, katholischer Dichter. Das blieb er auch.

Die „Roten" rekrutierten sich hauptsächlich aus dem Bildungs- und Volksbildungswesen wie zum Beispiel Professor Glaser. Die meisten roten Chefs gehörten dem BSA (Bund sozialdemokratischer AkademikerInnen, Intellektuelle und KünstlerInnen) an; die meisten schwarzen dem CV (Cartell Verband), wie zum Beispiel der für den Aufbau des zukünftigen Fernsehens beauftragte Professor Gregora.

Warum, werden Sie mich jetzt fragen, ausgerechnet Professor Gregora?

Also erstens weil er beim CV war und zweitens weil er, wohlgemerkt im Radio, eine Fotosendung gestaltete! Wer dieses Kunststück fertig bringt, ist der ideale Mann für die Television.

„Was können's denn?" Es ist ja schon peinlich genug, wenn man seine Qualitäten aufzählen muß, aber es ist geradezu erniedrigend, wenn man das schreiend machen muß:

„Ich bin Sprecher und Schauspieler, ich kann auch Texte schreiben, ich habe Literatursendungen gesprochen und Künstler interviewt, ich habe ..."

„Schon gut, schon gut", sagte er, „nicht so laut"!

Dann sah er mich gönnerhaft an und meinte: „Im Bürgertheater könnten Sie arbeiten. Als Nachtportier!"

Was aber alle Ravagianer auszeichnete – nicht nur die Chefs – war die Tatsache, daß sie unkündbar waren. Umso schwerer war es auch, fix angestellt zu werden. Sie bildeten den harten Kern des Rundfunks. Sie arbeiteten, soweit sie im Programm tätig waren, so gut wie nicht mehr! Sie ließen „Freie Mitarbeiter", die selbstverständlich keinerlei sozialen Schutz genossen und die man auch jederzeit wieder vor die Tür setzen konnte, für sich arbeiten.

Wenigstens so ein Freier Mitarbeiter wollte ich werden. Die Freien Mitarbeiter erkannte man daran, daß sie meist etwas ärmlich gekleidet waren. Die Angestellten dagegen trugen alle weiße Mäntel und die eine oder andere fix angestellte Radiosprecherin, die im Sommer unter ihrem weißen Dienstmantel nur spärlich bekleidet war, brachte das Blut ihres Chefs in Wallung.

Aber das größte Privileg der fix Angestellten – das ihnen nicht nur den Neid der Freien Mitarbeiter, sondern auch aller Besucher des Funkhauses eintrug – war eine Maßnahme von weitreichender kulturpolitischer Tragweite: Die Toiletten im Funkhaus in der Argentinierstraße 30a waren nicht mit dem gleichnamigen Papier ausgestattet. Es mußte jeder sehen, wie er mit diesem Umstand zurecht kam. Nur die Angestellten bekamen einmal pro Woche eine reichliche Ration Klopapier von der Direktion des Hauses zugeteilt, sodaß sogar der eine oder andere Angestellte seinem Freien Lieblingsmitarbeiter gelegentlich ein Blättchen zustecken konnte. Wie fremde Besucher, die den Hausbrauch nicht kannten, mit dieser Situation fertig wurden, bleibt im Dunkel, denn im Funkhaus waren sogar die Toiletten schalldicht.

Heinz Fischer-Karwin war der Chef des aktuellen Dienstes und zurecht als arrogant verschrieen. Aber er war der einzige, der mir eine Chance gab. Was heißt Chance – er beschäftigte mich aus Mitleid und ließ mich eigentlich unnötige Ansagen sprechen.

Eine Reportage über einen Deutschkurs für Ausländer, die ich probeweise machen durfte, war sehr komisch und verschaffte mir einen Job beim aktuellen Dienst des Hörfunks. Mit Begeisterung stürzte ich mich in das Zeitgeschehen. Und lernte bedeutende Zeitgenossen kennen: Fritz Wotruba durfte ich bei der Arbeit zusehen, Heimito von Doderer war ständiger Kommentator meiner satirischen Wien-Spaziergänge, Gottfried von Einem blödelte in meiner Sendung „Echo Nachtausgabe“ mit Frank Martin und Rolf Liebermann; Marlene Dietrich lud mich am Flughafen Schwechat zum Abendessen ein, gab mir aber kein Interview; Oskar Kokoschka führte mich, nachdem ich ihn über seine „Schule des Sehens“ interviewt hatte, durch seine Ausstellung in der Salzburger Galerie Welz. Die Ausstellung war noch nicht eröffnet und die Bilder waren gerade gehängt worden. Nur eines, ein weiblicher Akt, stand noch am Boden.

„Des wird net aufg'hängt“, sagte Kokoschka und trug es ins Büro.

„Aber warum nicht, Herr Professor“, fragte ich.

„Stelln's sich vor, junger Mann, ich hab das Bild auf meiner Staffelei stehen, kommt der Schiele rein, schaut das Bild an, nimmt einen Pinsel und sagt: zwischen die Füaß g'hör'n mehr Haar ... und malt drauf herum ... Also das geht do net!“

In einer Glosse bezeichnete ich einmal Herbert von Karajan als Afrikaner, denn er hatte damals aus steuerlichen Gründen seinen Wohnsitz in Tanger. An diesem Abend dirigierte Karajan „Walküre“ und der Programmdirektor Henz saß in der Direktionsloge. Am nächsten Tage hatte ich schon Hausverbot! Heinz Fischer-Karwin versuchte mich zu retten und wurde bei Henz vorstellig. Dann berichtete er mir: „Der Henz hat ihre Personalien studiert und dann gesagt: Ja – aber – das ist ja ein ganz junger Mensch! Sehen Sie, das ist gefährlich.“

Ich meldete mich also beim Operndirektor an, bekam einen Termin und teilte ihm mit, daß ich jetzt arbeitslos wäre. Nach einem kurzen Gespräch, das sich hauptsächlich um Schifahren drehte, rief er meinen Programmdirektor an und und sagte ihm, daß für ihn die Sache erledigt sei. Daraufhin wurde ich wieder beschäftigt. Somit hatte ich eine Ahnung bekommen, wie der Österreichische Rundfunk funktionierte: Man mußte sich mit wichtigen Leuten außerhalb des Rundfunks gut stellen, damit man im Rundfunk anstandslos arbeiten konnte.

Ich arbeitete mit Kollegen zusammen, die alle von Rot-Weiß-Rot gekommen waren. Mit Max Eissler, Gundomar Eibegger und Gerhard Stappen, von dem ich sehr viel gelernt hatte.

Vom „Echo des Tages" kam manchmal Erich Stockhammer. Vor allem zum Journaldienst, den jeder einmal in der Woche machen mußte – was nicht nur deshalb unangenehm war, weil man nur die halbe Tagesgage bekam, also vierzig Schilling, sondern weil man auch gelegentlich den sogenannten „Bericht aus Berlin" kürzen mußte. Das war insofern sehr kompliziert, als man von zwanzig Minuten auf eine Zeit von fünf bis sechs Minuten kommen mußte und trotzdem den Inhalt nicht verfälschen durfte. Das war jedes Mal eine stundenlange Quälerei.

Nur Freund Stockhammer war immer innerhalb kürzester Zeit fertig. Wir rätselten, wie er das anstellte, und kamen nicht dahinter. Er mußte ein Genie sein. Eines Tages fragte ich ihn, ob ich ihm einmal bei der Arbeit zuschauen dürfte. „Ist doch keine Hexerei", sagte er. Er startete das Band, drückte auf die riesige Studiostoppuhr und schnitt das Band nach fünf Minuten ab.

Das war's. Jetzt hatte ich eine Ahnung, was man im Österreichischen Rundfunk alles machen konnte, ohne daß es jemandem auffällt. Die Durchtrennung des gordischen Radioknotens wurde von uns dann in vielen anderen Fällen und Anwendungsgebieten als sogenannte „Stockhammer-Methode" zur vollsten Zufriedenheit der diversesten Vorgesetzten praktiziert.

Wie funktionierte damals eine Radio-Reportage? Also, es gab zwei Aufnahmewagen. Zwei englische Kombis vom Typ „Standard Vanguard". Zwei deshalb, weil einer immer in der hauseigenen Reparaturwerkstätte stand. Im Laderaum waren riesige Tonaufnahmemaschinen installiert, die von einem Toningenieur bedient wurden. Und weil sich die Tonmeister weigerten, dieses Auto auch zu lenken, gab es zwei Fahrer: den Kernreiter Rudl und den Hriba Franzi. Der Kernreiter Rudl war gefürchtet, weil er der mit Abstand ordinärste Autolenker Wiens war. Selbst hartgesottenen Reportern trieb er beim Autofahren die Schamröte ins Gesicht. Es war absolut unmöglich, ihn in einen zivilisierten Rayon mitzunehmen.

Einige, die es aus einem falsch verstandenen sozialen Empfinden trotzdem taten, wurden furchtbar bestraft: In dem vornehmen Modesalon Adlmüller etwa versicherte er zum Beispiel dem Hausherrn, daß die von ihm kredenzten Brötchen „zum Speiben" wären und erkundigte sich bei einem der überirdisch schönen Mannequins „ob's da a a Scheißhaus gibt".

Immer wieder haben sich von ihm Gepeinigte gefragt, ob so ein Mann für das Unternehmen überhaupt tragbar sei. Aber der Kernreiter Rudl war der fixangestelltteste von allen Fixangestellten der „RAVAG". Und das kam so:

Die „RAVAG" mußte in den Dreißigerjahren einen Mittelwellen-Sender errichten. Zu diesem Zwecke legten „RAVAG"-Techniker ihre weißen Mäntel ab und schwirrten aus, um durch Vermessung der Landschaft im Norden Wiens einen geeigneten Platz zu finden. Sie fanden in just an einem Ort auf dem Bisamberg, an dem der Schrebergarten des Kutschers Rudolf Kernreiter im Grundbuch eingetragen war. Und der Kernreiter Rudl versicherte glaubhaft, daß er seinen Grund und Boden nur als Fixangestellter der „RAVAG" verkaufen würde. So kam also ein gefürchteter Kutscher ins Cockpit eines Standard Vanguard.

Aber der soziale Aufstieg des Herrn Kernreiter ging weiter. Im Zuge allgemeiner Sparmaßnahmen sollten die Fahrer nicht nur fahren, sondern auch die Geräte im Heck ihrer Autos bedienen. Die Toningenieure protestierten zwar, daß jetzt Kutscher ihre hochqualifizierte Tätigkeit übernehmen sollten, drohten mit Streik, machten aber letztlich doch in ihre Knickerbockers, weil sie fürchteten, daß in Zukunft auch Studioaufnahmen von Kutschern gemacht werden könnten, – was ja mittlerweile der Fall ist. Allerdings beim Fernsehen.

Ich war der erste, der mit dem frisch promovierten Tonmeister arbeitete. Eine Radioreportage spielte sich folgendermaßen ab: Wir fuhren zum Aufnahmeort. Oft ein Haus. Der Reporter ging mit dem Mikrofon und einem langen Spagat in das Zimmer, wo die Aufnahme gemacht werden sollte, öffnete dort ein Fenster und ließ den Spagat zu einem Techniker hinunter. Der hängte ein langes Kabel daran, das vom Reporter hochgezogen wurde. Dann schloß der Reporter das Kabel an das Mikro an und machte eine Sprechprobe. Da es sich um ein Rücksprechmikro handelte, konnte der Techniker antworten und diese Antwort war über das Mikro deutlich hörbar, was beim Kernreiter Rudl zum Problem werden konnte.

Wir fuhren also zum Israelischen Botschafter. Ich ließ die Schnur hinunter, holte das Kabel, schloß es an: „Sprechprobe ... eins, zwei, drei ..."

Aus dem Mikro tönte es zurück: „Schau ma, daß ma bei dem Scheißwetter weiterkumma, weil die Oaschlöcher ...". Da preßte ich meine Hand auf das Mikro und wagte sie nicht mehr zu entfernen. Dann setzte ich mich zum Botschafter, nahm die Hand vom Mikro, schrie hinein: „Aufnahme, los", und machte das Interview.

Danach, der Botschafter war aufgeräumt und leutselig, er bot mir ein Glas Karmelwein an. Ich zögerte.

„Er ist nicht süß, Sie werden staunen!

Ich saß auf glühenden Kohlen: Was mach' ich mit dem Kernreiter Rudl?

Was ich befürchtet hatte, geschah: der Botschafter brachte drei Gläser.

„Holen Sie doch ihren Kollegen."

„Herr Botschafter, sehr lieb von Ihnen, aber ich glaube ..."

„No was is – rufen Sie ihn doch, Herr Redakteur!"

Ich ging also zum Fenster. Er wartete schon.

„Also, schleich ma uns!"

„Ich soll dich fragen, ob du Lust hättest, mit uns ein Glas Karmelwein zu trinken." Durch mich sprach der Prophet des Berges Karmel zum Propheten des Berges Bisam. Schweigen. Dann atmete der Kernreiter Rudl tief ein und rief mir zu:

„So a siaßer Scheißdreck."

Der Botschafter, der mittlerweile zu mir ans Fenster gekommen war, lächelte weise – weil er ja ein israelischer Botschafter war. Mir fiel ein Stein vom Herzen. Ich war froh, daß er ablehnte. Nicht auszudenken, was er hier wieder zitiert hätte.

In diesem Moment hörte ich ihn von fern: „Vo mir aus – i kumm."

Der Botschafter schenkte ein. Der Kernreiter Rudl betrat grußlos das Zimmer, setzte sich auf den Sessel des Botschafters, der sich einen anderen holte, trank wortlos sein Glas aus und sagte: „Is eh net so arg".

Der Botschafter schien darüber glücklich zu sein, schenkte wieder ein, wir tranken, der Botschafter wurde immer lustiger, er erzählte vom Alltag in Israel und dann einen Witz:

Zwei Juden sitzen in Haifa am Swimmingpool. Sagt der eine zum anderen:

„Sagen Sie, von wo sind Sie?"

„Aus New York".

„Aus New York? Was machen Sie in New York?"

„Ich hab' a Zeitung in New York."

„A Zeitung haben Sie in New York? Is das a Geschäft?"

„Ma lebt."

„Ma lebt? Was heißt, ma lebt? Wie heißt die Zeitung?"

„Meine Zeitung heißt ‚SEMIT' ..."

„Semit, Semit? Und das soll a Geschäft sein?"

„No ja – die Goyim lesen verkehrt: TIMES."

Der Kernreiter Rudl saß da mit versteinertem Gesicht. Er hatte den Witz nicht verstanden. Der Botschafter trug es mit Fassung, schenkte weiter ein und erzählte uns von einem Streik der Autobuschauffeure, von den überhöhten Hotelpreisen in Tel Aviv und von den Schwierigkeiten mit der Fußballnationalmannschaft. In einer kleinen Gesprächspause schenkte Kernreiter dem Botschafter ein verständnisvolles Lächeln und sagte: „Ha – des is guat – wie bei uns ... bei die Weißen."

Dann fuhren wir zu Doktor Hugo Portisch.

Heinz Fischer-Karwin hatte ein Faible für die Außenpolitik. Er beauftragte mich, jeden Freitag in den „Neuen Kurier" in die Seidengasse zu fahren, um von dort einen außenpolitischen Kommentar abzuholen, der vom Ressortchef Dr. Hugo Portisch verfaßt wurde. Ich hatte die Aufgabe, diesen Kommentar im Radio zu lesen. Jedesmal, wenn ich einen neuen Kommentar holte, fragte ich Herrn Dr. Portisch, ob er denn mit meinem Vortrag einverstanden gewesen sei. Jedesmal verneinte er die Frage und gab mir Anweisungen, wie er diese Texte gelesen haben wollte. Nach ungefähr zwanzig schlechten Kritiken durch den Autor, fiel mir in meiner Ratlosigkeit nichts anderes ein, als, wie ich zugeben muß, etwas ungehalten zu sagen: „Wissen's was, Herr Doktor, lesen Sie sich das selber."

Darauf schien der Herr Doktor schon lange gewartet zu haben. Er setzte sich auf den Beifahrersitz des Aufnahmewagens, ich hielt ihm vom Fahrersitz das Mikro entgegen und der Kernreiter Rudl bediente die Aufnahmegeräte. Das machten wir von nun an jeden Freitag. Jetzt war Dr. Hugo Portisch Rundfunk-Kommentator.

Dr. Hugo Portisch verfasste jede Woche für meine Sendung „Echo - Nachtausgabe" den aussenpolitischen Kommentar. Als Portisch ihn dann selbst sprach, war es ein Erfolg.

Prof. Rudolf Henz war ein Dichter, aber trotzdem so christlich sozial, daß er Programmdirektor von Radio und Fernsehen wurde.

Seine gespielte Arroganz trieb den „Fixangestellten" der „RAVAG" die Zornestränen in die Augen: Heinz Fischer Karwin.

Otto Schenk mit Hilde Sochor im Volkstheater.

Radioreporter Walter Rabl (Echo des Tages) „Universaltechniker“ Rudolf Kernreiter („Kernreiter Rudl“) und Passant. Dahinter der Aufnahmewagen vom Typ „Standard Vanguard“. Daneben der alte Sender Bisamberg.

Ein Teil des Watschenmann-teams bei der Arbei: „Servas Engerl!“ „Servas Teuferl!“ „Aber bei uns in Bagdad.“

Das „Baberlzeug“ mausert sich

Lou van Burg und das Fernsehballett.
„Jede Sekunde ein Schilling“.
Ich bin nicht sichtbar, denn ich war
das „äußere Ereignis“.

Das ist doch alles ein Baberlzeug", sagte der damalige Bundskanzler Raab, als er nach den ersten schüchternen Versuchen des Österreichischen Fernsehens mit der Notwendigkeit einer österreichischen Medienpolitik konfrontiert wurde. „Das ist doch alles ein Baberlzeug" war die Grundlage der österreichischen Medienpolitik und ist sie bis heute geblieben.

„Wir haben viel zu hohe Berg', da kommen die Fernsehstrahlen net drüber", war die Erklärung für den ersten Ausspruch. Mittlerweile wäre man gelegentlich froh, wenn uns die Berge gegen Fernsehstrahlen schützen könnten, aber die Berge sind gegen das Fernsehen genauso machtlos wie wir Menschen.

Die Regierungspartei ÖVP, die in einer gnadenlosen großen Koalition mit den Sozialdemokraten das Land regierte, hat also dieses Baberlzeug bagatellisiert und den „Roten" als Spielwiese überlassen. Programmplaner des Fernsehens wurde ein junger sozialistischer Gewerkschafter namens Gerhard Freund. Er war Schauspieler, mehr noch: Buffo am Stadttheater Baden bei Wien. In diesem Theater war er auch Betriebsrat und genoß daher das Vertrauen der Gewerkschaft. Er begann also zu planen. Fernsehprogramm.

Gleichzeitig kam aber auch eine „schwarze" Kohorte in die Singrienergasse in Meidling, wo eine ehemalige Volksschule, die sich neben der Anstalt der Zivilblinden befand, als Fernsehzentrum ausersehen war. Die „Schwarzen" kamen aus der Film- und Wochenschauszene. Sie waren Kameraleute, Produktions- und Aufnahmeleiter und waren davon überzeugt, daß Fernsehen ausschließlich ihr Metier sei. Sie standen unter dem besonderen Schutz des Hobbyfotografen Professor Gregora und gründeten die „Filmproduktion".

Die schwarze Filmproduktion weigerte sich jedoch beharrlich, das zu produzieren, was der rote Programmplaner plante. Damit waren die Rahmenbedingungen für die weitere Existenz des Fernsehens abgesteckt. Die oberste Aufsicht über dieses Programm, das gar nicht zustande kam, hatte der Programmdirektor des Hörfunks, Professor Rudolf Henz. Aber trotzdem hatten alle miteinander eine Illusion, daß aus dem Fernsehen ein wichtiger Kulturapparat werden könnte. Eine Mischung aus Wien-Film und Burgtheater, aus Volkshochschule und Musikverein! An eine journalistische Zukunft dieses Mediums hatte niemand gedacht. Es wäre ja auch absurd gewesen!

Es gab im Rundfunk keine freie politische Berichterstattung. Die Koalitionsparteien verhinderten gemeinsam jede Recherche. Es gab keine Politikerinterviews. Außer sie wurden von den Ministerien bestellt. Man durfte keine Politiker frei befragen. Die Rundfunknachrichten wurden von den Parteien zensuriert. Sie hatten den Chefredakteur und seinen Vertreter in den Rundfunk entsandt. Die große Koalition, die nach dem Krieg als homogene Aufbaukraft etabliert wurde und Österreich vor einer kommunistischen Überraschung schützen sollte, entpuppte sich in den späten fünfziger Jahren als reine Diktatur. Proporzdiktatur. Kein Posten, keine Wohnung, kein Fortkommen ohne die Hilfe einer Partei. Egal welche.

Nach Parlamentswahlen, die immer wieder zu einer großen Koalition führten, lobten die Parteien die demokratische Reife der Österreicher. Das war blanker Zynismus. Aber sie merkten es gar nicht mehr.

Die Illusionen, die man sich über das Fernsehen machte, wurden also durch die Einsicht ausgelöst, daß dieses Medium nur abseits der Politik gedeihen könnte. Eine Art elektronischer Musentempel, der die Politiker a priori nicht interessiert. Ein politikfreies Paradies der Kunst und Unterhaltung, der Bildung und des Wissens.

Aber auf jeden Fall würde das Fernsehen etwas ganz Neues werden. Etwas noch nie Dagewesenes! Es gab noch keine „alten Hasen“ wie beim Radio, wo schon alle Pfründen verteilt waren. Hier wurde eine Expedition ins Ungewisse zusammengestellt. Da wollte ich dabei sein.

Ich fuhr also in die Singrienergasse und bot dem Programmplaner Freund meine Mitarbeit an. Daß ich einen Hang zum Theater hatte, stimmte ihn freundlich: „Wissen's“, sagte er, „wir wollen eine Sendung machen, so eine Art Wochenschau, aber zweimal pro Woche. Dafür müßten Sie die Texte schreiben! Können Sie Filmtexte schreiben?“

Wenn es um die Existenz geht, gibt es nichts, was man nicht kann. Also sagte ich: „Selbstverständlich, das kann ich besonders gut!“

„Wunderbar“, stellte er fest, „dann kommen Sie gleich morgen wieder her und wir werden das gemeinsam konzipieren. Außerdem brauchen wir für diese Sendung einen Titel. Vielleicht fällt Ihnen bis morgen einer ein!“

„Na sicher“, strahlte ich und tanzte jubelnd in mein Untermietzimmer.

Aber je mehr ich über einen Titel für diese Sendung nachdachte, desto weniger fiel mir einer ein. Ich zermarterte mir die halbe Nacht mein Gehirn, aber es nützte nichts. Unausgeschlafen meldete ich mich am nächsten Tag wieder in Meidling.

„No“, fragte Freund, „ist Ihnen was eingefallen?“

„Leider nein“, sagte ich. „Lauter dumme und altmodische Titel.“

„Welche?“

„Ich trau mich's gar nicht zu sagen ...“

„Warum nicht“, insistierte er, „sagen Sie's. Vielleicht fällt dann mir etwas ein.“

Zögernd und verschämt sagte ich: „Zeit im Bild“.

Lange Pause.

Dann bemerkte der Programmplaner: „Na ja, guat is das wirklich net, aber laß ma's derweil.“

Damit war ich der erste und einzige Redakteur der „Zeit im Bild“. Ich sollte nicht lange allein bleiben.

Wir schrieben das Jahr 1955 und es gab in Österreich zwei Versuchsprogramme. Das Fernseh- und das UKW-Versuchsprogramm. Die Österreicher schwammen in diesem Sommer – wie es ihnen auch am liebsten war – auf der Mittelwelle. UKW war ihnen unbekannt. Unbekannt wie der Sprecher, der in einer provisorischen Baracke in Schönbrunn dieses UKW-Versuchsprogramm ansagte: Herbert Kragora. Er ging – wie so mancher, der im Hörfunk nicht reüssieren konnte – zum belächelten Fernsehen und wurde dessen erster Star. Als Sprecher der „Zeit im Bild", deren Texte ich ab Anfang Juli 1955 verfaßte.

Und so kam damals eine „Zeit im Bild" zustande:

Jeden morgen kam ein Leinensack mit kleinen 16-Millimeter-Filmrollen per Flugpost nach Wien. Absender war die UPI – United Press International –, deren Abonnent das Österreichische Fernsehen war. Per Boten kam dieser Leinensack in die Filmkopieranstalt „Listo" in der Gumpendorfer-Straße. Dort sah ich mir am Schneidetisch alle Filmchen, die mit englischen Begleittexten (Dopesheets) versehen waren, an.

Es handelte sich um einige außenpolitische Berichte wie zum Beispiel Kämpfe in Algerien, Eisenhower in Camp David, Parteitag der KPDSU und viele Stories, die man im weitesten Sinne des Wortes als „Weltchronik" bezeichnen konnte. Also: Mißwahlen in Nicaragua, wasserskifahrende Elefanten in Miami, Löwenbabys im Zoo von London oder Hochzeiten unter Wasser. News-Wert hatte keine der Geschichten. Konnten sie auch nicht haben, denn sie kamen ja Tage zu spät.

Ich stellte die Filme nach ihrer Attraktivität und ihrem Unterhaltungswert zusammen und fuhr mit dieser Filmrolle in die Singrienergasse. Dort schrieb ich die Texte zu diesen Filmen, die dann als zusammenhängender Block von Herbert Kragora synchronisiert wurden. Zwei- bis dreimal die Woche lieferte die „Filmproduktion" ein Filmchen aus Österreich, zum Beispiel Weinlese in der Wachau ... Das wurde dann an den internationalen Block angehängt.

Am Abend – also etwa um 18.00 Uhr – fuhr ich mit Herbert Kragora und dem fertig „gemischten" Film ins Studio Schönbrunn, von wo dann die Sendung „live" abgewickelt wurde. Alle relevanten Nachrichten kamen fix und fertig und zensuriert aus dem Funkhaus, wo sie schon mehrmals gesendet worden waren. Sie wurden am Beginn der Sendung vom Sprecher vorgelesen. Und zwar unverändert. Dann kam unser Filmblock und wieder „live" der Wetterbericht. Ich glaube der war auch zensuriert. Alles in allem war das eine Fernsehübertragung zusammengesetzt aus Radionachrichten mit anschließender Kino-Wochenschau.

Dem Publikum war's recht. Sie erfreuten sich über wasserskifahrende Elefanten und vor allem an Herbert Kragora. Er wurde zum Kaiser von Österreich. Und eine Kaiserin gab es auch: Franziska Kalmar. Die wenigsten Österreicher hatten damals schon einen Fernsehapparat. Aber sie gingen dafür wieder lieber ins Wirtshaus, „Heute Fernsehen" – „Fernsehen und Coca Cola" ... In den überfüllten Extrazimmern wurde der Gemeinschaftsempfang, meist mit der Libelle, zu einer Weihestunde.

Wenn die Sprecherin erschien, ging ein Raunen durch die Menge. Gelegentlich hörte man von einem Angeheiterten auch eine frivole Bemerkung. Aber die wurde sofort mit einem empörten Pschschscht quittiert. Über das Fernsehen machte man damals keine Witze. Man glaubte alles, was aus dem Fernseher kam, man konnte das auch, denn man erfuhr ja nichts. Wer informiert sein wollte, mußte Zeitungen lesen. Ausländische.

Die Techniker des jungen Fernsehens, die meisten vom Sender RWR, leisteten Erstaunliches. Sie bewältigten mit Bravour die Übertragungen von der Burgtheater- und Operneröffnung. Teilweise mit selbstgebastelten Kameras. Jetzt erst haben viele begriffen was Fernsehen bedeutet! Ein Wunder!

Eine Illusion, die Wirklichkeit geworden ist: Man wird durch einen simplen Knopfdruck an einen weit entfernten Ort gebeamt! Oder umgekehrt: Man holt sich mit einem elektronischen Feldstecher die Welt ins Haus. Eine Welt, die in einer Zimmer-Küche-Wohnung Platz hat. An zwei Tagen in der Woche gibt es ein Fernseh-Versuchsprogramm. An zwei Tagen pro Woche war Österreich mit der Welt verbunden, mit einer Welt, die rasant kleiner wurde. Die „Zeit im Bild" – eine Wochenschau zweimal pro Woche – bedeutete eine Nachrichtenexplosion!

Allmählich wagte man sich auch an die Literatur. Erich Neuberg wurde Oberspielleiter; Otto Schenk und Hermann Lanske waren die ersten Fernsehspiel-Regisseure. Jedes Fernsehspiel mußte „live" produziert werden, denn es gab keine Aufzeichnungsgeräte. Das erforderte eine lange Probezeit. Moderne Opern wurden im Fernsehstudio produziert. „Der Consul" etwa oder „Das Telephon". Kurt Moldovan malte die Inserts. Nach der Sendung wurden sie weggeworfen. Ich besitze einige davon.

Wir waren eine Handvoll Leute und jeder machte alles. Das war vielleicht aufregend. Aber ich konnte davon nicht leben. Also arbeitete ich weiter beim Radio. Am Tag beim Fernsehen – am Abend im Radio.

Im August 1955 kam der Chef des Aktuellen Dienstes von Rot-Weiß-Rot, Gerhard Stappen, zum Österreichischen Rundfunk. Er war Staatspreisträger für Jugendliteratur. Ich machte von nun an die „Zeit im Bild" und die „Echo-Nachtausgabe" mit ihm gemeinsam.

Ein Jahr später stand der Rundfunk vor seiner bislang größten Herausforderung: dem Volksaufstand in Ungarn. Sowohl das Fernsehen als auch der Rundfunk waren mit der Berichterstattung überfordert. Das Fernsehen hatte zwei oder drei Kulturfilmredakteure, jedoch keine Reporter.

Und vor allem keine Organisation. Im Radio hatte man diese Organisation, aber die Rundfunkbosse waren zu feige, offiziell Reporterteams nach Ungarn zu schicken. Sie hatten noch die russische Stunde in allzu guter Erinnerung. Also fuhr der eine oder andere auf eigene Faust. Ich auch.

Als ich mit einem geliehenen Auto und einem „EMI"-Tonbandgerät, das circa sechs Kilo wog, in Budapest eintraf, waren die Kämpfe der Aufständischen gegen die verhaßte AVO-Polizei auf dem Höhepunkt. Teile der ungarischen Armee waren bereits auf Seiten der Revolutionäre, als ich meine Arbeit begann.

Ich hatte mehr Glück als Verstand und konnte brandaktuelle Reportagen nach Wien ins Funkhaus überspielen. So zum Beispiel ein Interview mit dem ungarischen Panzergeneral Pal Maleter, der einige Tage später von den russischen Invasionstruppen erschossen wurde. Dann die erste Pressekonferenz des neuen ungarischen Ministerpräsidenten Imre Nagy sowie das erste Interview mit Kardinal Mindszenty.

Ich war Tag und Nacht unterwegs und fand mich großartig in der Rolle des rasenden Reporters. Ich war zum ersten Mal in Budapest. Die Stadt war ein Trümmerfeld. Selbstverständlich fuhren keine Straßenbahnen und keine Taxis. Als ich einmal im Morgengrauen in mein Hotel zurückkehren wollte, verirrte ich mich. Es war eiskalt und kein Mensch auf der Straße, den ich nach dem Weg hätte fragen können. Da hörte ich eine im Gleichschritt marschierende Truppe. Ich versteckte mich in einer Hauseinfahrt. Auf der gegenüberliegenden Straßenseite näherte sich eine Einheit der ungarischen Armee; die Maschinenpistolen im Anschlag. Vor ihr trottete etwas zappelig ein Zivilist. Mein erster Gedanke war: ein Erschießungskommando.

Als ich genauer hinsah, erkannte ich den Zivilisten. Es war mein Reporterkollege Erich Karl aus Graz. Er machte allerdings nicht den Eindruck eines Delinquenten. Im Gegenteil. Er machte gelegentlich einen Wechselschritt, drehte sich zu den Soldaten um, nickte ihnen zu und ging dann fast beschwingt weiter.

„Karl", rief ich hinüber. „Karl, was ist los?"

„Komm mit", sagte er, „wirst' schon sehen".

Ich schloß mich also dieser martialischen Partie an. Wir marschierten zu einem Park. Dort befahl Karl: „Halt!"

Die Truppe blieb geräuschvoll stehen. Karl setzte sich auf eine Parkbank, zog ein Manuskript aus seiner Tasche und kommandierte: „Feuer!"

Die Soldaten begannen mit ihren MP's in die Luft zu ballern. Vor dieser Geräuschkulisse begann Karl seine Reportage in aller Unruhe abzulesen: „Meine Damen und Herren, wir befinden uns hier an der vordersten Kampflinie. Meter um Meter rücke ich mit den Aufständischen durch den Park auf das Parlament vor. Durch den Kugelhagel werden Verwundete aus der Schußlinie gebracht ..."

Als er fertig war, ließ er das Feuer einstellen, bezahlte mit Dollar und verabschiedete jeden einzelnen mit Handschlag.

Als ich drei Tage später wieder nach Wien ins Funkhaus kam, wurde ich für meine Berichte sehr gelobt. „Ihre Berichte waren ja wirklich sehr gut", sagten die Radiobonzen, „aber Ihr Grazer Kollege Erich Karl hat übermenschliches geleistet".

„Ich weiß", sagte ich, „ich weiß".

Nach einigen Tagen war alles vorüber. Die sowjetischen Truppen hatten Ungarn besetzt und Janos Kadar als Regierungschef eingesetzt.

Warum – haben uns viele Ungarn gefragt – warum haben uns die Amerikaner nicht geholfen? Sie haben uns das doch versprochen im „Radio Free Europe". Na ja, versprochen! Militärische Hilfe war wohl nie vorgesehen. Es war nur eine Fingerübung des CIA.

Vizepräsident Nixon besuchte die ungarische Grenze und versprach Flüchtlingshilfe. Dieses Versprechen wurde gehalten. Nachdem er sich informiert hatte, wo Ungarn lag, reiste er wieder ab. Vom Westbahnhof. Ich sollte die Radioreportage machen. Das war nicht einfach, denn der Bahnsteig 8, von dem er abfahren sollte, war hermetisch abgeriegelt. Offizielle Verabschiedung durch die Österreichische Bundesregierung.

Ich wartete mit meinem Aufnahmegerät vor der Absperrung. Da erschien der Wiener Polizeipräsident Josef Holaubek, der mich schon von einigen Lokalreportagen und Interviews kannte. Er war im Stresemann, schwarzen Mantel und Homburg.

„Servus Bogoasgi", begrüßte er mich.

„Grüß Gott, Herr Präsident."

„Wie spät is denn?"
„Halb sieben, Herr Präsident!"
„Na, da hama ja no Zeit!"
„Ja, Herr Präsident."
„Da kann i ja no wischerln gehen!"
„Selbstverständlich, Herr Präsident!"
„Gehst mit?"
„Ich muß nicht, Herr Präsident!"
„Geh, geh mit ..."
„Bitte Herr Präsident!"
Wir gingen wischerln.
Dann sagte er: „Du bleibst jetzt immer neben mir."
So kam ich durch alle Absperrungen, stand bei der Verabschiedung zwischen Holaubek und Nixon, richtete einige Fragen an Nixon, die er auch beantwortete, und hatte – wenn man so wollte – das einzige Interview mit ihm. Auch Bundeskanzler Raab sprach gnädig ein paar Worte ins Mikrofon, bevor er Nixon die Hand schüttelte.
Als der Zug mit Nixon den Bahnsteig 8 verließ und nur mehr das rote Schlußlicht in der Finsternis erkennbar war, kam im Laufschritt Außenminister Figl atemlos auf den Bahnsteig.
„Jetzt kummst?", fragte Raab ungehalten.
„Es hat ja g'haßen um Achte", argumentierte der österreichische Außenminister. Seither weiß ich, daß diese Ausrede auch auf Regierungsebene approbiert ist.
Raab und Figl – sie waren die Pilgerväter der Fünfzigerjahre. Eigentlich begannen ja die Fünfzigerjahre bereits 1945. Österreich wurde wieder einmal in die Selbständigkeit entlassen und versuchte das Beste daraus zu machen. Getrennt vom großen Bruder, dem es sich so freudig an den Hals geworfen hatte, orientierte sich das Land, wie immer, wenn es um seine Zukunft ging, an der Vergangenheit!
Die Christlichsozialen, jetzt ÖVP, knüpften dort an, wo sie 1938 aufhören mußten – beim Ständestaat. Aber sie hatten gelernt. Obwohl ihnen schon immer das Wort des heiligen Vaters wichtiger war als profane demokratische Verhältnisse, versöhnten sie sich mit den verhaßten Sozialdemokraten. Diese fanden sofort Geschmack an den autoritären Möglichkeiten des Regierens, Verwaltens und Vertuschens, sodaß einer großen Koalition mit anschließendem Proporz nichts mehr im Wege stand.
Hunger, Besatzung und Wiederaufbau waren gute Argumente für diese Zwei-Parteien-Diktatur.
Wir Österreicher aber genossen es, „Österreicher" zu sein. Stilistisch reichte allerdings noch manches aus dem Dritten Reich in unsere Zeit.
Als ich die dritte Klasse Volksschule besuchte – das war vor 1945 – mußten wir uns nach dem Unterricht vor dem Verlassen der Schule im Stiegenhaus aufstellen und im Chor rufen: „Heil Hitler".
In der vierten Klasse mußten wir uns auch aufstellen, aber wir riefen: „Grüß Gott". Wir hoben allerdings unwillkürlich die Hand zum deutschen Gruß.

Langsam, langsam emanzipierten wir uns. Wir machten zum ersten Mal die Bekanntschaft mit einem Phänomen, das über Glück und Unglück, Wohl und Wehe, Sinn und Unsinn unseres Lebens entscheiden sollte: mit dem Konsum.

Es gab wieder etwas zum Essen und man konnte es sich kaufen. Wir kauften es uns und wir ließen auch nichts stehen. Wir hatten zu lange gehungert. So legten wir auch die Grundlage für unser Übergewicht. An der unterbewußten Erinnerung an diese Zeit scheitert jede Diät.

Es gab eine eigene Währung: den Schilling. Man konnte sogar den einen oder anderen verdienen und sich damit etwas kaufen: zum Beispiel Eis, zehn Stollwerk, eine Bensdorp, drei Donau (Zigaretten) oder Kinokarten! Es gab kein Fernsehen – also hatten wir eine glückliche Kindheit.

Ins Kino durften nur Erwachsene; es spielten auch nur Erwachsene: Hans Moser, Paul Hörbiger, Maria Andergast, O.W. Fischer, Ruth Leuwerik ...

Die Liebe – das war ausschließlich ein Thema für reifere Jahrgänge.

Hans Sönker, Willy Fritsch und Willy Birgel, von Willy Forst ganz zu schweigen.

Doch schon bald kamen die ersten amerikanischen Filme zu uns. Es waren ja schon die amerikanischen Besatzungssoldaten aufregend, aber die Filme waren wie von einem anderen Stern. Deutsch synchronisiert von Wenzel Lüdeke. Auch die Lieder.

Am Land gab es noch Wanderkinos. Da sah ich „Adoptiertes Glück". Achtmal! Ich war Assistent des Operateurs. Dann ging es Schlag auf Schlag: „Badende Venus", „Der Seefalke", „Lady ohne Herz" mit Margret Lockwood, „Zorro" und die ganze Palette von Walt Disney. Sie ließ uns schon damals etwas von McDonalds ahnen.

Die Kunst spielte sich im Keller ab. Die Avantgarde flüchtet vor dem Zeitgeist, der sein Kunstverständnis aus den späten Dreißigerjahren bezog, soweit das die sieben Jahre Pech der Hitler-Zeit zuließen. Die Avantgarde kam erst aus der Emigration oder aus der Gefangenschaft zurück.

In ehemaligen Luftschutzkellern suchten die jungen Künstler Deckung vor dem „Geschmack". Im „Strohkoffer", dem Sitz des „Art Clubs" wurde Nacht für Nacht die neue österreichische Kultur ausgebrütet. Friedrich Gulda und Joe Zawinul spielten vierhändig auf dem Bösendorfer. Am Saxophon begleitet von Uzzi Förster. Fritz Hundertwasser versuchte einen bemalten Sessel für 150 Schilling zu verkaufen und blieb schließlich darauf sitzen. Mikl, Hollega, Rainer, Moldovan, Prachensky stritten mit Fritz Hochwälder und Fritz Wotruba.

Max Lersch war ein amüsanter Gastgeber. Besonders nett war er zum CIA und zu Fritz Molden. Zwischen allen irrlichterte aus dem Studio der Hochschulen kommend Helmut Qualtinger und verschreckte wie ein Schratt freigiebige Schleichhändler und Schieber. Unter ihnen selbstlose Mäzene, die ihr ganzes Geld dort ausgaben. Ernst Fuchs war nicht nur im „Strohkoffer", sondern auch in der „Ade Bar". Einer der besten Boogie-Woogie-Tänzer neben Dandy Matouschek, der ausschließlich mit zwei Damen tanzte. Er holte sie vorwiegend von der Kärntnerstraße, die damals nicht nur Wiens elegantester Strich war, sondern auch noch keine Einbahnstraße und schon gar keine Fußgängerzone. Man konnte also von Kärnten direkt bis zum Stephansdom fahren. Wenn man ein Auto oder wenigstens einen Motorroller besaß. Pirron und Knapp machten sich im Namen der Wiener über das Gogomobil lustig, während alle davon träumten, eines zu besitzen.

Der Arbeiterdichter Otto Kobalek, Ideenlieferant von Helmut Qualtinger und Sohn eines Kohlenhändlers, frönte der von Hemingway postulierten Kunst des Weglassens und schrieb nachweislich keine Zeile. Dafür veranstaltete er im Kohlenkeller seines Vaters literarische Streitereien. Einmal war sogar Jean Cocteau dabei. Ja, ja – wir verstanden uns selbstverständlich als Existenzialisten und absorbierten mit verhaltenem Weltschmerz Jazz, Jazz, Jazz ... Wir verlachten Gestalten wie Elvis Presley und Bill Healy, Peter Kraus und Conny Froboess und ließen uns das Schicksal unserer Generation beweinen.

Trost gab es oft in der „Skala", einem kommunistisch geführten Theater mit beispielhaften Nestroy- und Brecht-Aufführungen. Brecht war in Wien verboten. Zu tief saß die Angst vor dem Kommunismus. Kommunistischer Kulturfunktionär war mein Freund Fritz Wilder. Er imponierte mir nicht nur wegen seiner literarischen Bildung, weil er aus Israel ausgewiesen wurde, oder weil er ein erstklassiger Weltergewichtsboxer war – sondern auch deshalb, weil er Bert Brecht eine Ohrfeige gegeben hat. Warum? Brecht hatte den Mohnstrudel in Wilders Stammkaffee gräßlich gefunden.

Kurz darauf ist Wilhelm Holzbauer mit der „Andrea Doria" untergegangen, hat sich schwimmend gerettet und wurde ein weltberühmter Architekt. Ich bin mir nicht sicher, ob Udo Lindenberg das weiß.

In Salzburg gab es selbstverständlich Festspiele und die Leute prügelten sich um die Karten. Das waren Zeiten. Ich hatte als Radioreporter drei weltberühmte Komponisten gleichzeitig vor dem Mikrofon: Gottfried von Einem, Rolf Liebermann und Frank Martin. Sie beschuldigten einander lachend der Unspielbarkeit.

Die große österreichische Klassik reichte demnach noch bis in die Fünfzigerjahre und gab dem Nachwuchs gewissermaßen einen Stösser, das Nest der Kohlenkeller und Strohkoffer zu verlassen. Und sie kamen ans Licht. Einer nach dem anderen – viele gemeinsam und stellten endlich wieder in Frage, was die Österreicher aus ihrem Land gemacht hatten!

Die Leute, die eine Fernsehkarriere machen wollten, stellten nichts in Frage. Sie mieden die Politik und widmeten sich den kulturellen und damit unverfänglichen Dingen. Die Frage war nur, ob man das – ohne bei einer Partei zu sein – überhaupt machen konnte. Man konnte, wie sich später herausstellen sollte, nicht. Ich allerdings hatte Glück. Ich war niemals bei einer Partei und habe mich trotzdem ganz gut durchgeschlagen.

Der geradlinigste Fernsehdebutant war Fritz Senger. Er kam vom SPÖ-Zentralsektretär Willy Liwanec. Seine erste Fernseharbeit war ein Interview mit dem schwarzen Programmdirektor Rudolf Henz. Und da Henz Schriftsteller war, machte er das Interview in dessen Bibliothek, die selbstverständlich außergewöhnlich umfangreich war. Er begann das Interview mit folgenden Worten:

„Guten Abend, meine Damen und Herren, wir befinden uns heute bei dem berühmten österreichischen Dichter Rudolf Henz. Herr Professor, wenn man sich hier so umschaut, drängt sich einem unwillkürlich die Frage auf, ob Sie alle diese Bücher selbst geschrieben haben?"

Fritz Senger war einer der wenigen fix angestellten Mitarbeiter und war ab sofort für größere Einsätze vorgesehen. Später moderierte er die Verkehrssendung „Schach dem Tod“ mit Bezirksinspektor Küller, wenn Sie sich erinnern.

Ebenfalls von Willy Liwanec, ebenfalls mit einer guten Idee, kam ein junger Lehrer, der Fernseh-Jugend-Sendungen gestalten sollte. Er trug tagein tagaus dunkle Anzüge, sodaß er jederzeit bereit war, eine Chefetage oder ein politisches Parkett zu betreten. Er machte eine Sendung mit dem Arbeitstitel „Schüler fragen – Politiker antworten“.

Also die Schüler haben gefragt, was sie fragen sollten, und die Politiker haben geantwortet, was sie wollten. Interessiert hat das weder die Schüler noch das Publikum. Aber man war damals froh, wenn überhaupt etwas geflimmert hat. Begeistert waren allerdings die Politiker und der junge Lehrer war sehr bald sehr beliebt. Sowohl bei den Politikern aller Couleurs als auch beim Fernsehdirektor Gerhard Freund, für den er bald unentbehrlich werden sollte. Niemand hätte damals vermutet, daß der sympathische junge Lehrer selbst einmal Fernsehdirektor werden wollte. Sein Name: Doktor Helmut Zilk.

Helmut Zilk wurde nicht nur ein außergewöhnlicher Diskussionsleiter, der mit seinen Sendungen politisch viel bewegt hat, sondern auch ein effizienter Fernsehdirektor, der sich als „Mediator“ zwischen der Geschäftsführung und den Programm-Mitarbeitern verdient gemacht hat.

Wir vom aktuellen Dienst – zu dem mittlerweile Walter Pissecker, Othmar Urban und Walter Krause gestoßen waren – gingen Politikern, so gut es ging, aus dem Wege, denn die wollten nur Gefälligkeitsinterviews und Hofberichterstattung.

Fritz Senger machte einmal im Rahmen seiner „Größeren Einsätze“ ein Gefälligkeitsinterview mit Staatssekretär Otto Rösch. Und weil es für dieses Interview überhaupt keinen aktuellen Anlaß gab, sagte er zur Einleitung:

„In unserer Reihe Gespräche mit Staatssekretären ...“

Die Folgen waren fatal: jetzt kamen alle Staatssekretäre und wollten im Fernsehen auftreten. Als erster der Staatssekretär im Innenministerium Grubhofer (ÖVP). Ich wurde also in das Innenministerium geschickt. Dort bauten wir Kamera und Licht auf. Dann kam der Staatssekretär.

„Worüber soll ich Sie interviewen?“, fragte ich.

„Na ja“, sagte der Staatssekretär, „über meine Arbeit“.

„Gut“, erwiderte ich, „aber wir brauchen einen Aufhänger“.

„Ich verteile nächste Woche in der Mödlinger Kaserne Verdienstmedaillen“, verriet der Staatssekretär.

„Nichts für ungut, Herr Staatssekretär, aber das ist zuwenig“, erlaubte ich mir zu sagen.

„Heute unterschreibe ich die Genehmigung für zivile Hubschraubereinsätze des Innenministeriums.“

„Nehmen Sie teil an diesen Einsätzen“, fragte ich – weil ich mich schon mit dem Staatssekretär im Hubschrauber sitzen sah.

„Nein, nein“, beschwichtigte Grubhofer, „wir haben ja noch keinen Notfall“.

Schweigen.

Der Staatssekretär dachte nach. Er war sehr kooperativ. Er wollte ja auch einen Aufhänger finden.

Dann sagte er: „Wissen Sie was? Ich bespreche mich mit meinen Beamten und rufe Sie sofort an – wenn wir etwas Passendes gefunden haben."

Wir bauten also alles wieder ab und verabschiedeten uns. Er hat bis heute nicht angerufen.

Der Aktuelle Dienst – also im wesentlichen die „Zeit im Bild" – wurde von Gerhard Stappen und mir geleitet. Es funktionierte wunderbar. Eines Tages ließ uns der Fernsehdirektor Freund rufen und sagte uns:

„Es tuat ma lad, aber i muass Euch an Chef vor die Nasn setzen."

„Aber warum, Herr Direktor?"

„Der Professor Henz is' einem roten Betriebsrat aus Klagenfurt für ein großes Entgegenkommen was schuldig – und das ist die Belohnung."

Chefredakteur des Aktuellen Dienstes wurde Ingenieur Josef Dörflinger. Er war gelernter Tonmeister. Er war sehr umgänglich, wie die meisten Betriebsräte und ließ uns in Ruhe arbeiten. Aber wir arbeiteten nicht mehr ganz so gern wie früher.

Und wenn wir eine Pause machten, gingen wir in ein Gasthaus in der Schönbrunnerstraße. Die gastronomischen Institutionen der Wienerstadt waren ursprünglich genau definiert, was das Angebot an Speisen und Getränken sowie allfälliger Dienstleistungen betraf.

Die Grenzen zwischen Restaurant, Wirtshaus, Kaffeehaus, Bar oder gar Espresso waren scharf liniert – und nicht wie heute undeutlich oder fließend – sodaß man in jedem Lokal nicht alles bekam. Ein Wirtshaus von biedermeierischem Selbstverständnis war in den späten Fünfzigerjahren noch das Gasthaus des Josef Schrammel in Meidling vis-à-vis vom legendären Cafe Resch. Eine Oase Altwiener Lebensart. Der Wirt war streng aber gerecht und der Kellner, der Herr Leo, nur streng.

Eines Tages besuchte uns in unserer Redaktion in der Meidlinger Singrienergasse ein Reporter des Norddeutschen Rundfunks. Er wollte einen außergewöhnlichen Film über Wien drehen und bat uns um besondere Tips.

„Euch Wienern", meinte er, „fällt es ja gar nicht mehr auf, in welch einer skurillen Stadt Ihr lebt ! Ich möchte Wien von einer ganz anderen Seite zeigen. Abseits aller Klischees. Versteht Ihr?"

Je mehr sich unser norddeutscher Kollege hineinsteigerte, desto beleidigender wurde das Desinteresse meiner Kollegen. Von mir ganz zu schweigen. Ohne von ihren Schreibmaschinen aufzusehen, machten sie Vorschläge für diese Dokumentation: „Der Prater mit der Liliputbahn", sagte der eine, „Rundfahrt Neues Wien", der andere. Es folgten: „Der Türmer von Sankt Stefan, die Fiaker, der Heurige und die Spanische Hofreitschule."

Der norddeutsche Kollege schrie auf! „Nein, nein, genau das eben nicht! Was mich fasziniert, ist die Morbidität dieser Stadt und die Todessehnsucht ihrer Menschen. Ich will dem Wienertum auf den Grund gehen und keine Vorurteile bedienen. Mit einem Wort, ich will nicht mehr und nicht weniger in meinem Film als die Wahrheit."

Jetzt verstummten wir alle. So einem Anspruch konnten wir nicht gerecht werden, das war uns klar.

Außer sich vor Geringschätzung für Wiener Reporter, die den Charakter ihrer Heimatstadt Schulter an Schulter mit einem bundesdeutschen Filmkünstler nicht ergründen wollten, sah er einen nach dem anderen von uns vorwurfsvoll an und setzte sich mit einem deutschen Seufzer auf ein österreichisches Stockerl. Stille. Offensichtlich wartete er auf ein Wunder.

Just zu diesem Zeitpunkt war unser Besuch im Gasthaus Schrammel angezeigt. Die Frage war: nehmen wir IHN mit oder nicht. Die Mehrzahl war dafür, den deutschen Wien-Forscher sitzen zu lassen.

Ich hatte Mitleid und setzte durch, daß er mitkommen durfte, wenn er wollte.

„Wir gehen jetzt in ein Gasthaus", sagte ich zu ihm so hochdeutsch wie möglich, „kommen Sie mit?"

„Nee", kam es bös zurück, „was soll ich nachmittags in einer Wirtschaft?"

„Es ist aber ein schönes, typisch wienerisches Wirtshaus", verriet ich.

„Na dann!" Interessiert wedelnd, wie ein Jagdhund, der Witterung bekommen hat, schloß er sich der Kolonne an, die in die Schönbrunnerstraße pilgerte.

„Ein Seiterl, ein Krügerl, ein Spritzer, ein Achterl, ein Viertel, noch ein Vierterl – dann kam er zum Fremden – „und der Herr?"

„Sie sind unser Gast", sagte ich. Doch unser Gast sah mit toten Augen unschlüßig in die Runde.

„Und der Herr?", wiederholte der Herr Leo mit unverhohlener Feindseligkeit.

Unser Gast sah auf seine digitale Armbanduhr und sagte mit einem neuerlichen deutschen Seufzer: „Wissen Sie was, bringen Sie mir `ne Tasse Tee."

Peinliche Stille. Am Nebentisch fiel einem Rentner die Gabel aus der Hand.

Der Herr Leo machte einen Schritt zurück – wie ein Boxer, der seinen Gegner an den Seilen hat – und vergewisserte sich, ob er richtig gehört hatte:

„An De wolln Se – an Dee? Lieber Herr, mir san ja ka Kaffeehaus ...
an Kaffee kennans ham!"

Ich kann nicht sagen, ob dieser Film über Wien je gedreht wurde. Wir haben unseren Freund aus Deutschland rasch aus den Augen verloren.

Neben dem Gasthaus „Schrammel" wurde auch noch das Gasthaus „Stelzer" besucht. Es lag günstiger – genau vis-à-vis vom Fernsehen und dem Verband der Zivilblinden. In keinem Vorstadtbeisl Österreichs war so viel Prominenz zu Gast: Viktor de Kowa, Attila Hörbiger, Paula Wessely, Hans Moser, Oskar Sima und Hannerl Matz, um nur einige zu nennen. Ich traf dort den ersten Fernsehentertainer Österreichs. Er war Holländer und hieß Lou van Burg. Er erfand die Sendung „Jede Sekunde ein Schilling".

Das war im Prinzip ein bunter Abend, an dem auch Kandidaten aus dem Publikum auf die Bühne kamen, Quizfragen beantworten mußten oder, wenn sie die Fragen nicht wußten, durch Geschicklichkeitsspiele ihre Präsenz auf der Bühne verlängern konnten. Aber: es gab ein „Äußeres Ereignis". Wenn das eintrat, hatte der Kandidat alles verloren. Mancher war also gut beraten, wenn er rechtzeitig aufgab und das Geld kassierte. Es gab für jede Sekunde einen Schilling.

Das „Äußere Ereignis" war ich. Ich befand mich meist mit zwei Live-Kameras und einem Übertragungswagen an irgend einem Ort, wo etwas „passieren" konnte. Also zum Beispiel auf dem Westbahnhof. Wenn ein Zug auf Gleis drei einfuhr, hatte der Kandidat alles verloren. Oder in einer Gebärklinik. Wenn ein Baby auf die Welt kam ... und so weiter und so weiter ...

Im Wiener Stadttheater fanden die Proben statt. Ich kam immer dazu, um mich über das Shwoprogramm zu informieren. Dort lernte ich auch Dagmar Koller und Hans Moser kennen. Dagmar Koller tanzte im Fernsehballett „Dia Luca“ und Hans Moser saß neben mir im Zuschauerraum.

„No“, sagte er zu mir, „des wird wieder was. I was scho' nimmer, was i machen soll.“

„Ich versteh nicht recht, Herr Moser“, rätselte ich.

„Jetzt sing' i, glaub i, schon zum tausendsten Mal die Reblaus. Des is ja scho fad.“

„Das ist doch nie fad, Herr Moser“, tröstete ich ihn und meinte es ehrlich.

„Irgendwie“, meinte er, „müßte man was anders machen! Na, mir wird schon noch was einfallen.“

Ich war gespannt. Nach einem Schusterbubentanz – die Koller war ein besonders neckischer Schusterbub – trat Hans Moser auf. Als er den Refrain sang: „I muß im früheren Leben a Reblaus g'wesen sein, sonst ...“, stockte er, starrte die Musiker an und sagte: „Jetzt was i nimmer weiter.“

Das Haus tobte. Soviel Applaus hätte er ohne diesen Hänger nie gehabt.

Jetzt war mir klar, was er meinte.

Ich machte diese Sendung sehr gerne, obwohl sie nicht zu meinem Job gehörte. Aber es war eben wieder ein wenig Show und Theater. Diese Sendung war übrigens eine sogenannte Eurovisions-Sendung, weil Deutschland und die Schweiz angeschlossen waren. Die Eurovision war eine Gründung der EBU – der European Broadcasting Union. Die Vereinigung aller europäischen Rundfunkanstalten. Und diese Eurovision – mit Sitz in Brüssel – wollte einmal zeigen, was Fernsehen konnte. Alle Fernsehanstalten planten eine Sendung unter dem Titel: „Spaziergang durch Europa“. Eine Live-Sendung, in der von einem Land zum anderen geschaltet werden sollte. Jede Fernsehstation präsentierte Einblicke in den typischen Alltag. Aus London sollte die Wachablöse vor dem Buckingham-Palast kommen, aus Holland ein Spaziergang durch den Tulpenmarkt, aus Hamburg der Stapellauf eines Schiffes und so weiter.

Nur Österreich hatte noch kein Programm. Fernsehdirektor Freund hat in aller Eile den Regisseur Erich Neuberg und mich beauftragt, ein Programm für diese Sendung zu erfinden. Aber es fiel uns nichts ein. Aus Brüssel kamen schon Urgenzen, sodaß Freund eine Krisensitzung ansetzte. Dort fiel uns auch nichts ein.

Ich sagte dann, eigentlich nur aus Spaß: „Die ersten Schritte Wiener Walzer.“ Eine Übertragung aus der Tanzschule Elmayer. Das hätte ich nicht machen sollen! Der Vorschlag wurde angenommen. Neuberg und ich sollten in aller Eile die Sache organisieren. Rittmeister Elmayer, ein martialischer und gefürchteter Haudegen, der nicht nur als Tanzlehrer, sondern auch als oberste Instanz des guten Benehmens gefürchtet war, gab etwas unwirsch seine Zustimmung.

Einen Tag vor der Live-Sendung begann der „Aufbau“. Was heißt Aufbau! Umbau wäre das bessere Wort. Die Kameraleute, Beleuchter und Techniker dieser ersten Fernsehjahre waren zu allem entschlossen. Und auch zu allem fähig. Ledernacken der Fernsehunterhaltung.

Als ich in die Tanzschule kam, fiel gerade ein prächtiger Luster knapp neben dem Rittmeister krachend zu Boden. Die Leiter eines Beleuchters hatte ihn aus der Verankerung gerissen. Ein Kabelbrand mit anschließendem Kurzschluß verhinderte sowohl die Aufräumarbeiten als auch die weitere Umgestaltung der Lokalität. Als es wieder Licht wurde, traf mich ein eiskalter Blick des aufgewühlten, aber beherrschten Rittmeisters. Ich ahnte Böses. Bevor ich mich noch aus dem Staub machen konnte, sprang er vor mich hin und schnaubte: „Pardon, mein Herr! Wir müssen noch das Finanzielle besprechen."

Darauf war ich nicht gefaßt. Damals! Ich rannte in den Ü-Wagen zu Erich Neuberg und sagte: „Er will Geld!"

Wie immer in solchen Fällen deponierte Neuberg: „Ich bin nur der Regisseur" – und kümmerte sich nicht weiter um die Sache.

Aus einer Telefonzelle rief ich Freund an: „Der Elmayer will Geld", sagte ich.

„Das ist ungewöhnlich", konterte Freund.

„Aber verständlich", fuhr ich fort „die Tanzschule ist ein Trümmerfeld".

„Also passen'S auf, verhandln'S mit ihm, aber bis zu maximal 30.000 Schilling (ca. 2.180 €)."

Elmayer erwartete mich schon am Eingang.

„Also, meine Herren – darf ich Sie in mein Büro bitten."

Wir gingen betroffen in sein Büro.

„Also, was haben Sie sich vorgestellt?"

„Was haben Sie sich vorgestellt, Herr Rittmeister?"

„Nein, nein SIE sind vom Fach."

Von draußen hörte man eine Stimme: Karl reiß die g'schißenen Vorhänge obe ...

Neuberg krümmte sich.

„Aber, Baron ... ", sagte ich.

„Ich bin kein Baron", meinte der Rittmeister und wurde etwas lauter.

„Entschuldigen Sie, Herr Rittmeister", sagte plötzlich Neuberg, „wir haben gar keine Erfahrungswerte".

Jetzt sprang Elmayer auf. Man konnte deutlich sehen, daß er sich beherrschen mußte und rief in militärischem Ton: „Also ich mache es kurz: Sind Sie einverstanden, wenn ich jedem der Herren 500 Schilling (ca. 36 €) gebe?"

Das waren Zeiten. Ich glaube, damals hätten wir auch noch etwas von Bernie Ecclestone geschenkt bekommen.

„Spaziergang durch Europa" wurde ein Straßenfeger. Die Leute waren fasziniert, daß sie live in die Hauptstädte Europas schauen durften. Im großen und ganzen war die Sache aber ziemlich fad. Unser Beitrag war der fadeste. Aber wir hatten eine schöne Vorbereitungszeit. Wir mußten zweimal eine Dienstreise nach Brüssel machen. Es waren meine ersten Dienstreisen. Die waren etwas ganz besonderes. Noch dazu mit dem Flugzeug. Mit einer Vickers Viscount der neu gegründeten AUA.

Meine dritte Dienstreise führte mich mit einem Eröffnungsflug der „Sabena" nach Teheran. Der Schah von Persien hatte sich zu einem Staatsbesuch in Österreich angesagt. Viele österreichische Firmen machten mit dem Iran gute Geschäfte und man akzeptierte schweigend, mit welchem Terror der Schah und seine Verwandtschaft die Menschen drangsalierte. In den Illustrierten konnte man nur lesen, wie der Schah samt seiner Farah Dibah die internationale Playboy-Szene aufgemischt hatte.

Als ich mit meinem Kameramann Karl Reiterer in Wien ins Flugzeug stieg, war ich entschlossen, mit meiner Reportage der Wahrheit etwas näher zu kommen. Es ist mir gelungen. Trotz massiver Behinderung durch die persische Geheimpolizei konnten wir ein filmisches Kurzportrait eines Landes machen, das die Freundschaft ihres Monarchen, Schah Reza Pahlevi zum Westen – insbesondere aber zu den USA – mit Mord und Totschlag überzog. Nach Außenhin westlich und liberal, verbargen sich doch hinter dieser zivilisierten Fassade Zustände, wie wir sie aus dem Irak unter Saddam Hussein kennengelernt haben.

Zu dieser Fassade gehörte auch ein Symphonie-Orchester, das in erster Linie europäische Klassiker spielen sollte, aber nicht konnte. Also holte man einen europäischen Kapellmeister. Es war Haymo Täuber, musikalischer Leiter der Wiener Sängerknaben. Er erzählte mir von seinem Problem. Neben ihm gab es nämlich auch noch einen persischen Orchesterchef, das war man dem nationalen Ansehen schuldig. Dieser Orchesterchef war natürlich fachlich unterqualifiziert, sodaß für klassische Konzerte ausschließlich Haymo Täuber in Frage kam. Täuber verlangte jedoch vom Schah, daß die wichtigsten Orchesterstellen mit österreichischen Musikern besetzt wurden, das gab dem Orchester eine gewisse Stabilität.

Für große Anlässe, also Staatsbesuche, kaiserliche Geburtstage und hohe Feiertage, wünschte sich der Schah oder seine Schwester Ashraf ein klassisches Programm und Haymo Täuber probte mit dem Orchester und dirigierte es dann. Der persische Orchesterchef beobachtete eifersüchtig und mißgünstig dieses Kulturgeschehen. Aber er hatte einen großen Vorteil, den Täuber nicht hatte: Er war der Cousin des Polizeichefs von Teheran. Der ließ während der Endproben die österreichischen Musiker wegen Spionage verhaften und so lange einsperren, bis das Konzert vorbei war. Mit diesem amputierten Klagkörper war der Erfolg Täubers auch für den persischen Meastro erträglich.

Meine Reportage wurde cirka fünfzehn Minuten lang und wurde im Anschluß an die „Zeit im Bild" (ZIB) gespielt. Auf meine Anregung hin wurde damals jeden Samstag in der ZIB so eine kleine Dokumentation gespielt, die dann auch wie jede ZIB vor Sendeschluß wiederholt wurde. Durch diesen Sendeplatz hatten wir die Möglichkeit, ausführlichere Berichte zu machen, die auch ein großes Publikum fanden. Von Quote hatten wir seinerzeit noch nicht gesprochen. Für diesen Sendeplatz wollte ich auch einmal einen ironisierten Bericht vom Opernball gestalten. Aber so weit sind wir noch nicht.

Als der Film am Nachmittag gemischt wurde, war mein Chef, der Ingenieur Dörflinger, dabei. Er klopfte mir danach auf die Schulter und meinte: „Bravo, gut gemacht!"

Dann wurde der Film in der ersten ZIB gesendet und in der zweiten wiederholt.

Schon am nächsten Tag brauten sich gewaltige Proteste zusammen, soweit sich eben an einem Sonntag in Österreich etwas zusammenbrauen kann.

Am Montag erschien der persische Legationsrat, Doktor Mussavi, beim Fernsehdirektor, stürmte unangemeldet in dessen Büro, fädelte sich seinen Hosenriemen aus und schlug damit pausenlos auf den Schreibtisch des Fernsehdirektors ein. Dabei schrie er: „So muß man diesen Pogorski schlagen, schlagen, schlagen ...“.

Der Fernsehdirektor, der meinen Bericht nicht gesehen hatte, weil er an diesen Abend mit dem Qualtinger und dem Neuberg in der Loos-Bar gesessen war, versprach dem wild um sich schlagenden Perser eine sofortige Untersuchung.

Ich habe davon nichts mitbekommen, denn an diesem Tag wurde mein erster Sohn geboren und ich hatte mir frei genommen.

Am nächsten Tag wurde Freund zum Außenminister Kreisky zitiert, der ihm eröffnete, daß der Schah von Persien seinen Besuch abgesagt hätte und daß Millionenaufträge der österreichischen Industrie vom Iran storniert worden wären. Als Freund den Außenminister verließ, sagte ihm der noch leise: „Das Schlimmste ist ja, daß der Podgorski recht hat ... mit jedem Wort!“

Als ich in die Redaktion kam, erhielt ich einen Anruf vom Chef des Bundespressedienstes, Sektionschef Metznik. Er wollte mir helfen, sagte er, aber dazu brauche er den Text des Filmes. Ich Idiot glaubte das und schickte Metznik meinen Text. Am nächsten Tag waren verschiedene Textstellen völlig aus dem Zusammenhang gerissen in mehreren ÖVP-Zeitungen abgedruckt. Diese Zeitungen lagen auf dem Schreibtisch des Fernsehdirektors, als ich in sein Büro zitiert wurde.

„Also i muß Sie jetzt aussehaun, Herr Podgorski“, sagte er völlig emotionslos. Mit dem leeren Gesichtsausdruck eines Killers, der im Zivilberuf Operettenbuffo ist.

„Aber warum denn?“

„Wei sonst haun's mi ausse!“

Dieser Logik konnte ich nur das Argument entgegensetzen, daß ja mein Vorgesetzter den Bericht abgenommen hätte und letztlich dafür die Verantwortung trug. Vergeblich. Es bestätigte sich wieder das eherne Naturgesetz, wonach bei uns der Schwächste zur Verantwortung gezogen wird.

Freund beteuerte mir noch in der Tür, daß ich sicherlich nach ein paar Monaten über ein Hintertürl wieder zurückkommen könnte, aber erfahrungsgemäß ist die Wahrscheinlichkeit eines Comebacks eher gering. Vor allem beim Österreichischen Rundfunk.

Jetzt stand ich wieder einmal auf der Straße. Diesmal mit Familie.

Ich war ziemlich verzweifelt: Die Verbindung zum Theater hatte ich abgebrochen und es gab nur einen Rundfunk in Österreich. Also versuchte ich ein Angebot, das ich schon vor Jahren von Gerhard Bronner bekommen hatte, wieder aufzuwärmen: Ich könnte – so meinte er damals – in seinem Ensemble mit Helmut Qualtinger, Kurt Sobotka und Louise Martini auftreten.

Ich traf mich mit Gerhard Bronner in seiner „Fledermaus“ nach der Vorstellung im Kärntertor-Theater.

In der „Fledermaus“ saßen zu vorgerückter Stunde und in phänomenaler Stimmung die FPÖ-Abgeordneten Zeilinger und Kandutsch. Zeilinger, der mich als Parlamentsberichterstatter kannte, begrüßte mich und erkundigte sich nach meinem Befinden.

„Also mir geht's ziemlich dreckig“, sagte ich. „Man hat mich aus dem Fernsehen rausgeschmissen.“

(Im Radio durfte ich selbstverständlich auch nicht mehr arbeiten!)

„Mein Film über Persien war zu pointiert."

„Den Film hab i g'sehn", meinte Zeilinger, „der war herrlich, endlich die Wahrheit. Da mach' ich morgen eine parlamentarische Anfrage!"

„Das ist sehr freundlich, Herr Doktor", sagte ich und war überzeugt, daß – wenn seine Weinlaune verflogen sein würde – meine Causa vergessen sein wird.

Aber ich täuschte mich. Ich hörte die Live-Übertragung aus dem Parlament und traute meinen Ohren kaum, als Zeilinger einen flammenden Appell an die Regierung richtete, mir Gerechtigkeit widerfahren zu lassen. Freund und Kreisky wurden ins Parlament bestellt und mußten dem Plenum Rede und Antwort stehen.

Am nächsten Tag waren die Zeitungen mit erstaunlicher Einigkeit auf meiner Seite. Die Journalisten-Gewerkschaft, die damals nicht so zahnlos war wie heute, drohte mit einem Generalstreik. Prominente Schriftsteller und Publizisten ergriffen meine Partei: Friedrich Torberg, Hans Weigel, Kurt Skalnik, Friedrich Heer, Hugo Portisch und Hans Dichand.

Nach drei Wochen zog ich also wieder in die Singrienergasse ein und freute mich auf ein Wiedersehen mit meinem Chef Josef Dörflinger. Er versicherte mir, daß er meine Rückkehr durch den Einsatz von hochpotenzierter Zivilcourage durchgesetzt hätte. Direktor Freund war freundlicher als je zuvor, nur Doktor Mussavi von der persischen Botschaft schlich noch mit seinem Hosenriemen ums Haus. Aber das bildete ich mir vielleicht nur ein. Man wird ja wunderlich, wenn man ungerecht behandelt wird.

Die Parlamentsberichterstattung dieser Jahre war eine schwierige Angelegenheit. Gedreht wurde auf 16-Millimeter-Umkehrfilm mit einer „geplimpten" Kamera. Das heißt, das Laufwerk der Kamera war so abgedichtet, daß das Kamerageräusch bei Tonaufnahmen nicht oder nur leise zu hören war. Die Filmrollen hatten eine Länge von 120 Meter; also cirka zehn Minuten, dann mußte die Kassette gewechselt werden. Die Reden im Parlament dauerten jedoch endlos! Und man wollte ja nur das wesentliche aufnehmen. Daher besorgte ich mir in den jeweiligen Klubs die Manuskripte von den Reden und suchte schon bereits vorher die Zitate aus, die ich aufnehmen wollte.

Ich war auf der Suche nach dem Abgeordneten Zeilinger. Erstens, um mich noch einmal bei ihm für seine Intervention zu bedanken, und zweites um seine Rede zu bekommen. Auf dem Weg zur Kantine traf ich den SPÖ-Abgeordneten Brauneis, Zentralbetriebsrat der VÖEST.

„Servas Bogoasgi", sagte er gutgelaunt.

Ich befürchtete, daß er mir seine Rede andienen wollte und versuchte, rasch an ihm vorbeizukommen. Aber er versperrte mir den Weg. Er machte den Eindruck eines Mannes, der mir dringend etwas Wichtiges und wahrscheinlich auch Geheimnisvolles anzuvertrauen hatte.

„Heast Bogoasgi – bleib' stehn – huach zua."

„Bitte, Herr Abgeordneter."

„Huach zua – i war ja jetzt in Indien. Du waßt eh, mia baun ja duat a LD-Stahlwerk!"

„Ja, Herr Abgeordneter ..."
„Huach zua – heast – durt san die Kühe heilig!"
„Nein!", sagte ich ungläubig.
„Ja! A Wahnsinn!" Mit diesen Worten ging er kopfschüttelnd weiter.
Offensichtlich fassungslos, daß es Lebewesen gibt, die noch heiliger sind als Betriebsräte.
In der Kantine des Hohen Hauses traf ich Zeilinger. Er war glücklich, mich wieder an der Arbeit zu sehen. Es passiert ja nicht alle Tage in Österreich, daß sich ein einzelner gegen die Repression einer Proporzregierung durchsetzen kann.
„Na", sagte er, „haben Sie heute schon viel aufgenommen?"
„Nein – es ist ein sehr fader Parlamentstag."
„Ja, ja – ein Tag ist fader als der andere. Soll ich ein bißerl Schwung in die Debatte bringen?"
„Ja, das wär fein!"
„Na, dann müssen's meine Rede aufnehmen!"
„Das ist mir viel zu lang. Ich hab ja nur 120 Meter in der Kamera."
„Wissen Sie was? Wenn ich mir mein Stecktuch aus der Tasche ziehe, dann schalten Sie ein. Sie werden sich wundern."
Wir bauten also unsere Kamera im Plenum auf und warteten. Nach zirka zehn Minuten zog Zeilinger das Stecktuch.
„Ton ab!"
„Laufe."
„Kamera ab!"
„Laufe."
Nach den ersten Worten Zeilingers begann im Sitzungssaal ein beispielloser Tumult. Ich weiß gar nicht mehr genau, was er sagte, jedenfalls thematisierte er eine überdimensionierte Packelei zwischen SPÖ und ÖVP. Es war einer jener Tumulte, die dann später in den Zeitungen als „abträglich für die Würde" des Hohen Hauses bezeichnet wurden. Die Abgeordneten schrien wild durcheinander. Der Abgeordnete Brauneis rief etwas von „heiligen Kühen" in den Saal. „Das ist angewandte Volksbildung", dachte ich und rieb mir die Hände. Schließlich hatte ich einen kurzweiligen Bericht aus dem Parlament. Wer hatte das schon?
In der Redaktion sagten sie mir etwas neidisch: „Du hast aber Glück g'habt!"
„Glück g'habt", bemerkte ich, „man braucht eine Nase. Eine Nase muß man haben."
Am nächsten Tag bekam ich von meinem Chef eine schwere Rüge:
„So ein Bericht", meinte er, „sei abträglich für die Würde des Hohen Hauses."

Fernsehdirektor Gerhard Freund: „Also i muß Sie jetzt aussehaun, Herr Podgorski, wei sonst haun's mi ausse!"

Oberspielleiter Erich Neuberg verstand wie wir alle das Fernsehen als Kulturmedium, in diesem Sinne wurde auch Programm gemacht.

Er war der Rudolfo Valentino des Fernsehens: Herbert Kragora.

Die erste TV-Hohepriesterin: Franziska Kalmar.

Wiens populärster Polizeipräsident Josef Holaubek bringt den Ausbrecher Karl Schubirsch wieder ins Gefängnis. Seine Formel: „I bins, Dein Präsident."

Gute Nachbarschaft in der Singrienergasse. Das österreichische Fernsehen und der Verband der Zivilblinden.

US-Vizepräsident Richard Nixon besuchte im November 1956 die österreichisch - ungarische Grenze und reiste vom Westbahnhof wieder ab. Bundespräsident Schärf verabschiedete ihn. Außenminister Figl kam zu spät.

Im Oktober und November 1956 wurde Budapest von Soldaten beherrscht, und von Reportern.

Zerstört das Fernsehen die Familie?

Die „Familie Leitner“ bewies das Gegenteil. Von links nach rechts: Friedl Czepa, Renee Michaelis (Schenk), Gertraud Jesserer, Rudolf Strobl, Rudolf Carl, Senta Wengraf, Erich Nikowitz. Das Nachwuchstalent blieb unbekannt.

Allmählich begann sich das Fernsehen durchzusetzen. Die Skeptiker, die dem Fernsehen nur eine kurze Lebenszeit zugestanden hatten, begannen langsam zu verstummen. Am Beginn der 60er Jahre hatten wir schon ein reguläres Programm und sendeten täglich. Aber die Aufgaben schienen uns über den Kopf zu wachsen.

Mit wenig Geld und Personal und – als Folge davon – mit einer fast chaotischen Organisation präsentierten wir uns einem immer anspruchsvoller werdenden Publikum geradezu dilettantisch. Die Sendungen begannen unpünktlich oder fielen ganz aus. Sendeunterbrechungen oder Störungen gehörten zum Alltag.

„Entschuldigen Sie bitte die Störung" kostete mehr Sendezeit als die Werbung. Die Nachrichten, die immer noch aus dem Funkhaus kamen, wurden zwar durch aktuelle APA-Meldungen ergänzt, aber noch immer zu langatmig und inhaltlich uninteressant formuliert. Illustriert wurden sie gelegentlich mit einem Standfoto. Die Filmberichte waren bestenfalls vom Vortag, da sich die Bearbeitung sehr zeitraubend gestaltete. Filmberichte aus den Bundesländern tröpfelten per Bahn in Wien ein und wurden einmal pro Woche unter dem Titel „Streiflichter aus Österreich" gesendet.

Aber im großen und ganzen waren die Österreicher glücklich, wenn sie überhaupt etwas sehen konnten. Viele Gegenden hatten noch keinen Empfang, das Sendernetz wurde erst mühsam ausgebaut.

Manche Österreicher allerdings erklärten unaufgefordert, daß ihnen kein Fernsehapparat ins Haus käme. Ein Tonmeister von uns, Geza Laszloffy, erklärte mir, daß er auch keinen Fernsehapparat anschaffen würde, da er lieber mit seiner Frau Schach spielte. Die meisten, die das Fernsehen verteufelten, verkündeten, daß sie ihre Abende lieber mit einem guten Buch im Kreise ihrer Familie verbringen!

„Das Fernsehen", so konnte man damals immer wieder lesen, „zerstöre die Familie".

Heutzutage, glaube ich, rettet das Fernsehen viele Ehen und sichert den Bestand der Familien. Nicht auszudenken, was passiert, wenn es plötzlich kein Fernsehen mehr gäbe.

Es war ja auffallend, daß sich viele Leute ein Ansehen geben wollten, indem sie uns mitteilten, daß sie irgendetwas nicht taten. Also, damals hatten sich die „bessern Leut", um als solche estimiert zu werden, gegenseitig versichert, daß sie nicht fernsehen.

Als die Abende jedoch immer quälender wurden, da aus den Fenstern der Nachbarwohnungen blaues

Licht flimmerte, als vor allem am nächsten Tag über Fernsehsendungen gesprochen wurde, die man versäumt hatte, wurde doch ein Fernsehgerät angeschafft. Selbstverständlich mit Zimmerlibelle, für deren Justierung regelmäßig ein Testbild gesendet wurde, und mit Fernsehleuchte, damit das Auge nicht so strapaziert wurde.

Nun räumte man zwar ein, einen Fernseher zu besitzen, sagte aber sofort, welche Sendungen man sich keinesfalls ansah. Auf diesem selbstgewählten und zumindest proforma veröffentlichen Index stand an oberster Stelle der Sport. Einige gaben zwar zu, sich aus rein ästhetischen Gründen manchmal Eiskunstlauf oder Bodenturnen anzusehen und ließen sich verleiten, das eine oder andere Skirennen – mit einer Zeittabelle in der Hand – zu verfolgen. Die ersten Skirennen übertrug immerhin als Regisseur ein Mann, der für gewöhnlich Fernsehspiele oder Opern für das Fernsehen aufbereitete: Erich Neuberg. Die Werbetransparente am Pistenrand nannte man Schleichwerbung. Pfui!

Verpönt hingegen war Fußball, von Boxen ganz zu schweigen. Just zu dieser Zeit erfand ich die Sendung: „Greatest Fights of the Century". Auf diese Idee brachte mich Kammersänger Otto Edelmann, der in meinen Boxklub zum Training kam. Er zeigte mir 8-Millimeter-Filme, die er aus Amerika mitgebracht hatte und die ein Mann namens Bill Cayton in New York vertrieb. Der hatte auch 16-Millimeter-Filme, sodaß wir sie im Fernsehen verwenden konnten. Heinz Schwind, von der „Kronen Zeitung", schrieb die Texte und ich präsentierte. Und siehe da, die Sendung wurde ein Riesenerfolg. Vielleicht lag es auch daran, daß wir nur historische Kämpfe zeigten, darunter so legendäre Fights wie Schmeling gegen Joe Louis, oder Rocky Marciano gegen Jersey Joe Walkott.

Rocky Marciano traf ich zufällig in Bangkok, als ich mit einem Kamerateam aus Vietnam zurückkehrte. Selbstverständlich interviewte ich ihn sofort für meine Sendung. Rocky war immerhin als Schwergewichtsweltmeister ungeschlagen abgetreten. Trotz seiner riskanten Kampfweise. Er wühlte sich immer in den Infight, kassierte den einen oder anderen Treffer und schlug dann „tödlich" zu.

Ich fragte ihn, ob er nie befürchtet hätte, einen schweren Konter zu kassieren. Als er mich verständnislos ansah, versuchte ich meine Frage zu präzisieren. Ob er nicht vor einem „Lucky punch" des Gegners Angst gehabt hätte. Jetzt hatte er mich verstanden und lächelte sanft. Dann sagte er mit der Erkenntnis aus einem schlagreichen Leben: „Listen my friend, there is very little luck in boxing."

Ich glaube, es war das Milieu des Boxgeschäftes, so dubios es auch immer gewesen sein mag, das die Fernsehzuschauer faszinierte. Es waren vor allem charismatische Boxer, die das Publikum vor die Fernsehgeräte lockte: Bubi Scholz, Lazi Papp, Hans Orsolics und vor allem Muhammed Ali, der damals noch Cassius Clay hieß.

Österreich hatte schon vor dem Krieg große Boxer. Ernst Weiß zum Beispiel oder Karl Blaho. Beide Europameister. Karl Blaho betrieb die Boxschule, wo ich trainierte. Mein Trainer war Franz Pimperl. Als Boxer nannte er sich Kid Francis. Als solcher kam er in „Fiesta" von Ernest Hemingway vor, als er gegen Marcel Cerdan knapp nach Punkten verlor. Er erzählte mir von einem schrecklichen Erlebnis, das er mit Karl Blaho auf einer Südamerika-Tournee hatte. Sie waren vier Boxer und ein Manager. In Argentinien und in Brasilien bestritten sie zahlreiche Profikämpfe (meist mit Verlustverpflichtung), weil sie dringend Geld brauchten. Vor allem Blaho brauchte Geld, denn er hatte astronomische Spielschulden. Er war spielsüchtig. Alle waren sich auf dieser Tournee einig: Karl durfte kein Geld in die Hand bekommen, denn er würde es sofort verspielen.

Doch eines Tages, niemand wußte, wie es geschehen konnte, hatte Blaho die gesamte Reisekasse und alle sauer erboxten Börsen bei sich. Und Blaho war weg. Es war in Rio – wo sonst. In Panik fahndete der Rest der Mannschaft in allen Casinos und Spielhöllen der Stadt nach dem Europameister. Vergeblich. Niedergeschlagen zogen sich seine „ehemaligen Freunde" ins Hotel zurück.

Am nächsten Morgen trommelten sie an die Zimmertüre Blahos. Der öffnete schlaftrunken. Gott sei Dank, er war da!

„Karl – du hast das ganze Geld!"

„Ja, ja, regt's Euch net auf!"

„Na gib her, gib her!"

„Also stellt's Euch vor: I nimm gestern des ganze Geld, leg alle Banknoten sauber zusamm' und tua's in Kasten. Den sperr i ab und gib mir den Schlüssel untern Polster. Heut in der Fruah mach i den Kasten auf – liegt durt, wo's Geld war, ein Häuflein Asche: Termiten!"

Österreichische Profiboxer haben es im eigenen Land immer schwer gehabt. Im Ausland noch schwerer. Gerhard Topf zum Beispiel, ein kahlköpfiger Leichtgewichtler mit Toupet, mit dem er zwar in den Ring stieg, das er aber beim ersten Gong unter dem Gejohle des Publikums abnahm, fuhr sehr oft mutterseelenallein nach Livorno, um dort für eine Niederlage ein paar tausend Schilling zu kassieren. Als die sinisteren Veranstalter in Livorno neben einem Weltergewichtler auch einen kooperativen Halbschwergewichtler brauchten, bot Topf dieses Nebengeschäft dem österreichsichen Meister Poldi Bauer an. Beide fuhren mit dem alten Opel Rekord des Gerhard Topf nach Italien. Mehrere Pannen waren schuld daran, daß die beiden erst um drei Uhr nachts in Livorno eintrafen. Topf, der ja schon öfters dort war, war nicht in der Lage, sein Hotel zu finden. Ein kompliziertes Einbahnsystem brachte die beiden immer wieder an den Ausgangspunkt zurück. Bauer schlug vor, irgendwo zu fragen, aber Topf hatte der Ehrgeiz gepackt, er wollte sein Hotel allein finden. Vergeblich.

Nach mehreren Versuchen riß Bauer die Geduld. Bei einer Tankstelle schrie er Topf an: „Jetzt bleib stehn und i geh jetzt fragen! Wie haast denn des Hotel?"

Topf: „Albergo"!

Ein glückloser Boxer dieser Tage war auch Albert Hillinger. Ein Halbschwergewichtler, der seine schlechtesten Jahre schon hinter sich hatte. Er war klein und korpulent, hatte eine Vollglatze und eine empfindliche weiße Haut, die sich nach jedem Treffer sofort rötete. Er war also bei jedem Kampf schon nach der ersten Runde mit roten Flecken übersät. Sein letzter Kampf lag schon lange zurück. Sein letzter Sieg sowieso. Er hoffte, mit dem durch Laci Papp einsetzenden Boxboom, den einen oder anderen Rahmenkampf in der Wiener Stadthalle zu ergattern. Vergeblich.

Ein junger Reporter von der damaligen Zeitung „Express" sollte ihm jedoch zu einem Comeback verhelfen. Ortwin Kirchmayr gehörte zu den vielen, die Ernest Hemingway gründlich mißverstanden hatten und er liebte ihn für all das, wofür ihn die anderen ablehnten. Er hatte sich angewöhnt, wie eine Hemingway-Figur zu reden und vor allem auch so zu leben. Und da in der Welt des Ernest Hemingway das Boxen eine große Rolle spielte, fühlte sich auch Kirchmayr diesem Millieu verpflichtet. Er schrieb einen Boxerroman mit dem Titel „Nennen Sie mich Paul". Einer der wenigen, der dieses Buch gelesen hatte, war der Halbschwergewichtler Hillinger. Die beiden wurden Freunde.

Kirchmayr beschloss, Hillinger zu managen und zu trainieren.

Damit begann das zweite kurze, glückliche Boxerleben des Albert Hillinger.

Es war wie eine Szene aus dem Bud Schulberg-Film „Schmutzige Lorbeer": Kirchmayr war die personifizierte „Ringecke". Er kam in die ausverkaufte Halle mit einem amerikanischen Hut im Nacken. Unter dem grauen Flanellgilet trug er ein gestreiftes Hemd, dessen lange Ärmel mit Gummibändern in Ellbogenhöhe gehalten wurden. In der linken Hand trug er einen verzinkten Kübel (für Blut und Wasser), in der rechten einen großen Schwamm und über der Schulter ein gebrauchtes Handtuch. Als er an mir vorbeiging, bemerkte ich noch, daß in seiner rechten Gesäßtasche ein flaches Futteral steckte, in dem sich „flüssige Haut", ein Riechfläschchen, Wattetupfer und eine Tube Vaseline befanden. Hinter ihm tänzelte, verhüllt in einem XXL-Bademantel mit Kaputze schattenboxend Albert Hillinger.

Kirchmayr, in der „Szene" „Kruki" genannt, prüfte die Spannung der Ringseile, bevor er seinen Schützling in den Ring steigen ließ. Aus dem Platzlautsprecher kam das Aviso: „Im zweiten Kampf des heutigen Abends stehen sich gegenüber: Albert Hillinger, Österreich und Uwe Steinbach, Deutschland.

Als die beiden Boxer ihre Mäntel auszogen, erschütterte ein gellendes Pfeifkonzert die Halle. Daß Hillinger einen respektablen Bierbauch hatte, der durch den Tiefschutz unter den zu kleinen Boxershorts noch besonders konturiert wurde, wußte man, aber daß der Deutsche, ein rüstiger Mitvierziger, langes schlohweißes Haar hatte, beleidigte die Zuschauer.

Ring frei zur ersten Runde: Der deutsche Boxgreis hatte Angst. Er lief davon, obwohl Hillinger stehen blieb. Als er einmal zur Seite ging, stieß er irrtümlich mit dem Deutschen zusammen, was beide dazu veranlaßte, bis zum Ende der Runde zu klammern. Als Hillinger in seine Ecke kam, hatte er schon viele rote Flecken. Der Deutsche noch mehr weiße Haare. Kirchmayr erklärte die weitere Taktik.

Ring frei zur zweiten Runde: Hillinger stürzte sich mit geschlossenen Augen auf sein Vis-à-vis, das sich – ohne getroffen worden zu sein – auf den Boden fallen ließ. Während der Ringrichter nachsah, ob der Deutsche doch getroffen worden war, ertönte noch einmal die Stimme aus dem Lautsprecher: „Meine Damen und Herren, liebe Boxsportfreunde – dieser Kampf wurde wegen sportlicher Wertlosigkeit abgebrochen."

Das war meines Wissens das einzige Mal, daß ein Kampf mit dieser Begründung abgebrochen wurde. Das war Dienst am Kunden.

Die Karriere von Hillinger war damit beendet. Die von Kirchmayr hatte noch nicht einmal begonnen. Aber für ihn war die Sache halb so schlimm. Er hatte ja den „Express". Aber was sollte sein Freund Albert machen?

„Kruki" beschloß zu helfen. In der neu gegründeten Abendausgabe seiner Zeitung, dem sogenannten

„Abendexpress“ müßte man für „Bertl“ irgend einen Job finden. Er intervenierte beim Chefredakteur Kurt Frischler, der ebenfalls Hilfe versprach.

Als bei der anschließenden großen Redaktionssitzung die Ressorts und Aufgaben verteilt wurden, erschien auch Hillinger mit seinem Mentor. Die Sitzung dauerte drei Stunden, alle wußten bereits, welche Aufgaben sie in Zukunft erwarteten, nur Hillinger war noch keinem Ressort zugeteilt.

Der Chefredakteur wurde endlich auf den Schützling Kirchmayrs aufmerksam und meinte: „Jössas, ja – passen's auf, Herr Hillinger, Sie haben schon einige Kämpfe zu viel – sie schreiben die Leserbriefe.“

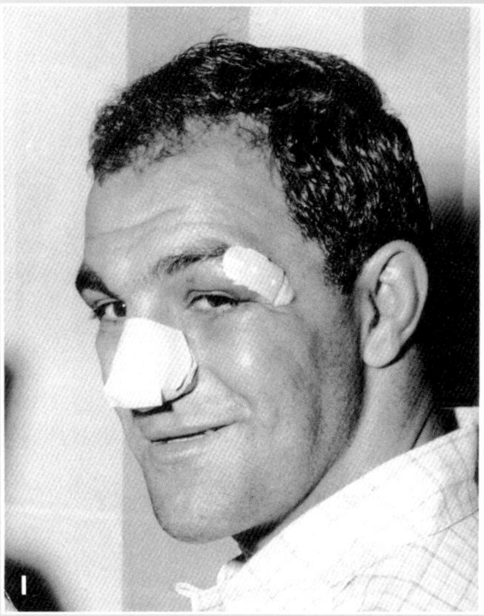

1 Rocky Marciano – ungeschlagener Weltmeister aller Klassen: „Listen my friend, there is very little luck in boxing.“

2 Der Wiener Europameister Karl Blaho. Trotz vieler Kopftreffer ein Weltklasse-Bridgespieler.

Prof. Kletter: Er liebte Schlechtwetterprognosen.

Karl Graf Schönfeld:
Alias Quizzmaster Rudolf Hornegg
bei einer „Mischkulanz".

Der Gutruf
oder das Gutruf

Hannes Hoffmann – Besitzer des „English House Gutruf". Eine der vielen Vorlagen für den „Herrn Karl".

Gutruf" heißt ein winziges, etwas schäbiges Lokal in der Wiener Innenstadt, mit der Adresse Milchgasse 1. Ein chinesischer Koch namens Bernhard Chung kocht dort in einer zwei Quadratmeter großen Küche neben chinesischen Standardgerichten von allerhöchster Qualität extreme Wiener Hausmannskost. An den Wänden des Lokals hängen Requisiten und vergilbte Fotos, die an die lange Geschichte des „Gutruf" erinnern.

Es begann Ende der Fünfziger Jahre. Helmut Qualtinger, der im Gemeindebau Daringergasse 12 – 20 mein Nachbar war, nahm mich eines Tages mit in das Delikatessengeschäft „English-House". Der Besitzer hieß Hannes Hoffmann. Er verkaufte ausschließlich Konserven und paketierte Ware wie Schokolade, Zwieback oder Bonbons. Getränke konnte man nur flaschenweise kaufen und – wenn man mit dem Chef bekannt war – im Extrazimmer des Lokals auch trinken. Ein Holztisch und drei Plastikhocker verliehen diesem Raum den Charme einer Korrektionszelle.

Diese Zelle wurde erstaunlicherweise täglich von Menschen besucht, die ich bewunderte und schon immer kennenlernen wollte: Fritz Wotruba war dort, Friedensreich Hundertwasser, Josef Mikl, Markus Prachensky, H. C. Artmann, Erich Sokol, Gottfried von Einem, Ulrich Becher, der Schöpfer des „Bockerer", viele Schauspieler und wenige Journalisten. Den Nukleus bildete Helmut Qualtinger, der vor allem wegen Geschäftsinhaber Gutruf dieses Lokal frequentierte.

Die „Qualtinger-Forscher" sind sich ja nicht einig, ob Gutruf oder ein Delikatessenhändler aus der Fürichgasse als Vorlage für den „Herrn Karl" diente. (Es war und ist ja letztlich auch belanglos, denn ist nicht jeder Österreicher auf irgendeine Weise ein „Herr Karl"?)

Hannes Hoffmann war's allerdings in einem ganz besonderen Ausmaße. Wir hingen an seinen Lippen, wenn er Lebensweisheiten wie Axiome verkündete. Die meisten davon sollten später wörtlich im „Herrn Karl" stehen.

Wir waren nicht entsetzt darüber. Ganz im Gegenteil. Wir fühlten uns wie Ethnologen, die noch auf einen praktizierenden Menschenfresser stießen. Wir wußten zwar, daß wir von Menschenfressern umgeben waren, aber von solchen, die es nicht zugeben wollten. Hannes Hoffmann hingegen renommierte mit seiner Philosophie und je mehr Aufmerksamkeit er von uns bekam, desto mehr erzählte er aus seiner Vergangenheit. Ein Historiker der gemütlichen Gemeinheit. Ich will die literarische Leistung von Carl Merz und Helmut Qualtinger nicht schmälern, aber vieles vom Gutruf ist eins zu eins niedergeschrieben worden.

Man kann heute gar nicht ermessen, was es 1961 bedeutete, den „Herrn Karl" im Fernsehen zu produzieren und auszustrahlen.

Eine rigide Proporzregierung, die in erschreckender Einmütigkeit jede kritische Auseinandersetzung mit der Vergangenheit in der Politik und in der Kultur verhinderte, hatte das Fernsehen fest im Griff. Fernsehdirektor Freund wagte es dennoch. Ein Aufschrei ging durch das Land. Die Menschenfresser protestierten. Mit vollem Mund.

Damit hatte Qualtinger das Ärgste verhindert, das einem Künstler passieren kann – daß er zum Liebling wurde.

Der Fernsehdirektor stand von nun an ganz oben auf dem Speisezettel der Menschenfresser. Man hätte ihm schon längst ein Denkmal setzen müssen. Auch ich habe es als Generalintendant verabsäumt: einen „Gerhard Freund Preis" für Zivilcourage im Fernsehen ins Leben zu rufen. Aber wo es keine Zivilcourage gibt – braucht man auch keinen Preis.

Viele Jahre später feierte der „Herr Karl" eine Auferstehung. Josef Kirschner, ein ehemaliger Journalist vom „Express" machte aus der „Philosophie des Herrn Karl" eine Art Lebenshilfe. In der Sendung „Wir" sprach er den Österreichern aus der Seele, als er sie aufforderte, egoistisch, rücksichtslos und hintertrieben zu sein. Diese Lebenshilfe fand ihre unterhaltsame Entfaltung in der Sendung „Tritsch-Tratsch", die sich durch besondere Primitivität und hohe Publikumsakzeptanz auszeichnete. Besonders geschmacklose Entgleisungen des Moderators führten erstaunlicherweise zu Publikumsprotesten, sodaß ich mich als Generalintendant veranlaßt sah, die Sendung nicht mehr live auszustrahlen. Das veranlaßte dafür den Moderator und Autor nicht mehr weiterzumachen. Damals war ich erleichtert darüber.

Heute müßte es mir leid tun: Geschmacklosigkeit bringt Quote. Und hier schlummerte ein Riesenpotential.

Das Tritsch-Tratsch-Girl von damals war clever genug, das Konzept weiter zu benützen. Verglichen mit manchen Sendungen der Privatsender ist „Vera" fast ein Musterbeispiel öffentlich-rechtlicher niveauvoller Unterhaltung.

Aber zurück zum „Gutruf".

„Der Herr Karl" machte Qualtinger zu einem Mythos. Und der Mythos saß jeden Tag im Extrazimmer vom „Gutruf" und hielt Hof.

Wie in einem Versteck, denn auf der Straße wurde er gelegentlich beschimpft. Wir waren durch diese Sendung über Nacht zu einer Gesinnungsgenossenschaft geworden. Keine Roten und keine Schwarzen, sondern „Gutrufianer". Später bezeichnete uns einmal ÖVP-Generalsekretär Graff in einer APA-Aussendung als „Gutruf-Kommunisten". Es hatte ja in Österreich schon Tradition, daß kritische Geister als Kommunisten bezeichnet werden. Doch was im Hinterzimmer des „Gutruf" von einer angeregten Gesprächsrunde täglich produziert wurde, war ja mehr als Kritik. Es war Ironie, Satire, Bosheit und hatte manchmal sogar tiefere Bedeutung.

Ich war süchtig nach dem „Gutruf". Nach den Gesprächen, nach den Geschichten, nach dem Tratsch und nach den Blödeleien. Dieses triste Extrazimmer war für uns das, was für Kinder ein Baumhaus ist.

Es entstand hier eine Gemeinschaft, die sich ungeschriebene Ordnungsregeln gab; eine völlig neue Rangordnung der Werte. Alles, was man tat, wurde mit den Maßstäben des „Gutruf" gemessen.

Jede Reportage, die ich im Fernsehen machte, jedes Interview, jeden Film prüfte ich vor der Sendung mit den Augen dieser strengsten aller Prüfungskommissionen. Nur ein Erfolg im „Gutruf" war ein wirklicher Erfolg. Viele Projekte wurden daher auch schon im Planungsstadium hier besprochen. Auch Qualtinger erzählte schon Monate voraus, was er alles machen würde. Eines Tages kam er mit Ulrich Becher, dessen Stück „Samba" als Fernsehspiel produziert werden sollte. Regie führte der berühmte Hollywood Regisseur William Dieterle. Aufgezeichnet wurde in den Rosenhügel-Studios.

Nach Drehschluß wurde im „Gutruf" der „Dreh" nachbesprochen. Becher war offensichtlich mit der Regie Dieterles nicht sehr zufrieden. Ulli Becher ging uns allen ein bißchen auf die Nerven, wenn er von seinem Freund Hemingway erzählte, weil wir ihm ganz einfach nicht alles abnahmen. Auch er selbst war schon einem gewissen Männlichkeitswahn verfallen und redete nur mehr in Abkürzungen: er selbst nannte sich „Ull", Qualtinger war „Qualt" und Hemingway „Hem".

„Hey Ull", sagte Hem, „du solltest mal wieder ein Stück schreiben".

„Okay Hem", reagierte ich, „wie gefällt dir der Titel 'Samba'?"

„Klingt gut Alter", meinte Hem.

Es waren meist Geschichten ohne Pointen, die uns Becher erzählte. Dafür waren sie ziemlich unglaubwürdig. Auf seinen Streifzügen durch südamerikanische Bordelle, erzählte er uns zum Beispiel, benützte er aus Angst vor Infektionen nur Ganzkörperpräservative.

Je gespannter das Verhältnis zwischen Becher und Dieterle wurde, desto länger saß Becher im „Gutruf" und schimpfte auf Dieterle. Eines Tages kam es dann zum Krach: Dieterle schmiß Becher aus dem Atelier. Becher bekam Studioverbot. Andernfalls hätte Dieterle die Regie niedergelegt.

Am Abend berichtete Qualtinger jede Einzelheit des Streites und des Rausschmisses. Dann kam ihm eine Idee.

„Wißt's was", sagte er „ich ruf jetzt im Hotel den Becher als Regieassistent Viszvary an! Ich werd' ihm sagen, daß es dem Dieterle sehr leid tut, daß er sich entschuldigen läßt – und daß er auch in Zukunft nicht auf den Rat des Autors bei den Dreharbeiten verzichten möchte."

Qualtinger, gefürchtet für seine „Schmäh-Telefonate", von denen Ö3 heute noch lebt, schritt zur Telefonzelle. Wir alle nach. An der Tür hing eine Traube wabbernd vor Bosheit.

Qualtinger meldete sich schon beim Portier des Hotels „Regina" mit perfektem ungarischen Akzent.

„Hier spricht Viszvary – österreichischä Televissio - - - könnte ich bittäschöön Herrn Becher Ulrich sprächen, bittäh ...".

Qualtinger blickte erfolgsgewohnt in die Runde, aus der man nur noch erwartungsvolles Glucksen und Grunzen hören konnte.

„Bittäh tausdenmol um Entschuldigung, Herr Becher, Viszvary am Apparat.

Herr William Dieterle iiist total traurig über gästrigen Vorfall in Rosenhügelatelier. Är möchte sich entschuldigen, är ist zu weit gägangen, hot er gesagt, räspäktlos, war er zu einem so großen Dichtär wie Sie sind, Herr Becher. Är war großer Dummkopf, daß är nicht auf ihre guten, literarischen Ratschläge hat gehört. Eigentlich kann är sich gar nicht vorstellen, ohne Ihnen weitärzuarbeiten. Auch die

Schauspielär sind sie ganz traurig, daß sie nicht mehr von ihrä kritischen Augen kontrolliert werden. Bäsonders morgen ist ganz wichtiger Dreh. Es kommt Szäne mit Helmut Lohner schon um acht Uhr früh. Herr William Dieterle läßt Sie vielmals bitten, daß Sie schon vorhär, also sechs Uhr früh mit ihm diese Szäne bäsprechen. Also bittä morgen früh sechs Uhr Roosenhügel – Halle 1 – und äntschuldigen Sie noch tausendmal."

Qualtinger bekam plötzlich einen irrlichternden Blick, sagte nichts mehr, legte den Hörer auf und griff sich ans Herz. Danach ließ er sich mit einem Seufzer wieder in seinen Sessel fallen.

Ein Kammerton kollektiver Enttäuschung schwang durch den Raum. Was war geschehen?

„Ja um Himmelswillen, Helmut", sagte ich, „was ist denn passiert?"

Qualtinger sah mich mit einem Blick von allertiefster Traurigkeit an.

Dann kam der Aufschrei von den anderen: „Ja Waaas?"

„Der Viszvary", sagte Qualtiger fassungslos, „sitzt beim Becher im Zimmer".

Der Abend war uns gründlich verdorben. „Wir müssen den Becher irgendwie anders erwischen", beharrte Qualtinger auf unserem gemeinsamen Heimweg. Diese gemeinsamen Heimwege in die Daringergasse entwickelten sich in den meisten Fällen zu einem Kreuzweg. Es gab viele Stationen. Das Kaffee „Klinik" zum Beispiel, der „Fallstaff", das Kaffee „Volksoper" und die „Bucklerte", das war ein Tankstellenespresso.

„Kannst nicht du im Fernsehen", überlegte er, „den Becher vorführen – mit all seinen Hemingway-Blödheiten und so. Als tollen Hecht?"

Als ich den Kulturredakteuren ein Interview mit Ulli Becher vorschlug, waren sie hellauf begeistert. Ich bekam sechs Minuten Sendezeit in der zweiten ZIB des übernächsten Tages.

Eigentlich hatte ich ein schlechtes Gewissen. War das nicht so eine Art Amtsmißbrauch? Aber es gab kein zurück. Qualtinger hatte bereits Becher angerufen, diesmal als Qualtinger und dieses Interview schon im „Gutruf" angekündigt. Das Interview wurde in der Kantine vor der Halle 1 aufgezeichnet. In die Halle 1 hinein durfte er noch immer nicht.

„Hey Ull, alter Junge, du bist ja n'richtiger Weltenbummler, toll daß du in Wien bist!"

„Ja Ted, ich bin von Paris eingeflogen – dort wird's auch schon langweilig."

„Ja, zu Hems Zeiten war's wohl flotter?"

„Das kannst du laut sagen, da hab ich mich wenigstens mit Hem besaufen können."

„War er nicht sauer, daß du ihm immer die schönsten Weiber weggeschnappt hast?"

„Mensch Ted, alter Junge – schwamm drüber."

In dieser Tonart ging es weiter. Es war eine Gratwanderung. Wann würde er bemerken, daß ich ihn auf den Arm nahm. Aber der Gedanke an den „Gutruf" ließ mich durchhalten.

Wir wechselten die Einstellung und ich fragte weiter aus dem „Off".

Jetzt bemerkte ich, daß der Kameramann das für gewöhnlich zugekniffene Auge immer öfter aufmachte. Das ist bei Kameraleuten ein Zeichen dafür, daß ihnen etwas auffällt. Jetzt wußte ich, daß ich am Limit war. Ich fragte ihn nur noch nach der aktuellen Produktion, was ihm Gelegenheit zu Seitenhieben auf Dieterle gab, und stellte die Schlußfrage:

„Jetzt mal ehrlich Ull – wann wirst du wieder weiterbummeln?"

„Es ist zwar noch ein Geheimnis – aber ich muß mal wieder nach China bummeln."

„Danke für das Gespräch, Ull," sagte ich „und grüß mir die Zuzi Wong."

„Worauf du dich verlassen kannst."

Nach dem Interview mußte ich mit ihm einen Whisky trinken. Dann schenkte er mir seinen Roman „Männer machen Fehler".

Die Widmung lautete: „Hey Ted, – in alter Freundschaft, Dein Ull!"

Jetzt hatte ich endgültig ein schlechtes Gewissen.

Am Sendeabend wanderten wir alle vom Restaurant „Fallstaff" hinüber ins Cafe „Volksoper". Dort gab es ein Fernsehzimmer. Es war schon bis auf den letzten Platz besetzt. Wir nahmen also Stehplätze ein und warteten auf die ZIB 2. Aber die verspätete sich erheblich. Diese grundsätzliche Unpünktlichkeit des Fernsehens verärgerte auch zusehends das Publikum und war auch für viele der Grund, das Rundfunk Volksbegehren zu unterschreiben.

Endlich mit 25-minütiger Verspätung war es soweit:

„Hey Ull, alter Junge ..."

Ich bekam einen Schweißausbruch. Ich hätte mich nicht auf so etwas einlassen sollen. Doch das Publikum blieb ruhig. Nur Qualtinger und seine Jünger wandten sich in Lachkrämpfen. Das machte für mich die Sache nicht leichter.

Als zum Sendeschluß die Bundeshymne erklang, übersiedelten wir wieder ins Kaffee „Klinik". Es wurde, wie der Name schon sagte, von Ärzten und Krankenschwestern frequentiert. Schon am Eingang wurde ich vom berühmten Professor Karl Spitzy abgefangen.

„Darf ich Sie einen Moment sprechen", fragte er.

„Bitte Herr Professor!"

„Also, ich habe jetzt Ihr Interview mit dem Dichter Ullrich Becher gesehen ..."

„Ja ... und?", fragte ich unsicher.

„Also, alles, was recht ist – ein interessanter, g'scheiter Mann."

Auch Ulli Becher war von dem Interview sehr angetan und erzählte mir am nächsten Tag im „Gutruf" wie viele positive Anrufe er bekommen hatte.

Na also! Es war trotzdem eine Schweinerei von mir.

Wer kam sonst noch zum „Gutruf"? Interessante Leute. Franz Hubmann, ein österreichischer Fotograf von Weltruf mit seinem Sohn Alex, beide auch die „Hubmann Brothers" genannt. Der Portier der Siegendorfer Zuckerfabrik zum Beispiel – genannt „Zuckerl". Er brachte Säckeweise unraffinierten Zucker. Oder der Herr Werner. Ein Hühne von Gestalt, der sich ebenso verzweifelt wie erfolglos bemühte, ein Mitglied der Wiener Unterwelt zu werden. Das ist nämlich gar nicht so einfach. Denn der „Alte" und der „Gschwinde"; der „Notwehrkrista" und der „Rote Heinzi" hatten nur ein mitleidiges Lächeln für ihn übrig.

Polizeipräsident Holaubek war übrigens auch Stammgast. Dann gab es den Rudi Wein. Ein Erfinder aus dem ersten Stock. Er sollte später einmal das Lokal übernehmen. Und dann gab es einen Trafikanten aus Mauer, den Hans Fürnberg. Er wurde als Kind in Ausschwitz von der SS derart verprügelt, daß er das Augenlicht verlor. Seine Geschichte erzählte er nur sehr ungern, denn er fürchtete sich vor dem Mitleid, das es ja gerade in Wien in seinen grausamsten Spielarten gibt und das mit der Sentimentalität einen Doppeladler bildet. Er bezeichnete sich selbst als „blinder Jud" und wollte auch von uns im „Gutruf" so bezeichnet werden. Es war also eine Art Koseform, die selbstverständlich für Außenstehende schwer zu begreifen war.

Mich nannte er dafür liebevoll „Schlachta" (das war eine besonders antisemitische Bevölkerungsgruppe im Vorkriegspolen) oder „Defensiva", die judenfeindliche polnische Geheimpolizei.

Wie viele Blinde hatte Hans Fürnberg die Fähigkeit zu „sehen". Das hieß, er erkannte fast jeden, der bei der Eingangstüre hereinkam.

Als ich eines Tages das „Gutruf" betrat, sagte er: „Teddy?" Als ich bejahte, setzte seine freudige Beschimpfungstirade ein: „Du unerträglicher Schlachta, du brutaler Defensiva ..."

Routinemäßig konterte ich: „Aber halt den Mund – blinder Jud", stellte mich an die Theke und bestellte mir einen kleinen Braunen.

Plötzlich bemerkte ich, daß sich hinter mir ein Energiefeld aufbaute.

Als ich mich umdrehte, stand ein riesiger Mann vor mir, der am ganzen Körper zitterte und mich anbrüllte. (Wie sich später herausstellte, war er ein Kulturredakteur der Hamburger „Zeit", der von Helmut Qualtinger zum Gutruf geschleppt worden war).

„Was glauben Sie eigentlich", schrie er, „was Sie sich an Menschenverachtung und Antisemitismus leisten können? Hier ist wohl die Zeit stehen geblieben? Ewiggestrige wie Sie müßte man die Naziideologie herausprügeln!"

Während ich verdattert diese Maßregelung über mich ergehen ließ, erhob sich Fürnberg, tastete sich zum deutschen Kulturredakteur, faßte ihn am Kragen und sagte: „Wannst net sofort mein Freund in Ruah laßt, hau i dir mein Blindenstock übern Schädel!"

Der Deutsche wankte verstört an seinen Platz zurück und murmelte etwas von „anzeigen". In diesem Moment betrat Polizeipräsident Joschi Holaubek in Begleitung von Burgdoyen Hofrat Tressler das Lokal.

„Na kloar", rief Hannes Hoffmann, „jetzt kennan's alles anzeigen, weil des is nämli der Polizeipräsident!"

Aber bevor der Deutsche etwas sagen konnte, rief Fürnberg:

„Der g'hert anzagt, Herr Präsident, der hat den Teddy körperlich bedroht, wann eahm i net g'holfen hätt' . . . dann."

„Was ist hier los", fragte Holaubek.

Als der Kulturredakteur seine Empörung artikulieren wollte, fuhr Fürnberg dazwischen: „Aber des is doch a Trottel."

Jetzt riß dem Polizeipräsidenten die Geduld und er sagte schroff aber trotzdem liebevoll: „Jetzt halt amal den Mund, blinder Jud!"

Der Kulturredakteur packte in Panik seinen Mantel und seine Zeitungen zusammen und stolperte aus dem Lokal.

„Ja, was hat der denn?“, fragte Hofrat Tressler.

Hofrat Tressler wurde in Wien sehr populär – nicht nur, weil er sich im Alter von neunzig Jahren ein Goggomobil gekauft hatte. Er hatte eine Vorliebe für ein Glas Sekt am Vormittag, konnte das aber hier nicht bekommen, weil der „Gutruf“ keinen Sekt führte. Also übersiedelte der Polizeipräsident mit dem Hofrat zum Stiebitz ins „Schwarze Kamel“.

Dort trafen sie Qualtinger. Nach mehreren Gläsern Sekt empfahl sich der Hofrat auf die Toilette und kam nicht mehr zurück.

Nach einer Viertelstunde wurde Holaubek unruhig. Nach weiteren zehn Minuten sagte Qualtinger: „Jetzt schaun wir nach!“

Holaubek und Qualtinger gingen also auf die Toilette.

„Herr Hofrat!“, riefen sie „Herr Hofrat! Ist Ihnen schlecht geworden?“

Keine Antwort.

Holaubek – ein ehemaliger Feuerwehrmann – fackelte nicht lange und brach die Türe auf.

Hofrat Tressler erhob sich von der Muschel und sagte mit einer leichten eleganten Verneigung: „Tut mir leid, Herr Präsident; der Sekt war zu kalt.“

Als ihn Holaubek und Qualtinger wortlos anstarrten, fügte er noch mit einem selbstgefälligen Lächeln hinzu: „Was sagen Sie zu meinen Beinen, meine Herren.“

In jeder Beziehung erleichtert kehrte man zum „Gutruf“ zurück, wo ein überglücklicher jüdischer Trafikant mittlerweile schon zum dritten Mal allen – die sie hören wollten – wieder die Geschichte erzählte, wie er mit seinem Blindenstock einen Piefke in die Flucht geschlagen hatte.

„Man wird sich doch noch“, meinte er noch immer ein wenig erregt über den Zwischenfall, „seine Beschützer aussuchen können“. Er pochte damit auf ein Recht, das bis heute in keiner Menschenrechts-Charta verfaßt ist.

Dann bestieg Hofrat Tressler, der dieser Erzählung – wie die meisten alten Leute im allgemeinen und Schauspieler im besonderen – nicht zugehört hatte, mit den Worten: „Allen Recht getan, ist eine Kunst, die keiner kann“, sein Goggomobil und fuhr über den Graben nach Hause.

Der oder das „Gutruf“? Also die ältere Generation – die Gründerväter gewissermaßen – sagten der „Gutruf“, weil sie das Lokal noch mit seinem ehemaligen Besitzer Hannes Hoffmann identifizierten. Die jüngeren sagten das „Gutruf“, weil es für sie immer nur ein Lokal war.

Der „Gutruf“ hatte für Außenstehende immer etwas Geheimnisvolles, fast Anrüchiges. Das lag, glaube ich, in erster Linie daran, daß es eine unausgesprochene Vereinbarung unter seinen Gästen gab, keine Frauen – damit waren in erster Linie Ehefrauen gemeint – mitzubringen.

Warum? Der „Gutruf“ war ein Versteck, ein Leo, eine Zufluchtsstätte, die bei Verfolgungen aller Art Geborgenheit versprach. Man war sicher vor der Familie, der Ehefrau und ihren Direktiven. Sicher vor ehemaligen Geliebten, die einen an die schönen vergangenen Zeiten erinnern wollten. Man war infolge einer skurrilen, aber gewachsenen Exklusivität nicht in Gefahr, dort Leute zu treffen, die man nicht treffen wollte. Ganz im Gegenteil.

Wer also glaubte, im „Gutruf" einen „Aufriß" machen zu können, befand sich in einem gewaltigen Irrtum. Eigentlich konnte man nur Trinken und Reden. Früher oder später nur mehr Trinken. In diesem Zustand verließ den „Gutruf" einmal ein Kameramann des Fernsehens und machte sich mehr oder weniger lallend auf die Suche nach schönen Frauen. Wie in den meisten dieser Fälle war die Sache nicht von Erfolg gekrönt. Als er die „Bonbonniere" betrat, war deren Barfrau „Elfie" gerade dabei, die Sperrstunde einzuläuten.

Unser Kameramann machte also einen letzten verzweifelten Versuch und lud die müde aber hungrige Bardame zu einem späten Souper. Man ging in das Restaurant „Olympia". Dieses „Olympia" war ein geheimnisvoller Ort. Es hatte seinen Eingang Ecke des Durchgang Kärntnerstraße und war immer menschleer. Es war nicht schlecht besucht: es war leer. Ohne Ruhetag. Trotzdem war es außerordentlich elegant. Sein ungarischer Besitzer ließ sich nicht lumpen. Die Kellner – alle in Frack und pomadisiert – warteten mit der Gelassenheit von Herzögen auf Gäste. Hin und wieder geschah es, daß sich ein Gast in dieses sehr elegant ausgestattete Etablissement verirrte. Bei derartigen seltenen Gelegenheiten passierte immer etwas Rätselhaftes: Bevor noch der Gast im Innern des Lokales sichtbar wurde, etablierte sich – wie aus dem Boden gewachsen – eine sechsköpfige Zigeunerkapelle, die Sekunden vor dem Eintreffen des Gastes einen feurigen Csardas intonierte. Wenn nun der Gast geschockt durch die Zimbal-Klänge, die Mittelscheitel der Kellner oder vor allem durch die Leere des Restaurants wieder umkehrte, verschwanden die Zigeunern so schnell und lautlos, wie sie gekommen waren. Aber niemand wußte wohin.

An diesem Abend betrat unsere Bardame „Elfie" in Begleitung ihres schwankenden Verehrers das „Olympia". Die Zigeuner spielten auf und der vornehmste der ungarischen Ober näherte sich mit elegantem Körperknick dem ungleichen Paar, das sich an einem reichlich mit Silberbesteck gedeckten Tisch niedergelassen hatte. Er überreichte den beiden zwei riesige in Leder gebundene Speisekarten. Die Szene hatte etwas von der Überreichung der Zehn Gebote an Moses. Es fehlte nur der brennende Dornbusch.

Als sich der Kellner im Rückwärtsgang wieder untertänigst entfernte, verschwand auch der Kameramann eine Entschuldigung murmelnd in Richtung Toilette.

Elfie studierte die Speisekarte. Das dauerte ziemlich lange und wollte dann, sobald ihr Begleiter wieder erschienen wäre, „Gundel-Palatschinken" bestellen. Aber er erschien nicht.

Trotzdem näherte sich geigend der Primas. In seinem Schatten der devote Oberkellner. Er macht ein besorgtes Gesicht als er sagte: „Entschuldigen vielmal, gnädige Frau, aber ist Ihre Herr Begleitär möglicherweise schlecht geworden?"

„Ja, um Gotteswillen, warum denn?"

„Weil er steht vor das Toilette und brunzt in dem Garderobe!"

Eines Tages – ich kann gar nicht genau sagen wann – war das „Olympia" weg. Es war nicht geschlossen – es gab's nicht mehr und Wien war um eine Attraktion ärmer. Eine Attraktion von der niemand etwas gewußt hatte.

Der „Gutruf" als Schlupfloch zur Kultur. Mit Fritz Wotruba und Helmut Qualtinger konnte es oft spät werden. Der Hintergrund ist allerdings beruhigend.

1 Gerd Bacher kam fast nie. Ihm war das Publikum im Gutruf nicht „geheuer“, Helmut Zilk auch nicht. Er kam trotzdem.

2 Hannes Hoffmann mit dem „KRONE“-Karikaturisten Heinz Machek „MAC“. Sputz Meier – seine Eleganz wird von Helmut Qualtinger abgedeckt.

3 Gutruf Nachwuchs: Hubmann jun., Podgorski sen. und Madeja jun. im „Hinterzimmer“.

4 H.C. Artmann sen. mit Artmann jun.

5 Franz Hubmann sen. mit Podgorski sen. Ein Fotoversuch von Hubmannn jun.

6 Von links nach rechts: die Ehefrau von Ulli Becher, Otto Kobalek und Helmut Qualtinger.

4

5

6

1

2

3

1 Von links nach rechts: „Quasi“, Erni Mangold, Otto Kobalek, Günter Fritsch, Erich Sokol, „Putzi“ von Preuss.

2 Fatty George mit Podgorski und Kobalek.

3 Bacher und Zilk mit Fritz Wilder (israelischer Transportarbeiter) und Architekt Ferry Kitt (österreichischer Kommissar für die Biennale von Venedig).

Kein Kommen

Fernsehdirektor Gerhard Freund war Schauspieler in Baden (gleichzeitig mit Helmut Lohner). „Kabale und Liebe“: Die Kabale hat er dann im Fernsehen näher kennengelernt.

Die Proporzreform

Anfang der Sechziger Jahre hatten sich die Österreicher an das Fernsehen bereits gewöhnt. Es gab schon hunderttausend private Fernsehgeräte, aber viele gingen noch in ihr Wirtshaus zum Fernsehen. Es war auch ein willkommenes gesellschaftliches Ereignis. Wirklich zu empfangen war eigentlich nur das Erste Fernsehprogramm und auch das hatte noch viele tote Winkel im Bundesgebiet. Das Zweite Programm führte ein Schattendasein mit vielen Wiederholungen und Verlegenheitsprogrammen, bekam aber gerade dadurch schon für viele eine gewisse Attraktivität. Es war technisch schwer zu empfangen.

Die Leute liebten die „Zeit im Bild", die „Fernsehfamilie Leitner" mit Otti Schenk als Regisseur, die Diskussionen der Chefredakteure, die stellvertretend für die Politiker Konflikte in der Öffentlichkeit austrugen. Diskussionsleiter war der ehemalige Chefredakteur von „Neues Österreich", Franz Kalmar, der auch die Drehbücher für die Erfolgssendung „Der Fenstergucker" schrieb. Sein Bruder, Doktor Hans Kalmar, war der Präsentator und Gestalter der Briefmarkensendung.

Doktor Helmut Zilk, der offiziell das Zweite Fernsehprogramm leitete, litt unter der geringen Quote dieses Kanals und kümmerte sich zum Wohlgefallen des Fernsehdirektors um das Erste Programm. Er kümmerte sich so sehr, daß viele gar nicht mehr zu Fernsehdirektor Freund gingen, wenn sie etwas wollten, sondern zu Doktor Zilk.

Die ÖVP und ihr Chef, der amtierende Bundeskanzler Raab, mußten einsehen, daß sie mit der Bagatellisierung des Fernsehens einen schweren politischen Fehler gemacht hatten, und versuchten nun mit aller Gewalt, Terrain zurückzugewinnen. Eine Rundfunkreform mußte her.

Die öffentlichen Verwalter waren mittlerweile abgeschafft worden und ein Sektionsrat aus dem Finanzministerium als Generaldirektor eingesetzt. Er hieß Czejka. Hörfunkdirektor wurde – der Name verpflichtete – Doktor Alfons Übelhör. Er wohnte in der Taubstummengasse. Man wurde an die Besetzungsliste eines Nestroy-Stückes erinnert.

Wissen Sie, wie die beiden Nachtwächter hießen, die in der Nacht, als die Redouttensäle abbrannten, ihren verantwortungsvollen Dienst versahen? Brandl und Aschenbrenner!

Wissen Sie, wie die Radioreporterin hieß, die den ersten Bericht aus dem AKH (Allgemeines Krankenhaus) brachte, nach dem furchtbaren Attentat auf Helmut Zilk? Brigitte Handlos.

Fernsehdirektor wurde nun offiziell Gerhard Freund. Er hatte sein Büro, wie wir alle in der Meidlinger Singrienergasse neben der Geschäftsstelle des Verbandes der Zivilblinden. Die Studios befanden sich in Schönbrunn. Ein adaptierter Anbau des Affenhauses! Na bitte!

Affenhaus hin – Zivilblinde her – das Fernsehen war der ÖVP zu rot. Bundeskanzler Raab schickte

Generaldirektor Czejka in Frühpension und holte seinen Intimfreund und stellvertretenden Generalsekretär Josef Scheidel, einen gelernten Volksschullehrer. Er sollte hart und schwarz durchgreifen. Vor allem im Fernsehen. Die ÖVP verlangte einen schwarzen Proporzschatten für Gerhard Freund. Aussichtsreichster Kandidat für diesen Posten eines sogenannten „Programmleiters" war der Sportreporter Ingenieur Edi Finger. Diese geplante Besetzung löste einen Sturm der Entrüstung aus.

Ich wußte zwar nicht genau warum, vermutete aber, daß es ein Vorurteil gegenüber dem Sportmetier war. Man konnte sich mit dem Gedanken nicht abfinden, ein Kulturinstitut – wie es das Fernsehen sein sollte – einem „Sportmenschen" anzuvertrauen.

Gerhard Bronner hat damals in einem Gastkommentar einer Zeitung geschrieben: „Die ÖVP möge sich doch ihren Finger in eines ihrer weitverzweigten Organe stecken."

Ich wußte nicht, ob es diese Aufforderung – oder die Entrüstung auch der schwarzen Kulturhüter war, die dann den Edi Finger („Tor, Tor, Tor ... i werd narrisch") verhinderte. Programmleiter wurde Friedrich Hansen Löve. Er war eine kulturelle Instanz, die Inkarnation des „Feuilletons". Er kam vom Radio und entpuppte sich im Fernsehen als hervorragender Programmacher und schlechter Proporzkrieger. Er konnte die Position Freunds in keiner Weise erschüttern. Ich glaube – er wollte es auch nicht. Er war der Erfinder des „Fenstergucker", einer der populärsten und anspruchsvollsten Sendungen des jungen Fernsehens.

Löve beauftragte mich einmal mit der Gestaltung eines „Fenstergucker" über das Waldviertel. Eine ungeheure Auszeichnung für einen Alltagsredakteur der „Zeit im Bild". Zum ersten Mal fuhr ich also mit einem riesigen Team an den Drehort. Kameramann, Kameraassistent, Tonmeister, Tonassistent, Aufnahmeleiter und Regieassistent. Ich hatte einen Regieklappsessel auf dessen Lehne „Teddy" stand. Selbstverständlich waren da auch Chauffeur, Maskenbildnerin und Beleuchter.

In der Nähe von Ottenstein wollte ich eine Einstellung, die man nur drehen konnte, wenn man weit in ein in voller Reife stehendes Kornfeld eindrang. Dazu mußten wir den Bauern fragen. Wir betraten also ein kleines Bauernhaus, in dessen Dunkel der Bauer mit seinem – wie sich später herausstellte – etwas zurückgebliebenen siebenjährigen Sohn saß. Obwohl er keinen Fernsehapparat besaß – oder vielleicht gerade deshalb – erlaubte er uns mit unserer Kamera ins Kornfeld zu gehen. Als wir uns verabschieden wollten, sagte der Bub:

„Vata, kann i mid de Hean midgeh?"

„Da muaßt de Hean frogen", erwiderte der Bauer.

„Derfat i leicht mid eich midgeh?", wandte er sich jetzt an uns.

Wir machten ihm selbstverständlich gern diese Freude und betrauten ihn mit der verantwortungsvollen Tätigkeit des Tragens eines Scheinwerferlichtes. Er war selig.

Nach einer halben Stunde kehrten wir ins Haus zurück und lieferten den „Loisi" wieder bei seinem Vater ab.

„Wo hast denn dein Janker?", bellte er den Buben an.

„Ja i woaß a ned ... imoa, es is ...", stammelte dieser.

„Wo'sd dein Janker hast, hab i di gfragt", schrie der Vater und schüttelte seinen Sohn an der Schulter.
„I hab – i moan – i kunnt ..."
„Wo hast du deinen Janker?", insistierte jetzt der Bauer nach der Schriftsprache, was offensichtlich für den Sohn die höchste Gefährlichkeitsstufe darstellte."
„Imoa", sagte er zitternd, „i moa – i hab eahm draußen vergessen".
„Vergessen! Vergessen! Vergessen!", schrie der Bauer, „man muaß halt a weng denga!" Er tippte sich mit dem Zeigefinger auf den Kopf: „denga!"
Der Sohn blickte jetzt durch das kleine vergitterte Fenster auf einen Mostbirnenbaum, durch den die untergehende Sonne blinzelte. Dann sagte er mit aller Bangigkeit, die eine ungewisse Zukunft in einer Seele hervorrufen kann : „Allweil denga ... allweil denga!"
Ein stiller Aufschrei aus Angst vor dieser immer wiederkehrenden und wahrscheinlich schwierigsten Aufgabe des Homo sapiens. Jetzt wurde mir klar, daß ich eigentlich den falschen Film drehte. Einen sogenannten Kulturfilm. Darin kamen keine Menschen vor.

Es gab damals auch eine Sendung, die hieß „Streiflichter aus Österreich". Darin sah man Berichte aus den Bundesländern, aber auch aus Wien. Vor allem während der Faschingszeit wurden an diesem Sendeplatz kurze Filmberichte über die wichtigsten Bälle der Saison gezeigt.
Im Wiener Konzerthaus gab es den Ball des Österreichischen Rundfunks. Ich hatte in meiner Eigenschaft als Redakteur des Aktuellen Dienstes die Aufgabe über diesen Ball zu berichten. In den Logen, die die Tanzfläche umgaben, saßen die Rundfunkbonzen mit den dazugehörenden Politikern.
Als ich mit meinem Kameramann an diesen Logen vorbeischlenderte, kam ich auch am Tisch des Generaldirektors Josef Scheidel vorbei. Er rief über die leere Tanzfläche: „Hallo – Sie da – kommen's amal her!"
Ich ging also zu seinem Tisch und grüßte ihn. Anstatt für diesen Gruß zu danken, griff er in die Tasche seiner Smokinghose, holte ein ledernes Hufeisen-Portmonais heraus, öffnete es und ließ das Kleingeld in den Deckel rutschen. Dann entnahm er nach genauem Hinsehen diesem Portmonais sechs Schilling und achtzig Groschen, drückte sie mir in die Hand und sagte: „Kaufen's Ihnen was!"
Ich nahm diese Zuwendung mit einem herzlichen „Vergelt's Gott" an und hatte mit einem Schlag die Zukunft des Rundfunks vor mir. Irgendwann, dachte ich mir, werde ich mich schon revanchieren können. Und ich konnte. Gemäß der Karl Valentin Weisheit: „Gottes Mühlen mahlen langsam – aber schnell!"

1 Diese Sendung war die Fortsetzung des guten alten Kulturfilms des Kinos mit anderen Mitteln. Ihr Erfinder war Friedrich Hansen Löve, ihr Autor Franz Kalmar.

2 Hans Kalmar dagegen war der TV-Briefmarken-Onkel. Jawohl, es gab im Fernsehen eine regelmäßige Sendung für Philatelisten. Die war einmal besonders spannend.

3 Diesmal vollständig: „Die Familie Leitner", von links nach rechts: Rudolf Strobl, Friedl Czepa, Senta Wengraf, Gertraud Jesserer, Erich Nikowitz, Renee Michaelis (Schenk), Fredi Böhm, Dorothea Neff, Guido Wieland.

Ein legendärer Brachialdiskussionsleiter:
Er entschied, was richtig oder falsch war. Basta.

Alles Walzer

Der Wiener Opernball. Der schönste Ball der Welt. Aber die Welt weiß das nicht. Seine prominentesten Gäste kommen aus der Wiener Provinz.

Bälle waren ja schon damals – also Anfang der Sechziger Jahre – ein Anachronismus. Aber sie boten der Gesellschaft jetzt mitten im wirtschaftlichen Aufschwung Gelegenheit sich zu präsentieren: Seht her, wir haben es geschafft. Fast alle Berufe und Interessensverbände hatten ihren eigenen Ball. Ball der Kaffeesieder, Ball der Kriminalbeamten, Ball der Kleintierzüchter usw. usw. Und dann gab es als Krönung all dieser Versuche einer glamourösen Selbstdarstellung den Opernball.

Der Opernball war – viel mehr noch als heute – ein spektakuläres Kürzel für das kulturelle, wirtschaftliche und gesellschaftliche Selbstverständnis einer Nation, die sich immer wieder sagen lassen mußte, daß sie keine ist.

Heinz Fischer-Karwin konferierte schon Monate im voraus mit der Ballchefin Gräfin Schönfeldt. Ein erwachsener und vernünftiger Mann wie mein Kollege Max Eissler befaßte sich immer wieder in ernsthaften Reportagen mit der Abmessung der Krönchen, die die Debütantinnen trugen.

Man hatte das Gefühl, ganz Österreich hatte nur einen Wunsch: Der Opernball möge der bedeutendste Ball der Welt werden. Ein rührendes zutiefst provinzielles Ansinnen. Die Welt nimmt keine Notiz von Bällen. Auch nicht vom Opernball. Immer wieder verzweifelte, geile Reporterfragen an ausländische Opernballgäste:

„Wie gefällt Ihnen der Opernball?“

Und wenn der ausländische Gast dann sagte, es wäre der schönste Ball der Welt, dann jauchzten die Herzen und der nächste Gast wurde gleich genau das gleiche gefragt.

Im Grunde genommen war und ist der Wiener Opernball eine Ersatzhandlung. Er sollte all das verschleiern, was Österreich versäumt hatte. Man hatte sich jahrzehntelang mit der Vergangenheit nicht auseinandergesetzt. Es fehlte auch die grundsätzliche politische Auseinandersetzung. Man schloß sich de facto in einer Einheitspartei zusammen. Der Proporz funktionierte. Es konnte in Ruhe gepackelt werden. Die Sozialpartnerschaft war hilfreich – aber in erster Linie bequem! „Leben und Leben lassen“ konnte auf die Dauer schon deshalb nichts bewirken, denn – wer ließ wen leben?

Grundsätzlichem wurde in der Politik elegant aus dem Weg gegangen. Eine echte politische Diskussion fand bis heute nur in der Kulturszene statt. Dies war den Politikern auch sehr recht. Dort konnte nicht viel passieren. Ein Ablenkungsmanöver größten Ausmaßes.

„Peymann im Burgtheater“ – in diesen Knochen, den man uns hinwarf, verbissen wir uns; während unweit des Burgtheaters unbemerkt so manche Schweinerei über die Bühne ging.

In Österreich waren immer die Nebenschauplätze wichtiger. Das Fest dieser Gesinnung war und ist der Opernball. Aus diesem Grund fand ich es damals reizvoll ein satirisches Filmfeuilleton über diesen Ball zu drehen. Es war 1965.

Selbstverständlich habe ich mich nicht erdreistet, dies als Privatperson zu tun – dafür reichte meine bescheidene Fernsehprominenz nicht aus – sondern als öffentlich-rechtlicher Reporter in einem Dienstfrack von Lambert Hofer und in Begleitung eines Kamerateams.

Es war mein erster und zugleich letzter Opernballbesuch. Kurz nach der feierlichen Eröffnung wurde ich nämlich eskortiert von zwei Sicherheitswachebeamten abgeführt. Sie geleiteten mich, einen „Gauner im Frack", durch ein Spalier von honorigen Ballbesuchern, die mich teils mitleidig, meist jedoch empört anstarrten und im Augenblick, da ich sie passierte, ihre Köpfe schüttelten, sodaß die Orden leise klirrten.

Was war geschehen? Was hatte ich verbrochen? Womit hatte ich mich aus der Gesellschaft ausgegrenzt. Ich wurde weder, obwohl das viele annehmen mußten, beim Taschendiebstahl erwischt, noch hatte ich Champagner aus fremden Gläsern getrunken. Mein Vergehen war schlimmer: Ich hatte gegen den guten Geschmack verstoßen. Und der ist ja bekanntlich das Maß aller Dinge.

Nicht nur im Fasching. Heute 40 Jahre später, da ich meinen Fehler zutiefst bereue, kann ich ja darüber reden. Ich hatte damals den Auftrag, eine Fernsehreportage zu machen. Sofort nach meinem Eintreffen, bestürmte mich die Ballmutter, die durch ihre Heirat mit Karl Graf Schönfeldt, Gräfin wurde, und somit eine der wichtigsten Voraussetzungen für diesen Job mitbrachte. Graf Schönfeldt, krönte seine TV-Arbeit mit der Moderation des Fernsehquiz 21 („Mischkulanz") und trat unter dem Pseudonym „Rudolf Hornegg" auf – ganz im Gegenteil zu seinem späteren, ebenfalls hochadeligen Epigonen, dem österreichischen Thronfolger, der unter dem Namen Karl Habsburg ins Bild kam, was jedoch kein Pseudonym war.

Sie bestürmte mich, eine renommierte Schnapsfabrikantin, die vier (!) Logen gekauft hatte, zu interviewen. Ich versicherte der Gräfin, indem ich mich bemühte, nach der Schrift zu sprechen, daß ich daran nicht interessiert wäre.

Dann bestürmte mich der Hausherr, Sektionschef W. (Name ist dem Autor bekannt), das Nämliche zu tun. Autoritätsgläubig, wie ich war, stellte ich der Schnapsfabrikantin die Frage, warum sie vier (!) Logen gekauft hatte. Sie antwortete, weil fünf Prozent des Preises den SOS-Kinderdörfern zugute käme. Meine zweite Frage begann ich mit der Bemerkung, daß die Wohltätigkeit doch nicht des Umweges über die Logen bedürfe und daß man die fünf Prozent auch spenden könne, ohne eine Loge zu kaufen.

Weiter bin ich nicht mehr gekommen. Der Sektionschef W. warf sich schützend vor die Schnapsfabrikantin und verdeckte mit seiner ordengeschmückten Brust die Optik der Kamera. Die Ballgräfin gluckste aufgeregt, drückte der Schnapsfabrikantin die Hand und stöhnte immer wieder tonlos: „Geschmacklosigkeit ..."

Auf der linken Seite des reichlichen Dekolletes der Schnapsfabrikantin breiteten sich rasch walderdbeerrote Flecke aus, wie nach einem Abusus des eigenen Qualitätsprodukts.

Der Sektionschef W. schrie: „Verlassen Sie sofort unser Haus!"

Ich weigerte mich mit dem Hinweis auf meine gültige Eintrittskarte. Es nützte nichts. Die Büttel walteten ihres Amtes.

Heute sehe ich es ein. Man kann die Wohltätigkeit nicht in Frage stellen. Auch dann nicht, wenn sie mit der Hoffart einhergeht. Sie ist zuständig für die Restbestände eines ohnehin schon zirrhotischen Gewissens unserer Gesellschaft. Ein gutes Gewissen ist eben nicht nur ein gutes Ruhekissen, sondern auch ein idealer und geschmackloser Ballbegleiter.

Seit diesem Jugenderlebnis war ich nie wieder auf dem Opernball. Ich habe ihn aber immer sehr interessiert verfolgt.

Der oben erwähnte Sektionschef W. hat schon bald nach unserem gemeinsamen Ballgeflüster die Oper nicht mehr aufgesucht. Aber es wäre geschmacklos, das weiter zu bereden.

Von links nach rechts: Ballmutter Gräfin Schönfeldt, Kinderdorfvater Hermann Gmeiner, Schnapsfabrikantin Underberg, Sektionschef Weikert, Reporter im Frack. „Wer Logen kauft hilft Waisenkindern“.

Die Zimmerpalme im Vordergrund läßt schon ihre Zweige hängen. Kein Wunder: Es gab schließlich noch kein Rauchverbot auf dem Opernball.

Fragen wird man doch noch dürfen

Die einzigen wirklich freien Interviews kamen damals nur zustande, wenn sich die Reporter gegenseitig befragten. Hier mit Heribert Meisel. Im Hintergrund ein legendärer Kameramann: Ferry Wareika.

Eben nicht. Ich wurde von der Polizei abgeführt, als ich die erste Frage stellte. Das war unsere Freiheit in diesen Tagen. Aber keinen Politiker fiel es ein, etwas gegen diese Knüppelung des Fernsehens zu unternehmen. Eines Tages kam mein Chef, Ingenieur Dörflinger, zu mir und gab mir den Auftrag ein Interview mit dem Verteidigungsminister Doktor Karl Schleinzer zu machen. Der Anlaß war eine Werbeaktion des Österreichischen Bundesheeres mit dem originellen Titel „Komm zum Bundesheer".

Ich bestand darauf, daß ich dieses Interview nur machen würden, wenn ich fragen dürfte, was ich wollte. Das wurde mir zugesichert und ich fuhr ins Schönbrunner Studio. Im Schminkraum saß schon der Minister und wurde noch schöner gemacht als er ohnehin schon war. Ich setzte mich daneben.

Mit Sichtverbindung durch den Spiegel fragte er mich: „No, was werden Sie mich fragen?"

Obwohl ich es nicht richtig fand, die Fragen vorher zu besprechen, sagte ich:

„Na ja, wir reden halt, würde ich vorschlagen, ganz grundsätzlich über das Thema Krieg, Verteidigung, Kriegshandwerk, sodaß die erste Frage wäre, ob Sie persönlich den Beruf des Soldaten für erstrebenswert halten?"

Der Minister sprang auf, riß sich die Schminkschürze vom Hals und schrie mich an: „Sie werden mich gefälligst fragen, was ich für richtig halte."

Er griff in seine Seitentasche und übergab mir ein Manuskript, in dem schon alle Fragen und Antworten formuliert waren.

„Unter diesen Umständen, Herr Bundesminister", sagte ich, „brauche ich das Interview nicht zu machen, das hat mir mein Vorgesetzter zugesichert".

„Dann soll gefälligst Ihr Herr Vorgesetzter dieses Interview machen."

Es war erschütternd vom Regieplatz aus zu sehen, wie Dörflinger die Fragen des ministeriellen Papiers ablas.

Ein Jahr später, Schleinzer war nicht mehr Verteidigungsminister sondern Landwirtschaftsminister, war ich zum Skilaufen in Kärnten. Am Zielhang der Innerkremser Abfahrt schwang ein blendender Schifahrer vor mir ab und begrüßte mich herzlich. Es war der Minister Schleinzer. Er lud mich in die Schihütte auf einen Schnaps ein und sagte am Ende unserer Unterhaltung:

„Wissen'S, Herr Podgorski, jetzt könnten'S mich fragen, was Sie wollen – in dem Ministerium kenn' ich mich aus."

Meine Berufslaufbahn durch den Österreichischen Rundfunk war gesäumt von Interviews, die nicht gemacht – oder nicht gesendet wurden.

Besonders stolz war ich auf ein Interview mit dem Schützenmajor Klotz. Klotz war der Anführer der südtiroler Terroristen auch „Bumser" genannt. Ihren Unabhängigkeitskampf hat Außenminister Kreisky zwar grundsätzlich unterstützt, ist aber offiziell auf Distanz gegangen.

Die „Bumser" zerstörten vor allem technische Einrichtungen des italienischen Staates wie Licht- und Telefonleitungen. Sie hatten eine große Anhängerschaft in höchsten Kreisen Österreichs – speziell Tiroler Kreisen, die ihre Aktivitäten erst ermöglichten.

Die italienischen Behörden hatten schon einige dieser „Bumser" erwischt und zu hohen Freiheitsstrafen verurteilt, aber der „Oberbumser" Klotz war unauffindbar. Ein Phantom. Er war auch für Journalisten unaufgreifbar.

Durch die Vermittlung und die Beziehungen unseres Tiroler Kameramannes Lechleitner kam ich auf einer entlegenen Berghütte zu einem Fernsehinterview. Es war sehr aufschlußreich. Denn Klotz bedankte sich für die „große Unterstützung", die er aus Österreich bekam.

Am Tag, als dieses Interview gesendet werden sollte, saß ich in der Redaktion in der Singrienergasse. Ich war an diesem Tag Chef vom Dienst, als das Telefon läutete.

„Hier Kreisky!"

Ich war perplex – keine Sekretärin, kein Sekretär – Kreisky war sofort persönlich am Apparat: „Herr Kollege (!), ich gratuliere Ihnen, daß Sie den Klotz zu einem Interview gekriegt haben. Eine tolle journalistische Leistung! Aber, ich bitte Sie im Namen der Republik, dieses Interview nicht zu senden. Es wäre für die österreichische Außenpolitik eine Katastrophe!"

Was macht man als kleiner Redakteur, wenn einen der Außenminister darum bittet, im Staatsinteresse etwas aus der Sendung zu nehmen? Selbstverständlich hätte Kreisky den Fernsehdirektor anrufen können und der hätte die Sache verboten. Ich wäre somit ein Märtyrer der Pressefreiheit gewesen.

Aber so? – habe ich zugesagt, das Interview nicht zu senden. Hätte ich nicht so gehandelt, hätte er sowieso den Direktor Freund angerufen.

Auf diese Weise hatte Kreisky mir jedenfalls das Gefühl gegeben, eine freiwillige Entscheidung getroffen zu haben. Auch wenn ich gar keine andere Wahl gehabt hatte.

Anders war das mit Bundeskanzler Klaus. Er hat nicht persönlich angerufen, sondern hat das dem Chef des Bundespressedienstes, Sektionschef Doktor Metztik, überlassen.

„Jetzt hörn'S amal zu, Herr Podgorski – der Altkanzler Figl liegt im Sterben."

„Bedauerlicherweise – ich weiß."

„Also hörn'S zu, der Bundeskanzler fliegt morgen nach Moskau auf Staatsbesuch."

„Ich weiß, Herr Sektionschef."

„Na also – aber wenn der Alktkanzler stirbt, während der Bundeskanzler in Moskau ist, dann kann er keinen Nachruf im Fernsehen halten."

„Das ist einleuchtend, Herr Sektionschef."

„Lassen'S mich ausreden – drum wollen wir den Nachruf des Herrn Bundeskanzlers heute Nachmittag aufzeichnen."

„Aber, Herr Sektionschef – der Altkanzler lebt ja noch – finden Sie das nicht etwas pietätlos?"

„Also wissen Sie, wir sind Ihnen wirklich keine Rechenschaft schuldig."

Dann legt er auf.

Zehn Minuten später rief mich der Fernsehdirektor an und gab mir den Auftrag, diesen Nachruf am Nachmittag in Schönbrunn aufzuzeichnen.

„Wegen dem Nachruf", sagte Freund, „fang ich mir mit dem Bundeskanzler keinen Krieg an".

Das System der Magnetaufzeichnung war zu diesem Zeitpunkt noch nicht perfekt. Das heißt, wenn man einen Fehler machte, sich versprach oder husten mußte, konnte man nicht „einsteigen", sondern mußte mit der Aufzeichnung, so weit sie auch gediehen war, von vorne beginnen.

Als ich den Bundeskanzler in das Studio führte, erklärte ich ihm dies, was ihn vermutlich nervöser machte, als er ohnehin schon war, denn ich hatte den Eindruck, daß ihm die Sache wirklich unangenehm war.

„Altkanzler Figl ist nicht mehr." Das war sein erster Satz. Der zweite war sehr lange und verschachtelt, sodaß er den Punkt übersah und mit der Stimme oben statt unten war.

Wir wiederholten.

„Altkanzler Figl ist nicht mehr." Etwa in der Mitte des Nachrufes hatte der Bundskanzler einen „Frosch" in der bewegten Stimme. Er mußte sich räuspern und den Text wieder von vorne beginnen.

„Altkanzler Figl ist nicht mehr." Jetzt ging alles besser. Der Bundeskanzler entschloß sich etwas langsamer zu sprechen und machte längere Pausen zwischen den Sätzen.

In diesen Pausen hörte ich plötzlich die Stimme des Briefmarkenonkels, der gerade über die gelbe Mauritius referierte. Das war das Nachmittagsprogramm. Die Frage war nur: Hörte man jetzt den verfrühten Nachruf in der Briefmarkensendung, was eine Katastrophe gewesen wäre oder war der Ton der Briefmarkensendung auf dem Band des Nachrufes.

Um diese Frage zu klären, brauchten die Techniker etwa solange wie der Bundeskanzler für seinen Nachruf. Als er fertig war, sagte der Techniker: Die Briefmarken sind am Nachruf.

Gerade als sich der Bundeskanzler erleichtert von seinem Studiosessel erhob, teilte ich ihm mit, daß wir aus technischen Gründen die ganze Sache noch einmal machen müßten.

Jetzt folgte eine wüste Beschimpfung des „roten Fernsehens". Metznik unterstellte uns Sabotage und verlangte sofort den Generaldirektor Scheidl zu sprechen.

Ich ging also zum Telefon und verlangte von der Sekretärin, Herrn Generaldirektor Scheidl in einer äußerst dringenden Angelegenheit zu sprechen. Daß ihn der Bundeskanzler sprechen wollte, sagte ich nicht. Das waren die sechs Schilling und achtzig Groschen vom Rundfunkball nicht wert.

Nach kurzer Rücksprache mit Scheidl teilte mir erwartungsgemäß die Sekretärin mit, daß der Herr Generaldirektor nicht zu sprechen wäre. Dies teilte ich wörtlich dem Bundeskanzler mit und damit nahm die Sache ihren Lauf.

Soviel ich weiß, wurde Scheidl ins Bundeskanzleramt bestellt und der Nachruf wurde am nächsten Vormittag im „schwarzen" Funkhaus auf 16-Millimeter-Film aufgenommen.

Als der Bundeskanzler aus Rußland zurückkam, war im Befinden des Altkanzlers eine leichte Besserung eingetreten.

Der Aufstand

Dr. Hugo Portisch, damals „Kurier"-Chefredakteur verteilte Formulare für das Rundfunkvolksbegehren. Er wußte warum.

Dieser Vorfall, den Bundeskanzler Klaus – wie er einmal erzählte – dem „roten Fernsehen“ zur Last legte, war sicherlich auch mit ein Grund dafür, daß unter seiner Regierung, die ja eine ÖVP-Alleinregierung war, ein neues Rundfunkgesetz beschlossen wurde. Anfang der Sechzigerjahre, als es noch eine Proporzregierung gab, erhielt der Hörfunk eine lächerliche Radiogebühr von sieben Schilling (weniger als 50 Cent) monatlich. Die Fernsehgebühr betrug bereits fünfzig Schilling. Das führte dazu, daß das „rote“ Fernsehen das „schwarze“ Radio unterstützen mußte.

Die roten Politiker weigerten sich, einer Gebührenerhöhung für den Hörfunk zuzustimmen, weil sie sich im Rundfunk insgesamt politisch schlecht vertreten sahen.

Auf diese Weise vegetierten Hörfunk und Fernsehen finanziell und politisch an der Kandare der beiden Großparteien. Aufgrund der permanent angespannten finanziellen Situation war es vor allem dem Fernsehen nicht möglich, längerfristige Programme zu planen. Dringende technische Investitionen konnten nicht vorgenommen werden, sodaß sich die Pannen häuften. Die Inserts „Entschuldigen Sie bitte die Störung“, „Wir kommen gleich wieder“ oder „Wir bitten um etwas Geduld“ waren treue Begleiter durch einen Fernsehabend.

Die schönsten Programme nützten nichts, wenn man nie sicher sein konnte, wann sie beginnen würden. Unsere Sprecherinnen, diese Vestalinnen eines baufälligen elektronischen Tempels, versuchten mit den merkwürdigsten Formulierungen und mit wahren Grimassen der Verbindlichkeit, diese Fehler wieder gut zu machen. Es gelang immer seltener. Allmählich begannen sich auch die Zeitungen auf uns einzuschießen. Den Hörfunk hatten sie ja schon lange unter Beschuß. Nach der Schließung des Senders „Rot-Weiß-Rot“ waren die Menschen gezwungen den Monopol-Rundfunk zu hören und das war schlimm genug.

Während es bei „Rot-Weiß-Rot“ ein modernes jugendliches Programm gegeben hatte, hörte man jetzt versteinertes „Dampfradio“. Die Leute vermißten Fred Ziller und sein „Vergnügt um Elf“. Sie vermißten Karl Loube und sein „Großes Tanzorchester“, sie vermißten „Musik zum Träumen“ und sie vermißten vor allem den „Watschenmann“. Diese Sendung wurde kurz vom Österreichischen Rundfunk übernommen, aber bald wieder eingestellt. Hier gab es keinen Platz für Satire.

„Der Watschenmann“ wurde ersetzt durch eine Sendung, die „Der Beschwerdebriefkasten“ hieß. Schon für diesen Titel hätte sein Erfinder fristlos entlassen werden müssen. Statt Jazz oder Schlager gab es „gepflegte Unterhaltungsmusik“ von Alois Pachernegg, Emil Waldtteufel oder Karl Komzak. Und jetzt, da alle auf das neue Fernsehen hofften, schien auch hier der Wurm drinnen zu sein. Noch nie wurde über den Rundfunk so geschimpft wie zu dieser Zeit.

Die ÖVP, die ja um ein neues Rundfunkgesetz kämpfte – nicht so sehr, um den Rundfunk zu verbessern, sondern um sich das Fernsehen zu holen – war gegen das Veto der Sozialisten machtlos. Für sie war „Das Rundfunk-Volksbegehren" ein schwarzer Streif am roten Horizont.

Vierunddreißig Zeitungen unter der Führung des „Neuen Kurier" und dessen Chefredakteur Doktor Hugo Portisch begannen für ein derartiges Volksbegehren zu kämpfen. Sie hatten von Anfang an begeisterte Mitkämpfer: die österreichischen Radiohörer und Fernsehzuschauer und die ÖVP, die ja mit einem eigenen Volksbegehren niemals diesen Erfolg gehabt hätte wie die Zeitungsherausgeber, deren wichtigster, der „Kurier"-Herausgeber Doktor Ludwig Polsterer, eine besondere Rolle spielte. Wie wäre es sonst zu erklären, daß das Rundfunk-Volksbegehren das einzige in der Geschichte Österreichs ist, daß tatsächlich zu einem Gesetz geführt hat. Ein Gesetz der ÖVP-Alleinregierung des Jahres 1966.

Die ÖVP mußte den unabhängigen Zeitungen also ganz schön dankbar sein. Und umgekehrt. Man fragte sich allerdings, was die Zeitungen davon hatten? Was machte es für einen Sinn, Radio und Fernsehen – die ja die natürlichen „Feinde" hätten sein müssen, vor allem wenn es darum ging, sich den Werbekuchen zu teilen – zu umarmen? War es nur die „Kampagne", mit der man sich ja immer wieder die Leserschaft vergrößern konnte – oder war da noch etwas anderes dahinter? Vielleicht war es auch die Leidenschaft der Journalisten, Politik zu machen, ohne Verantwortung übernehmen zu müssen.

Oder war es die Hoffnung, die sich ja in geradezu füllhornmäßigem Ausmaße erfüllt hatte, im geenterten ORF Karriere zu machen?

Bundeskanzler Klaus, dessen gesellschaftliches Credo in dem Satz gipfelte: „Unzufriedenheit hat noch nie zur Zufriedenheit geführt", und damit endgültig zum Liebling der Kabarettisten wurde, zog also mit eisener Hand zur Zufriedenheit der unabhängigen Zeitungen und zur Unzufriedenheit der Sozialisten und der abhängigen Zeitungen (mit Ausnahme der ÖVP-Zeitungen) dieses etwas rigide Rundfunkgesetz durch – wie das so schön in der Politik hieß. Jetzt galt es nur noch einen Generalintendanten zu finden. Doktor Hugo Portisch wußte schon einen.

Als Gerd Bacher wieder einmal, wie so oft von seinen Freunden umringt wurde, soll er gefragt haben: „No, habt's schon einen ?" Und da er wie immer als letzter an sich gedacht hatte, soll er verduzt ausgerufen haben – als man im Chor rief: Du, du bist der Kanditat! – „Jo spinnt's denn ihr?"

Gerd Bacher war zu diesem Zeitpunkt Chef des renommierten „Molden Verlages", der viele Jahre später Pleite machte. Aber weder wegen des Wegganges von Gerd Bacher zum Rundfunk noch durch meine Autorschaft an zwei in diesem Verlag erschienen Olympia-Büchern.

Ich hatte keine besondere Kenntnis von Verlagen im allgemeinen und im besonderen vom „Molden Verlag" schon gar nicht, aber eine kleine Begebenheit während einer Besprechung mit dem Verlagsherrn Fritz P. Molden gewährte mir einen Einblick in die Philosophie dieser schönen Welt der Literatur.

Ich saß also mit Fritz P. Molden ins Gespräch vertieft im prachtvollen Verlagshaus in der Sandgasse und besprach meinen Vertrag für das offizielle Olympia-Buch 1976. Nach zaghaftem Klopfen sah eine Sekretärin geduckt zur Tür herein und flüsterte: „Herr Knöbl ist am Apparat – er wäre jetzt mit den Korrekturen fertig."

„Ich habe jetzt keine Zeit", knurrte Molden, „ich rufe zurück!"

Kuno Knöbl, muß man wissen, war einige Jahre Unterhaltungschef des ORF und Erfinder des legendären „Club 2". Er hatte sich vom ORF Karenzurlaub genommen, um einen Lebenstraum zu verwirklichen. Er wollte mit Freunden in einem selbstgebauten Floß namens Tai Ki von Hongkong aus ein Ziel im Pazifik erreichen und damit irgend etwas beweisen. Nach jahrelangen Vorbereitungen fand in Hongkong der Stapellauf des Schiffes und damit der Start der Expedition statt. Doch das Unternehmen stand unter einem schlechten Stern: Knöbl mußte mit Diarrhoe ins Krankenhaus und die übrige Besatzung versank nach kurzer Zeit in den Wellen des chinesischen Meeres. Gott sei Dank konnten alle gerettet werden. Aber das Unternehmen war kläglich gescheitert.

In Kenntnis dieser Umstände fragte ich: „Macht der Knöbl bei dir ein Buch?"

„Ja", sagte Molden, „es heißt Tai Ki".

„Ja aber die Tai Ki ist untergegangen und ihr macht trotzdem ein Buch?"

„Ja", antwortete Molden, „warum nicht?"

„Aber, es ist ja alles mißlungen – die Expedition gescheitert, Knöbl erkrankt."

„Das ist wieder typisch für dich", sagte Molden, „du mußt immer alles mies machen"!

„Aber nein, ganz im Gegenteil – ich meine rein technisch – wie macht man ein Buch über etwas, das nicht stattgefunden hat?"

„Jetzt gib' Ruh", fuhr der Verlagstycoon fort, „Tai Ki wird sehr, sehr schön!"

„Du verstehst mich nicht, Fritz – ich frage dich anders: was steht in diesem Buch?"

Molden sah mich jetzt mit einem gütigen Blick an und richtete ihn dann auf ein großes Glasfenster, durch welches man auf die blühenden Rebstöcke des Winzers „Bach-Hengl" sehen konnte. Dann sagte er fast ein wenig wehmütig: „Was steht schon in den anderen Büchern?"

Von nun an sah ich das Verlagswesen mit völlig anderen Augen. Ich habe im Laufe der Zeit diese Geschichte mehreren Verlegern erzählt – aber merkwürdigerweise hat keiner von ihnen gelacht.

Auch Gerd Bacher nicht – obwohl er kein Verleger mehr war. Er fand überhaupt Witze, die sich unter Umständen auf ihn beziehen hätten können, nicht nur nicht komisch, sondern geschmacklos.

Als ich einmal für kurze Zeit unter Gerd Bacher Intendant war, wurde an einem Nachmittag vor Weihnachten die gesamte Geschäftsführung in die Generalintendanz auf den Küniglberg zu einer ebenso exklusiven wie kurzen Weihnachtsfeier bestellt. Es gab Kaffee und sehr gleichmäßig geformte Vanillekipferln. Ich fiel sofort unangenehm auf, weil ich keine Krawatte trug und ebenso wie Gerd Bacher keine Geschenke mitgebracht hatte. Aber es stellte sich bald heraus, daß alle Geschenke für den obersten Chef bestimmt waren. Als sie zwischen Vanillekipferln ausgebreitet wurden, rief er aus: „Ja spinnt's denn ihr?"

Was – wie alle, die ihn umringten, wußten – ein Ausruf der Freude war.

Dann war Bescherung. Ich kann mich nicht mehr erinnern, was die anderen Intendanten und Direktoren ihrem „Primus inter impares" schenkten, aber Gerhard Weis, der – nachdem ich ihn als Fernsehintendant abgelöst hatte – zum Chefstrategen des Unternehmens avanciert war, schenkte einen wunderschönen und sicher auch teuren Biedermeierfarbstich: „Der Küniglberg um 1840."

Gerd Bacher war entzückt und sagte mit hörbarer Rührung in der Stimme:

„Ja spinnst denn du?"

Dann zeigte er jedem einzelnen Vanillekipferlesser das goldgerahmte Bild und entlockte jedem ein vanillezuckriges „Oh" und/oder „Aah".

Als er es mir zeigte, sagte ich: „Mein Gott – damals war's halt noch schön auf dem Küniglberg."

Damit war die Weihnachtsfeier beendet.

Entschuldigen Sie bitte diese zeitliche Abschweifung. Soweit sind wir ja noch nicht.

Gerd Bacher wurde jedenfalls Generalintendant. Obwohl Bundeskanzler Klaus als mißtrauischer CVler seine Zweifel hatte. Nicht so sehr, weil Bacher nach eigenen Angaben ein „heimatloser Rechter" war; ihm würde man schon eine Heimat mit allem drum und dran bieten, sondern weil ihm das Direktorium mit den zwei „heimatlosen Linken", Helmut Zilk und Franz Kreuzer, Sorgen bereitete. Er konnte nicht ahnen, wie rasch die beiden „Linken" beim „heimatlosen Rechten" eingemeindet wurden.

Die beiden wirkten auf die Kreisky-SPÖ wie Antikörper. Zilk war bei Kreisky in Ungnade gefallen, weil er bei der Rundfunkreform seinen Genossen Freund „verraten" hatte, und Kreuzer, weil er als Chefredakteur der „Arbeiter-Zeitung" eine innerparteiliche Diskussion vom Zaun gebrochen hatte, die sich gegen Kreisky zu entwickeln begann.

Die einzigen höherrangigen Sozialdemokraten im Hause waren als „Verräter" von der Partei nicht nur nicht mehr lenkbar, sondern abhängig von Gerd Bacher. Was Kreisky zur Weißglut brachte. Trotzdem blieben die beiden für Klaus „Marxisten", denen man höchstens mit Weihwasser und Kruzifix beikommen konnte. Erst als Bacher als Chefredakteur für Radio und Fernsehen – für die wichtigste politische Position des Unternehmens – seinen Mentor, den im äußerst rechten Lager beheimateten Alfons Dalma, dem ebenfalls heimattreuen Bundeskanzler vorschlug, war die Sache gebongt. Ich kannte Gerd Bacher durch einen seiner treuesten Trabanten, den Architekten und Karikaturisten Gustav Peichl, „Ironimus".

Immer wieder streunten nach Redaktionsschluß größere oder kleinere Rudel von Journalisten durch die Innenstadt, denen ich mich manchmal anschloß. Am unterhaltsamsten war es immer, wenn man ein Rudel mit Gerd Bacher erwischte, denn er führte großspurige Reden, fand geistreiche Formulierungen und war unerbitterlich in seinem Urteil, was ja höchst amüsant war, wenn es einen nicht betraf. Er war ein beliebter Festredner und Trauzeuge. So entstand eigentlich der „Nukleus" – der harte Kern oder die Urzelle der unabhängigen „Bacher-Partei".

Er verstand es mit großer Brillanz und wenigen Worten, die kompliziertesten Dinge darzustellen. Auch Trugschlüsse. Aber, die fielen den wenigsten auf. Und wenn, dann zu spät.

Gerd Bacher kam also am Tage seiner Wahl in das Studio Schönbrunn um sein erstes Statement abzugeben. Er war selbstverständlich umringt, es waren jedoch viele mir unbekannte Gesichter dabei. Ich hatte an diesem Tag Dienst als leitender Redakteur der „Zeit im Bild". Als ich meinen neuen Chef in den Schminkraum führte, fragte ich ihn im Spaß, ob ich jetzt mit ihm wieder „per Sie" sein müßte.

„Ja spinnst denn du?", sagte er, „i bin do ka Hur, die an Grafen heirat, und dann mit die andern Huren per Sie is!"

So sehr mich dieser charmante Vergleich und die Tatsache, daß ich mit Gerd weiter per Du sein durfte, freute, so sehr hat es mich verwirrt, daß er meine Frage ernst genommen hatte. Wahrscheinlich hatten ihn das vor mir bereits andere gefragt.

Daß er den Rundfunk mit einem Grafen verglichen hatte, mußte man ihm verzeihen. Er kannte ihn ja noch nicht. Aber er sollte ihn bald kennenlernen. Und der Rundfunk ihn.

Die Eroberung

Die erste Pressekonferenz des ersten Generalintendanten Gerd Bacher. Vorbereitet wie John F. Kennedy.

Ich war schon zwölf Jahre dabei gewesen, als sich Gerd Bacher und sein unabhängiges Expeditionscorps anschickten den Rundfunk zu erobern. Am Anfang eines jeden Großereignisses steht eine Pressekonferenz! Und diese Rundfunkreform war zweifellos ein Großereignis. Wir alle witterten Morgenluft. Wir alle hofften auf eine Befreiung von dieser Parteienwirtschaft. Wir alle wollten uns nicht mehr ducken, wenn wir unsere Arbeit machten. Wir alle, die wir bereits da waren, fühlten eine kleinliche Ängstlichkeit in uns aufsteigen.

Es war die Sorge, unsere schon angewärmten Sessel räumen oder unsere liebgewordenen Gewohnheiten aufgeben zu müssen; einen Chef zu bekommen, mit dem man nicht reden konnte. Mit einem Wort: Wir hatten vor dem ungewissen Neuen Angst, über die wir uns immer so gern lustig machten und der österreichischen Spießermentalität zuschrieben, die aber in Wirklichkeit eine Art Exixtenzangst war.

Die Pressekonferenz von Gerd Bacher im Presseklub Concordia sollte Gewißheit bringen. Ich wurde beauftragt, diese Pressekonferenz mit zwei Filmkameras aufzunehmen und daraus eine Sondersendung zu machen. Das sagte sich zwar leicht, war aber fast unmöglich. Eine Pressekonferenz mit zwei Filmkameras aufzunehmen, die jeweils eine Laufzeit von zirka elf Minuten hatten und deren Kassetten man dann wechseln mußte, meist in dem Moment, da jemand eine wichtige Frage stellte oder eine gute Antwort bekam, war ein Ding der Unmöglichkeit.

Es galt, sich darauf sehr gut vorzubereiten. Daß die Vorbereitung das wichtigste in diesem Geschäft war, hatte ich schon eindringlich erfahren müssen:

Seinerzeit besuchte Bundespräsident Schärf die Deutsche Bundesrepublik. Es war der erste Staatsbesuch eines österreichischen Staatsoberhauptes nach dem Zweiten Weltkrieg in Deutschland.

Ich bekam den Auftrag mit einem (!) Kameramann einen Bericht über diesen Staatsbesuch zu machen. Ich fuhr mit Herbert Helzmanovsky, einem unserer besten Kameraleute, und einer Arriflex mit 120er Kassette nach Bonn.

Am nächsten Tag sollte der Bundespräsident mit dem Zug auf dem Bonner Bahnhof eintreffen und mit allem Pomp empfangen werden. Wie sollte man das mit einer Kamera schaffen? Wir waren verzweifelt. Ich griff zum äußersten Mittel und entschloß mich, die Kollegen vom WDR anzurufen.

„Aber was", sagte der Kollege, „in einer Stunde haben wir hier ne'große Konferenz wegen ihres lieben Bundespräsidenten. Kommen Sie einfach hierher nach Köln und nehmen Sie an diesem Briefing teil. Dann wissen Sie alles, was Sie wissen müssen."

Die Redaktionskonferenz verlief genauso wie man sich eine deutsche Redaktionskonferenz vorstellt:

präzise Planung bis ins kleinste Detail. Drei Kamerateams standen zur Verfügung. Der Kollege, dessen Stimme ich schon kannte, gab die Befehle: „Wenn der Salonwagen des österreichischen Bundespräsidenten im vorderen Drittel zum Halten kommt – Kamera A! Sollte jedoch der Wagen im letzten Drittel halten, dann steht er schon unter der Überdachung. In diesem Fall brauchen wir 'nen Scheinwerfer zur Aufhellung und alles dreht Kamera C! Kamerateam B steht auf einer Tribüne und erfaßt die Totale."

Als ich schüchtern fragte, wo wir uns mit unserer Kamera aufstellen könnten, sorgten wir für große Heiterkeit.

„Wissen Sie was", sagte die Telefonstimme, „wir geben Ihnen unser Material und Sie machen sich einen schönen Tag. Mit einer Kamera können Sie sowieso nichts anfangen."

„Weißt du was", schlug ich meinem Kameramann vor, „wir fahren jetzt zurück nach Bonn".

„Nach Bonn?", fragte er, „was machen wir heute schon dort?"

„Wir gehen auf den Bahnhof!"

Dort erkundigte ich mich, welcher Fahrdienstleiter am nächsten Tag um 15 Uhr Dienst hatte.

„Ich", sagte der Mann, „aber jetzt habe ich Dienstschluß".

„Wir sind vom Österreichischen Fernsehen – darf ich Sie auf ein Bier einladen?"

In der Bahnhofswirtschaft erzählte ich ihm von unseren Kameraproblemen und fragte ihn dann: „Können Sie mir sagen, wo der Salonwagen des Bundespräsidenten stehen bleiben wird?"

„Wo wollen Sie?", fragte er. Dann gingen wir auf den Bahnsteig und suchten uns die Stelle aus.

Als am nächsten Tag der Zug einfuhr, stand unsere Kamera genau vor der richtigen Waggontür. Die deutschen Kollegen hatten so aufgebaut, daß weder Team A noch C drehen konnte. Dem Kamerateam B wurde die Sicht durch meinen Kameramann verstellt. Ich war selbstverständlich gerne bereit, dem WDR unseren Film zu überlassen, als ich von der Telefonstimme darum gebeten wurde.

Ich erzähle diese Geschichte nicht, um von einem billigen Triumph zu berichten, das auch, sondern weil nur mit Planung – ja fast mit Manipulation – vieles möglich wird.

Bei der Pressekonferenz von Gerd Bacher stand ich vor einem ähnlichen Problem. Somit ging ich zu Bacher und erklärte ihm meine Bedenken.

„Ja spinnts denn ihr", tobte er, „die erste Pressekonferenz des ersten unabhängigen Alleingeschäftsführers des größten Medienunternehmens des Landes muß doch live übertragen werden."

Als er sich beruhigt hatte, machte ich ihn darauf aufmerksam, daß ich nicht dafür garantieren konnte, daß alle wichtigen Fragen und natürlich noch wichtigere Antworten gefilmt wurden.

Diese Gefahr vor Augen verriet er mir, daß diese ganze Pressekonferenz eine einzige Inszenierung von ihm wäre, denn man durfte nichts dem Zufall überlassen. Auch Kennedy, meinte er, habe das so gemacht. Um so besser, dachte ich.

Viele mit Bacher befreundete Journalisten saßen im Saal und stellten Gefälligkeitsfragen. Siegfried Rettenmoser fragte zum Beispiel:

„Kommt es nicht zu teuer, wenn Sie alle Unfähigen kündigen?"

Antwort: „Oft sind Abfindungen die besten Investitionen."

Paul Popp vom „Kurier" fragte nach dem Lieblingsprogramm.

Antwort: „Das Traummännlein" u.s.w.

Die Sache funktionierte ganz gut, aber am Schluß hatte ich fast zwei Stunden Film aufgenommen und die Sendung dauerte nur fünfundzwanzig Minuten. Ich besprach also mit Gerd Bacher, was in der Sendung vorkommen und was draußen bleiben sollte. Aber wir kamen auf keinen grünen Zweig. Also sagte ich „Weißt was, ich führ' dich in den Schneideraum und du sagst der Cutterin, wie du es willst."

Er machte das auch. Aber er verwendete trotz meiner Warnungen auch technisch unbrauchbares Material, weil ihm der Inhalt wichtig war. Also, Filmteile, die schon im „Auslauf" und daher überbelichtet waren. Tonaufnahmen, die nicht synchron waren und viel fehlerhaftes Material, wie es eben bei der Filmberichterstattung anfällt.

Am nächsten Tag schrieb der damalige Fernsehkritiker der „Kronen Zeitung", Richard Nimmerrichter (der spätere „Staberl„): „Schon die erste Pressekonferenz Gerd Bachers wurde von einem roten Saboteur verunstaltet ..."

Auf dieser Pressekonferenz wurde auch die gesamte Führungsmannschaft präsentiert. Kaufmännischer Direktor wurde Helmut Lenhardt (ÖVP). Er konnte bald aus dem Vollen schöpfen. Die Regierung stattete den Rundfunk mit vier Milliarden Schilling (ca. 290 Millionen Euro) aus. Darin war allerdings auch schon die Bausumme des ORF-Zentrums auf dem Küniglberg enthalten. Lenhardt war Teilhaber der großen Produktionsfirma „Telefilm", was für den Rundfunk sehr gut war, aber auch nicht so schlecht für die Telefilm. Herr Direktor Lenhardt war also ein vielbeschäftigter Mann. Trotzdem lernte er in seiner kargen Freizeit Japanisch.

Hörfunkdirektor wurde Doktor Alfred Hartner (ÖVP). Ein Kollege vom Sender „Rot-Weiß-Rot". Er war dort Regisseur und Producer gewesen. Ein wirklich mutiger Mann, denn ich habe in seinen Sendungen Lyrik von Heinrich Heine bis Ingeborg Bachmann gelesen.

Fernsehdirektor wurde zum Entsetzten von SPÖ-Chef Kreisky Doktor Helmut Zilk. Kreisky wollte unbedingt Gerhard Freund und hatte von Zilk Loyalität erwartet. Das waren insoferne zu große Erwartungen, als Gerd Bacher Freund auf keinen Fall genommen hätte. Mit Freund, der sich beworben hatte, hat Bacher nicht einmal geredet. Die Proporzwelt war aus den Fugen geraten.

Zilk konnte guter Dinge sein: Er war auf die Partei nicht mehr angewiesen. Aber sie auf ihn.

Doktor Georg Skalar (ÖVP) wurde Technischer Direktor, kam aber mit Bachers Führungsstil nicht zurecht, sodaß er seine Amtszeit gar nicht beendete.

Zentraler Chefredakteur für Radio und Fernsehen wurde Alfons Dalma, der mit bürgerlichem Namen Stipe Tomicic hieß und dem man eine faschistische Vergangenheit in Kroatien nachsagte. Die konnte man nie so recht beweisen. Sein kroatischer Akzent war allerdings unleugbar. Seine Kommentare im Fernsehen sollten sprachliche und politische Leckerbissen werden. Auf diesen kroatischen Akzent angesprochen meinte Bacher, daß es auf die Inhalte ankäme und nicht auf die Form. Immer ein konziliantes Lächeln auf den Lippen verkündete er wie ein dalmatinischer Buddha die rechte Wahrheit. Er genoß seine Kommentare. Er schmatzte sie.

Sein Stellvertreter wurde Alfred Payerleitner, der sich zu diesem Zweck eine Pfeife zulegte und die „New York Times" in die Rocktasche steckte. Das war damals Mode unter Journalisten, die etwas auf sich hielten.

Bald nach dieser Pressekonferenz begann die Zeit der Sitzungen, Versammlungen und Appelle. Auf diesen Versammlungen sah man von Mal zu Mal mehr neue Mitarbeiter, die meistens von der ÖVP oder vom CV kamen. Wahrscheinlich gab es damals bei der SPÖ keine fähigen „Unabhängigen". Die Ansprache hielt immer Gerd Bacher. Ich bewunderte seine Formulierungskunst. Er auch. Nach so mancher trefflichen Parole bekamen seine Augen einen ganz besonderen Glanz, wie wir ihn nur bei ganz großen Führerpersönlichkeiten der Geschichte bewundern konnten.

Just in der Zeit, da wir die Tage in vollen Sitzungssälen verbringen mußten und erfuhren, daß wir ab sofort das Glück hatten, im besten Unternehmen Europas zu arbeiten, flatterte eine Einladung der Ford Motor Company auf meinen Schreibtisch: Vorstellung des neuen Ford Escort in Istanbul. Anreise mit dem Escort – Rückflug mit der AUA. Ich reichte eine Dienstreise ein und erhielt sie merkwürdigerweise genehmigt. Also fuhr ich mit einem Kamerateam nach Istanbul. Dort bekam ich ein schlechtes Gewissen, weil ich wegen einer PR-Geschichte eine so aufwendige Dienstreise unternommen hatte. Ich überlegte, was ich außerdem in Istanbul drehen könnte. Das Oberhaupt der Orthodoxie, Erzbischof Athenagoras, residierte in Istanbul und führte, wie ich aus den Zeitungen wußte, mit Papst Johannes zur Zeit des Konzils Geheimgespräche über eine Annäherung der Kirchen. Hunderte Journalisten hatten schon versucht ein Interview mit Athenagoras zu bekommen – vergeblich. Er gab grundsätzlich keine Interviews. Ich versuchte es dennoch.

Seine Heiligkeit Athenagoras I. empfing mich in einer mit wertvollen türkischen Teppichen ausgelegten Halle eines alten hölzernen Palastes, der zu einem Kloster umfunktioniert worden war. Er war eine imposante Gestalt von 83 Jahren mit einem langen weißen Bart und druchdringenden hellen Augen.

Ich beteuerte mein Interesse an der Einheit der Christenheit im allgemeinen und dem vatikanischen Konzil im besonderen und begründete damit meinen Wunsch nach einem Fernsehinterview.

Zwischen Rahat und kandierten Rosenblättern, mit denen er mich fütterte, erklärte er mir dezidiert, daß ein Interview vollkommen ausgeschlossen wäre. Offensichtlich als eine Art Wiedergutmachung für seine Absage fragte er mich, ob ich mit ihm und den Mönchen im Refektorium des Klosters Mittagessen wollte. Ich nahm mit Freuden an und bezog den Platz an der rechten Seite seiner Heiligkeit am Kopf der Tafel.

Etwa zwölf Mönche versammelten sich bald rund um die Tafel zum Tischgebet. Sie beteten das Vaterunser in altgriechischer Sprache, wie wir es in der Schule vor unserem Griechischunterricht jahrelang gebetet hatten. Ein Mönch begann. Alle, auch ich stimmten ein:

9 … Πάτερ ἡμῶν ὁ ἐν τοῖς οὐρανοῖς, ἁγιασθήτω τὸ ὄνομά σου.
10 ἐλθέτω ἡ βασιλεία σου. γενηθήτω τὸ θέλημά σου ὡς ἐν οὐρανῷ καὶ
ἐπὶ γῆς. 11 τὸν ἄρτον ἡμῶν τὸν ἐπιούσιον δὸς ἡμῖν σήμερον. 12 καὶ ἄφες
ἡμῖν τὰ ὀφειλήματα ἡμῶν, ὡς καὶ ἡμεῖς ἀφήκαμεν τοῖς ὀφειλέταις
ἡμῶν. 13 καὶ μὴ εἰσενέγκῃς ἡμᾶς εἰς πειρασμόν, ἀλλὰ ῥῦσαι ἡμᾶς ἀπὸ
τοῦ πονηροῦ, ἀμήν.

Während des Gebetes merkte ich, wie mich der Patriarch von der Seite erstaunt ansah. Dann sagte er, als wir uns setzten: „Where have you learned „Achaiaon"?

Ich vertraute ihm an, daß meine Schulzeit im Kloster die schönste meines Lebens war und daß mein Lieblingsfach Altgriechisch gewesen wäre. Trotz seiner hellseherischen Qualitäten, die ihm nachgesagt wurden, glaubte mir der Patriarch und gab mir ein Interview. Er sagte nicht viel neues – aber es war ein Interview, das von allen wichtigen Fernsehsendern weltweit ausgestrahlt wurde. Da soll noch einmal einer sagen, daß eine humanistische Bildung ein Anachronismus ist.

In der Zwischenzeit waren wieder viele „Unabhängige" auf abhängige, aber dafür hohe Posten gesetzt worden. Der ÖVP-Stratege Karl Pisa, der den ÖVP-Wahlkampf geleitet hatte, wurde Hauptabteilungsleiter für „Politik und Zeitgeschehen".

Bacher meinte, jetzt hätte er der ÖVP „eins ausgewischt", weil er ihr ihren besten Mann ausgespannt hatte. Und weil die ÖVP darüber nicht besonders verzweifelt war, hat er ihr noch viele andere ausgespannt. Er hatte etwas von Johannes dem Täufer: Wer von ihm gesalbt wurde, der wurde UNABHÄNGIG. Auch Parteibonzen.

Das galt auch für die andere Seite. Franz Kreuzer zum Beispiel, er wurde auch gesalbt, aber das wäre gar nicht nötig gewesen. Er war schon von der eigenen Partei exkommuniziert worden. Franz Kreuzer als Chefredakteur der „Arbeiter Zeitung" (AZ) war wegen eines Konfliktes mit Kreisky abgesetzt worden.

Er war einer der besten Reporter, hatte den genialen Zeichner Erich Sokol zur AZ geholt (ÖVP-Tant), hatte in einer Diskussion der Chefredakteure den Bundeskanzler Klaus eine „Niete" genannt und wollte den Filmtransport der Fotoreporter beschleunigen, indem er Brieftauben einsetzte. Aber die Sache funktionierte nicht.

Jetzt war er Chef des Aktuellen Dienstes im Österreichischen Fernsehen. Ich blieb Leitender Redakteur und machte nebenbei die Sendung „Greatest Fights of the Century". Deshalb glaubten viele Leute, ich hätte irgend etwas mit dem Sport zu tun. Das kam erst viel später.

Jetzt gab es erst einmal viele Sitzungen. Jeder neue Chef, der sich nicht auskennt, macht Sitzungen. Da lernt er das Geschäft. Es gab also viele Sitzungen mit dem Chefredakteur Kreuzer und mit dem Oberchefredakteur Dalma. Und von Zeit zu Zeit gab es auch Sitzungen mit dem Generalintendanten. Die Sitzungsteilnehmer dieser Sitzungen kehrten danach wieder in ihre Abteilungen zurück und machten dort beruhend auf dem Wissen, das sie auf den vorangegangenen Sitzungen nicht erworben hatten, mit ihren Mitarbeitern wieder Sitzungen. Auf diese Weise wurden viele Mitarbeiter von der Arbeit abgehalten, was ja auch eine gute Seite hatte: Sie konnten nichts anstellen!

An diesem Sitzungsstil hat sich bis heute nichts geändert. Fehlende Kompetenz und fachliche Unsicherheit verhindern oft anstehende Entscheidungen, um die dann in diesen Selbsthilfegruppen meist vergeblich gerungen wird!

Auf einer dieser Sitzungen mit dem Oberchefredakteur Dalma wurde nach einer Möglichkeit gesucht, den „Muttertag" in der ZIB wahrzunehmen. Ich machte leichtsinnigerweise den Vorschlag, die Mutter eines hingerichteten österreichischen Widerstandskämpfers zu interviewen. Mehr hatte ich nicht gebraucht: „Was ist dann mit den vielen Müttern, die ihre Söhne im Krieg verloren haben", herrschte mich Dalma an.

„Aber die Widerstandskämpfer haben ja versucht, das zu verhindern, Herr Dalma", sagte ich.

„Ihre Argumentation ist absurd", meinte er, sie erinnnerte ihn an kommunistische Propaganda. Jetzt wußten wir, wie wir dran waren. Man kann in Sitzungen wie gesagt sehr viel lernen. Von nun an galt ich bei den unabhängigen Chefs als verlängerter Arm der KPdSU.

Trotzdem berichtete ich mit großem Engagement vom Vatikanischen Konzil, dessen Verlauf mich als gelernter Katholik besonders interessierte. Kardinal Ottaviani war der Vorsitzende der Glaubenskongregation, der Nachfolgeorganisation der Heiligen Inquisition. Er war nach dem Papst der mächtigste Mann im Vatikan. Der Chefideologe gewissermaßen. Als er starb, wurde sein Nachfolger der Erzbischof von Zagreb.

Mit ihm arrangierte ich ein Interview in Zagreb. Kurz vor meiner Abreise gab mir Alfons Dalma einen Brief an den Erzbischof mit „Grüßen Sie mir cherzlich seine Exzellenz Erzbischof Seper, er ist ein alter Freund von mir. Geben Sie ihm dieses Empfehlungsschreiben".

Der Erzbischof empfing mich in seinem baufälligen Palais mit offenen Armen und einem herrlichen, etwas trüben hausgebrannten Slivovitz, den mir fromme Klosterfrauen kredenzten.

Dann erkundigte er sich nach meinen Fragen. Ich zählte ihm alle heiklen Themen auf, mit denen sich die Kirche jetzt wohl oder übel auseinandersetzen mußte: Empfängnisverhütung, Geschlechtsverkehr vor der Ehe, Abtreibung, Antisemitismus, Mischehen, Atheismus als Haltung u.s.w.

Dann gab ich ihm Dalmas Brief. Der Erzbischof überflog ihn, lächelte und legte ihn in seine Schreibtischlade. Dann gab er mir ein wunderbares Interview. Seine erste Antwort begann mit den Worten: Die Religion ist die eine Sache und der Glaube die andere ...

Nach dem Interview, das der Erzbischof in fließendem Deutsch absolvierte, konnte ich meine Neugier nicht mehr unterdrücken und fragte ihn, was in dem Brief seines Freundes Dalma stand. Seper lächelte gütig und verriet, daß ihm Dalma davon abgeraten hatte, dieses Interview zu machen, da ich kommunistische Tendenzen erkennen ließ.

„Und warum“, fragte ich, „haben Sie mir das Interview trotzdem gegeben?“

„Herr Podgorski – ich lebe seit Jahrzehnten in einem kommunistischen Land. Ich weiß, wer ein Kommunist ist und wer nicht.“

Als ich in Wien das Interview fertigstellte, kam Dalma ins Synchronstudio und wunderte sich, als er den Erzbischof auf der Leinwand sah: „Haben Sie seiner Exzellenz meinen Brief gegeben?“

„Selbstverständlich“, sagte ich, „er hat ihn mir sogar vorgelesen“.

Eine Lobeshymne des „Telemax“ in der „Kronen Zeitung“ über dieses Interview machte mich bei Dalma nicht beliebter. Außerdem hat er mit Recht angenommen, daß ich diese Geschichte herumerzählen würde. In so einem Fall gehört sich das auch.

Zu meinem kommunistischen Image paßte es auch, daß ich mit meiner Familie (ich hatte drei kleine Buben) im Jahre 1968 in Bulgarien Urlaub machte, und zwar in Varna am Schwarzen Meer. Das war billig und wunderschön. Man war außerdem von der Welt total abgeschnitten. Nur bulgarisches Radio und Fernsehen. Nur bulgarische Zeitungen. Nicht einmal das „Neue Deutschland“ war zu bekommen.

Es ist daher der Einmarsch der Warschauerpakttruppen in die Tschechoslowakei von mir unbemerkt geblieben. Man erzählte mir zwar auf Englisch, daß die Tschechen Schwierigkeiten mit den Russen hätten, aber die hatten sie ja schon lange.

Indessen war in Wien der Teufel los. Gerd Bacher organisierte Einsatzbesprechungen. Die totale Berichterstattung wurde ausgerufen.

„Der Teddy muß sofort nach Prag“, sagte Bacher.

„Der ist auf Urlaub“, meinte Kreuzer.

„Dann holt's ihn gefälligst zurück!“

Aber Kreuzer konnte mich nicht zurückholen, weil er nicht wußte, wo ich auf Urlaub war.

Bacher tobte. Erich Sokol wußte zwar, daß ich in Varna war. Aber wo genau wußte auch er nicht. Also wurde die Fremdenpolizei in Varna beauftragt, mich zu suchen. Die leistete ganze Arbeit: innerhalb von sechs Stunden hatte Franz Kreuzer Tadeusz Podgorski am Telefon. Aber das war nicht ich, sondern ein Urlauber aus Warschau. Der konnte kein Wort Deutsch und fragte unentwegt: „Was wollen Sie von mir.“ (auf Polnisch)

Kreuzer glaubte aber an einen Schmäh und rief unentwegt:

„Genug, genug, jetzt hört sich der Spaß auf, dein Verhalten ist verantwortungslos. Dann warf er – laut Augenzeugen – den Hörer in die Ecke.

Mein Freund Franz Kreuzer bestreitet bis heute die Geschichte. Ich weiß auch nicht, ob sie stimmt, denn ich war nicht dabei. Aber, erfunden habe ich sie auch nicht. Ich vermute allerdings, daß Kreuzer glaubte, daß der polnische Urlauber ich war!

Als ich zurückkam, war die Tschechoslowakei besetzt. Das hatte auch der ORF mit seiner engagierten Berichtserstattung nicht verhindern können.

Die Abkürzung ORF ist übrigens eine Erfindung der EBU: der Europäischen Broadcasting Union. Die hatte für die Abkürzung ÖRF (Österreichischer Rundfunk) keine „Ö“-Stricherln.

Mein Freund Erich Sokol, mit dem ich schon einige Filme gemacht hatte, der aber noch immer bei der „Arbeiter Zeitung" als Karikaturist arbeitete, wurde jetzt fix zum ORF geholt und entwarf das Design für die neue „Qualitätsmarke ORF". Seither gibt es ein rotes „ORF-Loch" auf silbergrauem Hintergrund als Logo.

Zwei Ereignisse haben die Berichterstattung des ORF immer wieder zu Höchstleistungen getrieben: Der Opernball und die Salzburger Festspiele.

Die Berichterstattung aus Salzburg 1968 stand unter keinem guten Stern: In Salzburg standen zwar die riesigen silbernen Elefanten des ORF, aber die waren für eine aktuelle Berichterstattung zu schwerfällig. Sie besorgten die diversen Übertragungen. Es gab noch keine elektronischen Reportagekameras und die Filmberichterstattung erforderte eine Kopieranstalt, Schneideräume sowie Überspielmöglichkeit auf Magnetaufzeichnung (MAZ). Also einen Filmabtaster und dann noch eine Richtfunkstrecke nach Wien, von wo der Bericht gesendet werden konnte.

Die Kollegen von der Kultur fielen in Ungnade, weil die neuen Chefs das nicht verstanden. Jetzt wurde ich mit der Festspielberichterstattung beauftragt.

Wir drehten auf Film, flogen täglich mit einer Privatmaschine nach München, dort wurde der Film entwickelt und geschnitten. Dann schrieb ich die Texte und synchronisierte. Anschließend wurde alles auf ein Magnetband überspielt. Mit diesem Magnetband flog ich wieder – nachdem ich die Nacht durchgearbeitet hatte – nach Salzburg zurück. Vom dortigen Ü-Wagen wurde die MAZ nach Wien für die abendliche Sendung überspielt.

So ging das zehn Tage lang. Mein letzter Bericht befaßte sich mit einer riesigen Hippie-Invasion. Die Blumenkinder lagerten am Ufer der Salzach unweit der Staatsbrücke. Ich verwendete absichtlich die Phraseologie der Hippies für den Text zu diesem Film und sagte zum Bild einer untergehenden Sonne und zum Ton einer traurigen Gitarre: „... An der Salzach glüht der Joint und die Bürger sitzen im Theater."

Wie jeden Tag wurde ich auch diesmal von meinem Chef Franz Kreuzer mit Lob überschüttet, ja er bezeichnete mich sogar als „Fernsehgenie".

Doch als ich am nächsten Tag in die Redaktion kam, teilte mir derselbe Chefredakteur mit, daß ich im Aktuellen Dienst nicht mehr arbeiten dürfe.

Gerd Bacher habe ihm gesagt: „I brauch in der ZIB kan Bert Brecht."

So schmeichelhaft der Vergleich auch war, so beleidigend war die Art und Weise dieser Absetzung. Kein Mensch hat mit mir geredet. Ich konnte nicht einmal argumentieren. Ich wurde weggeräumt.

**Gerd Bacher war für die ÖVP-
Alleinregierung ein verläßlicher Partner.
Er präsentierte einen noch verläßlicheren
Chefredakteur: Alfons Dalma.**

Weisse Elefanten

Dr. Weingart hieß der Chef der Kriminalpolizei. Er war vorher Schauspieler. Wir beide waren also hier richtig eingesetzt.

Ich war nur der erste einer Säuberungswelle. Ich wurde „Chefreporter", ein Posten, den es nicht gab. Mit einem Wort ich war der erste „weiße Elefant". Mein Freund Walter Pissecker wurde in die Strafkolonie der „Streiflichter aus Österreich" versetzt, Gerhard Stappen kam zur Kultur, Walter Krause rettete sich in den Betriebsrat und Othmar Urban machte Journaldienst.

Chefreporter! Ich bekam ein winziges Zimmer in der Argentinierstraße neben dem Vorzimmer vom Fernsehdirektor, ein Telefon und keine Sekretärin. Ich brauchte ja keine, denn ich hatte absolut nichts zu tun.

Meine Abhalfterung und eine Reihe von Versetzungen brachten eine gewisse Unruhe unter die Leute. Sie liefen zu den Betriebsräten, die ihnen lächelnd einen Arbeitsvertrag zeigten, der Anfang der Sechzigerjahre ausgehandelt worden war: Die Freie Betriebsvereinbarung (FBV). Sie sollte zum Schlüssel für das Schicksal des ORF werden.

In ihr stand festgeschrieben, daß einem Dienstnehmer nichts geschehen konnte, wenn er in Ungnade fiel. Es stand aber ebenfalls drin, wenn auch zwischen den Zeilen, daß ihm nichts passieren konnte, wenn er faul, unbegabt, destruktiv und illoyal war.

Die FBV war eine Arbeitsverfassung, die – grob gesprochen – die Unbegabten beschenkte und die Begabten benachteiligte, was aber insoferne wieder verständlich war, als es im ORF nur selten Vorgesetzte gegeben hat, die beurteilen konnten, wer begabt war und wer nicht. Sei es, weil sie selbst unbegabt waren, sei es, weil die Protektion einer Partei als „Begabung" eingeschätzt werden mußte.

Ein positiver Aspekt der FBV war: sie schützte Begabte und Unbegabte in ihrer Existenz. Das war schon deshalb wichtig, weil aus politischen oder persönlichen Gründen über Nacht aus einem Begabten ein Unbegabter werden konnte. Die Betriebsräte lehnten sich also zurück und harrten der Dinge, die da kommen sollten.

Es kamen vor allem Angebote vom unabhängigen Alleingeschäftsführer, die sie schon aus persönlichen Gründen schwer ablehnen konnten.

Die stärkste Beriebsratsfraktion war die der unabhängigen Betriebsräte. Sie waren für eine „Modifizierung" der FBV zugänglicher. Diese Modifizierung hieß Arbeitsplatzbewertung. Die Arbeitsbilder der Dienstnehmer sollten genau definiert werden. Ein großer Vorteil für das Unternehmen. Zentralbetriebsrat war ein Linzer Tontechniker namens Hirner, der so kooperativ war, daß er schließlich – Arbeitsbild hin – Arbeitsbild her – vom Unternehmen das Angebot bekam, Landesintendant von Oberösterreich zu werden.

Da er schon zu seinen gewerkschaftlichen Kampfzeiten immer dreiteilige Anzüge mit asymmetrischen Westenknöpfen sowie schütteres, aber pomadisiertes Haar trug, war der Positionswechsel vom Betriebsrat zum Manager wenigstens äußerlich kein Problem. Ein Wechsel, der im ORF Tradition hatte und weiterhin haben würde.

Auf meine Frage, wie er denn die Leute im Studio Linz jetzt behandle, wo er ja einer der ihren gewesen war, antwortete er mit dem für einen Personalvertreter bemerkenswerten Satz: „Mit Zuckerbrot und Peitsche."

Die Front der Betriebsräte war also aufgeweicht. Allerdings nur mit Zuckerbrot. Es sollte von Mal zu Mal süßer werden. Mit Hilfe dieser Betriebsräte wurde auch das Arbeitsbild des Chefreporters erfunden. Alle „weißen Elefanten" bekamen eine Arbeitsplatzbewertung. Kündigungen waren nicht drin. Die neoliberale Annonce, wonach Abfertigungen die besten Investitionen seien, entpuppte sich als Windei. Gott sei Dank.

Ich saß in meinem dreieickigen Büro und fadisierte mich. Außerdem machte ich, was ich schon ein paar Jahre nebenbei gemacht hatte, weiter: „The Greatest Fights of the Century". Eine historische Boxsendung. Mit dieser Sendung war ich sehr erfolgreich und hatte eine bescheidene Popularität erlangt. Damit war ich als „Chefreporter", der für alle Abteilungen arbeiten sollte, unbrauchbar. Nichts wirkt im ORF so abstoßend wie Erfolg.

Von Fernsehdirektor Zilk wurde mir eine Arbeit angeschafft, die ich zwar nicht mache wollte, aber machen mußte. Ich wurde der österreichische Präsentator der Sendung „Aktenzeichen XY". Mir war das Sendungskonzept suspekt, wonach die Zuschauer auf Verbrecherjagd gehen und vernadern sollten. Aber es nutzte nichts – ich wurde die linke Hand von Eduard Zimmermann. Na bitte. Ich war ja schon im Radio Lokal- und Polizeireporter und ich hatte gute Beziehungen zu Polizei und Unterwelt.

Ich kannte den Doktor Baum und den Doktor Weinmann und selbstverständlich auch den Polizeipräsidenten Joschi Holaubek. Auf der anderen Seite war ich ein Gesprächspartner von solchen Größen wie dem „Toch Heinzi", dem „Alten", dem „Gschwinden", dem „Notwehrkrista", der „Struppikbuam" und last but not least dem „Roten Heinzi".

Die Sendung funktionierte folgendermaßen: Im Hauptabend-Programm wurden die Fahndungen verlautbart (mit dilettantischen Filmeinblendungen) und vor Sendeschluß wurde die „Strecke" präsentiert. Falls vorhanden.

Eines Tages hatte ich den „Roten Heinzi" von den Deutschen auf der Fahndungsliste. Es wurden ihm Verbrechen zur Last gelegt, die er nie begehen würde: schwere Körperverletzung und Mordversuch. Es wurde in der Sendung vor seiner Gefährlichkeit gewarnt! (Vorsicht: macht sofort von der Schußwaffe Gebrauch). In Wien wußte allerdings jeder, daß der „Rote" niemals eine Waffe trug und auch nie gewalttätig wurde. Dafür hatte er seine Dienstnehmer.

Diese Fahndung war sehr detailliert, sehr minutiös, sehr deutsch und sehr falsch. Es war mir fast peinlich, diese Fahndung in der Sendung zu verlautbaren. Aber ich mußte.

Am Schluß der Sendung wurden die Zuschauer aufgefordert, zweckdienliche Angaben an unsere Aufnahmestudios in Köln, Zürich und Wien telefonisch weiterzuleiten. Vor Sendeschluß kamen wir wieder ins Bild und Zimmermann machte seine Rundfrage durch die Studios. Ich wußte nicht, was ich sagen sollte, denn es kam kein einziger Hinweis zum „Roten“ aus dem Publikum. Erstaunlicherweise berichtete Herr Vetterli, daß der „Rote“ in Zürich gesichtet wurde. Und Peter Hohl aus Köln hatte auch Augenzeugen für den „Roten“ zu bieten. Ich beschloß zu lügen und meinte, daß wir eine heiße Spur zum „roten Heinzi“ verfolgten, aber im Interesse der Ermittlungen nichts Näheres sagen könnten.

Für Zimmermann und seine Anhänger ein sehr unbefriedigender Sendeschluß. Es wurde nur ein Einbrecher in dieser Sendung gefangen und der mußte wieder freigelassen werden, weil er verwechselt worden war.

Nach der Sendung – es war eine laue Sommernacht – spazierte ich noch durch die Wiener Innenstadt und wollte die Loos-Bar aufsuchen. Damals eine zwielichtige, aber gemütliche Tagesbar, die vor allem in der Nacht sehr frequentiert war.

Als ich dort ankam, stand die Eingangstüre weit offen. Das Lokal war leer. Nur in der hintersten Ecke stand – wie ein Boxer in der Ringecke – völlig entspannt der „Rote Heinzi“. Als ich ihn verblüfft anstarrte, meinte er mit sichtlichem Vergnügen mich zu sehen:

„Servas Teddy – i hab g'hört, Du suchst mi.“

Unmittelbar nach mir erschienen zwei Polizisten im Lokal gefolgt vom Bezirksvorsteher Heinz und der „Rote“ bestellte eine Flasche Champagner. Die deutsche Fahndung war ein Irrtum!

Das Leben als Chefreporter war einsam. Ich sehnte mich in den Aktuellen Dienst zurück – aber das war vorbei. Ich trieb mich also sehr häufig in der Sportredaktion herum, wo viele meiner Freunde saßen, mit denen ich im selben Leichtathletikverein war. „Cricket“.

Lucky Schmidtleitner kannte ich von dort. Er war damals Wiener Meister im Stabhochsprung mit einer Höhe von 3 Meter 80 (!). Der Stabhochsprung ist ja nicht nur ein Prüfstein für die physischen Qualitäten eines Sportlers, sondern auch für die psychischen. Eine Art Poker.

Lucky war ein Meister der psychologischen Kriegführung. Deshalb gewann er gegen Leute, die viel höher springen konnten: durch das bessere Verhältnis von Höhe und Anzahl der Versuche.

Trotzdem war unser Trainer Stampfl bei jedem Wettkampf überzeugt, daß er mit seinen strategischen Tips zur Seite stehen mußte, was natürlich verboten war. Bei einem Länderkampf Wien gegen Baden-Würthemberg im Wiener Prater-Stadion saß ich neben dem Trainer auf einer Bank neben der Laufbahn. Im Inneren des Ovales kämpfte Lucky – damals noch mit einer Bambusstange. Nach einigen Versuchen lagen er und sein Gegner gleichauf. Jetzt entschieden die besseren Nerven!

Stampfl hatte offensichtlich das Rezept gefunden, das zum Sieg führen mußte. Sein ganzer Körper zuckte! Seine Lippen zitterten. Dann rief er: „Lucky!“

Doch der hörte ihn nicht.

„Luucky ...!“

Keine Reaktion.

„Luuuucky!“

Jetzt bemerkte Lucky seinen Trainer und trabte zur Laufbahn.

Gehetzt und mit Verschwörermiene flüsterte Stampfl eindringlich auf seinen Schützling ein. Er hatte den Schlüssel zum Erfolg, die Geheimformel, mit der man sich die Physik der Schwerkraft zu eigen machen konnte. Die Levitation schlechthin. Er war von seiner Erkenntnis überwältigt und dadurch vom Sieg überzeugt. Es gibt ein Flüstern, das ohrenbetäubend sein kann! Mit diesem „Flüstern" brüllte er Lucky ins Ohr:

„Lucky!", schrie er flüsternd. „Lucky, horch zu – höher!"

Lucky verlor den Wettkampf. Seine Konzentration war beim Teufel und damit auch ein besonders „häßlicher Pokal". Aber, er hat etwas gelernt: Höre nicht auf Einflüsterer! Sie bringen Unglück. Und wann immer über das Geheimnis eines Erfolgstrainers gerätselt wurde: Ich hatte eine Ahnung, wie es sein hätte können.

Der Sport konnte (und kann es heute immer noch) lehrreich sein. Für Kurt Mrkwicka war er es damals in einem hohen Masse. Kurt war Europameister im Turmspringen und hatte seine Nominierung für die Olympischen Spiele in Tokio in der Tasche. Allerdings hatte die Sache einen Haken: Das ÖOC hatte damals nicht das Geld auch einen Punkterichter nach Tokio zu entsenden. Aber ohne heimischen Punkterichter war jeder Bewerber chancenlos. Die Herren vom ÖOC gaben ihm den Rat, doch einen Sponsor für den Punkterichter aufzutreiben – der Meier hieß. Oder die Reise für Herrn Meier selbst zu finanzieren. Mrkwicka begann Geld zu sammeln. Tokio war weit und die Reise war teuer. Mühsam und mit viel Eigenkapital brachte er die Summe zusammen und ein vergnügter Meier trat mit Mrkwicka die Reise nach Tokio an.

Schon beim ersten Bewerb vom Drei-Meter-Brett begab sich Merkwürdiges. Als Mrkwicka nach einem perfekten Sprung aus dem Wasser auftauchte, sah er wie ihn sein Meier mit der schlechtesten Note bedachte. Mrkwicka machte sich wütend für den zweite Sprung fertig. Vor ihm sprang sein schärfster Konkurrent, der Amerikaner Fred Gardener. Meier gab ihm die Bestnote!

Mrkwicka versuchte sich dennoch zu konzentrieren und sprang, tauchte ohne einen Spritzer Wasser ein und schnellte sich an die Wasseroberfläche. Von dort mußte er mit roten Augen sehen, wie ihn Meier wieder mit einer schlechten Note bedachte. Mrkwicka schwamm wütend zum Beckenrand und schrie Meier an:

„Sagen Sie, Herr Meier, sind Sie wahnsinnig geworden? Wofür bezahle ich Sie?"

Darauf Herr Meier: „Tuat ma leid, Herr Kurtl, aber die Amerikaner hab'n mir schon des Ticket nach Mexiko bezahlt."

Daraus hat Mrkwicka einiges gelernt: Investiere niemals in den falschen Mann.

Heute ist Kurt Mrkwicka einer der erfolgreichsten Filmproduzenten Österreichs und bezahlt die richtigen Leute.

Die Sportredaktion wurde von Kurt Bernegger ziemlich glücklos geleitet. Bacher kannte ihn von den „Salzburger Nachrichten" und hatte ihn nach Wien geholt. Das war ein Mißgriff.

Mit dem Sport könnte man viel machen, dachte ich, er ist eine so gewaltige Metapher für die menschliche Existenz. Sieg und Niederlage. Vor allem Niederlage. Man müßte sich mehr für die Verlierer interessieren, glaubte ich. Die spielen in der Leistungsgesellschaft keine Rolle. Aber durch sie wird so vieles sichtbar. Ich bekam Lust, Filme über die Menschen zu machen, die sich dem Hochleistungssport verschrieben hatten, Menschen zu porträtieren, die das Extreme suchen und sich ihm aussetzen. Die Sendung hieß „Sportpanorama" und sollte ein großer Erfolg werden, aber dazu später.

Weiße Elefanten haben nichts zu tun. Trotzdem müssen sie an ihrem Dienstort anwesend sein. Sie sind zwar nicht „heilig", aber man begegnet ihnen doch mit einem gewissen Respekt wie auch ein wenig mit Neid. Weil sie auf ihren ausgedehnten Spaziergängen durch die weitläufigen Ubikationen des ORF viel erfahren und beobachtet hatten, waren sie ideale Neuigkeiten- und Gerüchteverbreiter. Begnadete Intriganten und Miesmacher. Man bewilligte ihnen Managerkurse und Kuraufenthalte, die nicht selten von ausgedehnten Krankenständen unterbrochen wurden. Sie lebten in Symbiose mit den Betriebsräten, bevorzugt mit den Freigestellten. Da gab es viele gemeinsame Interessen. Um eines kamen sie allerdings nicht herum: um die Sitzungen. Dort saßen sie dann unweit der Kaffeekannen und Mineralwasserflaschen und machten in ihre ledergebundenen Notizbücher geheimnisvolle Aufzeichnungen.

Es gab im Jahre der ORF-Reform unzählige Sitzungen. Diese wurden meistens von dem unabhängigen Alleingeschäftsführer einberufen und sollten eine Demonstration des ORF-Teamgeistes sein. Sehr großer Wert wurde daher vom Geschäftsführer auf die äußere Erscheinung der Sitzungsteilnehmer gelegt. Sakko und Krawatte und nach Möglichkeit auch weißes Hemd mit langen Ärmeln waren einem Vertreter des größten unabhängigen Medienunternehmens des Landes durchaus angemessen. „Corporate Identity" war der Salzburger Ausdruck dafür. Als Beispiel sollte uns eine Firma wie IBM dafür dienen, meinte der Chef.

Manchmal an heißen Tagen wurde es auch gestattet, die Sakkos auszuziehen, aber auch nur deshalb, weil der Chefredakteur Dalma als erster zu schwitzen begonnen hatte.

Die weißen Elefanten als Sitzungsprofis behielten meist ihre Sakkos an, um aufzufallen. So mancher von ihnen hatte sich dann auch durch musterhafte Garderobe und eifriges Mitdenken eine Position zurückerobert.

Auf den Sitzungen wurde in den ersten Stunden berichtet, wie sich der ORF innerhalb kürzester Zeit in die führende Rundfunkanstalt verwandelt hatte (mit Ausnahme der BBC), welche Bedeutung unser Unternehmen für die Politik, die Kultur und das Selbstverständnis des gesamten Volkes besaß – wie letztklassig und verseucht das Unternehmen bis zur Reform gewesen war und wie dankbar nicht nur wir, sondern ganz Österreich sein müßte, daß uns das Schicksal diese Zeitwende beschert hatte. An dieser Stelle nickten die weißen Elefanten und manche trompeteten sogar.

Nach der Mittagspause ging es dann meist um Weichenstellungen für die Zukunft. Sowohl was das Programm als auch was die Technik und Verwaltung betraf.

Und weil das Programm – wie es so schön hieß – die „Visitenkarte des Unternehmens" war, wurde zum Beispiel darüber diskutiert, wie die Fernsehsprecherinnen angezogen sein sollten. Man wollte das nicht dem persönlichen Geschmack der Damen überlassen – was eine gewisse, deutlich sichtbare Berechtigung hatte.

Mindestens dreißig hochbezahlte ORF-Funktionäre veranstalteten ein „Brainstorming" über das Erscheinungsbild der Programm-Ansagerinnen.

Der Vorschlag eines weißen Elefanten, die Damen doch ganz einfach in Dirndeln zu stecken, wurde für den Bruchteil einer Sekunde vom Salzburger Auge des Alleingeschäftsführers wohlwollend akzeptiert, dann aber sofort mit urbanem Donnerhall verworfen. Gute Chancen hatte hingegen der Vorschlag von Jörg Mauthe, der meinte, daß unsere Schönheiten Uniformen tragen sollten – so wie Airhostessen. Mit einem Schiffchen auf dem Kopf. Die Diskussion wogte hin und her. Uniformierung war durchaus gewünscht und willkommen. Aber, wie sollten die Uniformen aussehen? Stichwort: „Corporate Identity!"

In einem ähnlichen Dilemma mußte Vaclav Havel gewesen sein – als er die Uniformen für seine Burgwache auf dem Hratschin entwarf!

Zu vorgerückter Stunde fiel die erlösende Entscheidung: die Damen blieben in Zivil, wurden aber von einer ehemaligen Airhosteß modisch beraten: Burgi Schneider-Manns-Au.

Es lief also alles bestens: Für jedes auch noch so schwierige Problem gab es eine Lösung.

Jeden Tag gab es neue Erfolgsmeldungen. Die unabhängigen Zeitungen brachten diese mit Jubel, die abhängigen widerwillig, aber doch. Österreich hatte sein Rundfunkwunder! Geld war in Hülle und Fülle vorhanden. Die Regierung garantierte dafür. Die Rundfunkgebühren wurden angehoben, die Investitionsmittel für die nächsten zehn Jahre bereitgestellt. Insgesamt 4,5 Milliarden Schilling (ca. 329 Mio. €). Der Bau des ORF-Zentrums auf dem Küniglberg war in vollem Gange. Im Programm gab es die sogenannte „Nachrichtenexplosion".

Die Gefälligkeitsinterviews mit Politikern gab es zwar immer noch, aber jetzt waren sie „hart aber fair". Diese mußten eben nur die richtigen Leute machen. Und für die richtigen Leute sorgte der Generalintendant persönlich. „Lauter klasse Burschen", wie er sich ausdrückte. Es gab aber dennoch verschiedene Arten von „klassen Burschen".

Da war zunächst der „einfache, ganz normale klasse Bursch": er führte ohne Widerrede alle Befehle aus. Dann gab es den „wirklich klassen Burschen„: der machte das „Richtige", ohne daß man es ihm anschaffen mußte. Die Krönung bildete allerdings der „irrsinnig klasse Bursch": er leistete zunächst (mit Kalkül) argumentativen Widerstand, ließ sich dann rasch von den glasklaren Argumenten des Alleingeschäftsführers restlos überzeugen, um sich schließlich vollends zu unterwerfen.

„Mit solchen Burschen regiern' ma China", sagte er gerne, der Chef. Aber vorläufig regierte er nur den ORF. Was heißt nur: „Die größte Orgel des Landes." Ihr Organist dachte Tag und Nacht darüber nach, wie er noch mehr Pfeifen dazubekommen konnte. Und er bekam sie. Glück hat auf die Dauer eben nur der Tüchtige.

Jetzt, ein Jahr nach Amtsantritt, war es an der Zeit, eine große Umfrage zu starten. Jetzt war der richtige Zeitpunkt, um sich von den Österreicherinnen und Österreichern bestätigen zu lassen, wer der Größte im ganzen Land ist. Jetzt sollten sie Auskunft geben, was ihnen Gutes widerfahren war, denn: „Wenn einem Gutes widerfährt, das ist schon einen Asbach Uralt wert", hieß es damals in der Fernsehwerbung.

Das Gallup-Institut wurde vom ORF mit einer repräsentativen Umfrage betraut. Die Fragen lauteten:

„Sehen Sie einen wesentlichen Unterschied in der Qualität der Sendungen des Rundfunks und Fernsehens seit der Rundfunkreform?"

In der Chefetage wurde der Champagner eingekühlt.

Doch dann lähmendes Entsetzen: „Alles bleibt schlechter" – 41 Prozent erklärten das Programm für schlechter, während nur 19 Prozent das Programm besser fanden. 31 Prozent konnten keinen Unterschied feststellen und 9 Prozent sagten: Weiß nicht ...

Jetzt mußte schnell eine neue Umfrage her. Diesmal ging es um die „Unabhängigkeit".

Untersuchte hatte das von der SPÖ unabhängige Meinungsforschungsinstitut Doktor Fessl. Auf die Frage, „ist der Österreichische Rundfunk Ihrer Meinung nach von den politischen Parteien jetzt abhängig oder unabhängig?", antworteten 50 Prozent der Befragten, daß sie das nicht wüßten, 26 Prozent sagten, er ist unabhängig und 24 Prozent meinten, er sei abhängig.

Die Menschen sind undankbar, sagte man sich im Olymp und vertraute auf das gute Verhältnis zu den unabhängigen Zeitungen, die das schon hinunterspielen würden, und die abhängigen las ja ohnehin keiner. Aber auch darauf war kein Verlaß mehr. Der „Kurier", der das gesamte Rundfunkvolksbegehren durchgezogen hatte, der vehement die Berufung Gerd Bachers zum Generalintendanten gefordert hatte, forderte jetzt dessen Absetzung. Der Eigentümer des „Kurier", Doktor Ludwig Polsterer, von dem der unabhängige Chefredakteur, Doktor Portisch, abhängig war, schrieb: „Bacher wollte Rundfunk und Fernsehen zu einem Staat im Staate machen. Und das durfte nicht sein. Denn es war gefährlich. Würde die Errichtung einer auf einen Mann zugeschnittenen Macht innerhalb einer Demokratie geduldet werden, wäre das für die öffentliche Meinung im Inland wie im Ausland gleich besorgniserregend. Bacher glaubte, mit den seinen Vorgängern verweigerten Milliarden durch eine schnell und geschickt durchgeführte Rundfunkgebührenerhöhung, das hieß mit den höchsten Fernsehgebühren Europas, könnte das Unternehmen nun privatwirtschaftlich geführt werden. Und was viel schlimmer war, er hielt sich und nur sich für den Unternehmer, den Eigentümer. Er engagierte nach Gutdünken rechts und links ihm willfährige Mitarbeiter."

Was war geschehen? Ratlosigkeit!

Die Generalintendanz ließ das offensichtlich nicht mehr unabhängige Verhalten des „Kurier" und seines Herausgebers wissenschaftlich untersuchen und siehe da – der Herausgeber hatte offensichtlich persönliche oder wirtschaftliche Motive.

Ein kryptisches Ergebnis: Vivat Academia, vivant professores!

Für Bacher war es klar wie Schuhwichs: der Polsterer wollte einen privaten Fernsehsender aufmachen. Das wäre 1968 eine reife Leistung gewesen. Doktor Portisch erinnert sich heute auch nicht mehr an die Motive seines Chefs.

Wir hatten es somit mit einer Bacher-Kritik zu tun, die unaufgeklärt und ungesühnt bleiben mußte. Schade!

Ich persönlich hielt mich an den alten Geheimen Rat von Goethe: „Jede große Idee, sobald sie in Erscheinung tritt, wirkt tyrannisch! Daher die Vorteile – die sie hervorbringt – sich nur allzubald in Nachteile verwandeln." (Wilhelm Meisters Wanderjahre)

Meine Cutterin Margit Hummer hatte mindestens 50 Prozent Anteil an meiner Goldenen Kamera. Das war ein Heiratsgrund.

Peter Alexander sang in „Seinerzeit" den Bundesbahnblues. „I asked the Fahrdienstleiter, the man with the Bier, I asked the man, who sells the heiße Würstel ..."

Mit Helmut Qualtinger bei der „Off Road"-Erkundung des Burgenlandes.

In München bekam ich den „Bambi". Zugleich mit Rudi Carell und Peter Scholl-Latour. Seither kaufe ich gelegentlich die „Bunte".

Die versteinerte Illusion

Aus einem Meidlinger Volksschulgebäude übersiedelten wir in diesen Medientempel auf dem Küniglberg. Jetzt macht man dort „Back Stage"-Führungen. Leider gibt es keine „Stage" mehr.

Das Volk“ war offensichtlich undankbar. Es wußte gar nicht, wie gut es ihm mit diesem wunderbaren Management eigentlich ging. Das Gebot der Stunde war daher, die Öffentlichkeitsarbeit zu intensivieren. Man mußte es den Leuten immer wieder „sagen“, daß der ORF grandios war und daß ihnen das Fernsehprogramm, das sie sahen, besonders gut gefallen würde. Die Zeitungen spielten mit. Die unabhängigen sowieso und die Fernsehkritiker der abhängigen bekamen das eine oder andere „Angebot“ zur Mitarbeit im ORF.

Allmählich begann die Sache zu greifen und der ORF wurde in der Öffentlichkeit endlich so begriffen, wie er sich selbst darstellte.

Gleichzeitig lief das Investitionsprogramm auf vollen Touren: auf dem Küniglberg wurde ein Fernsehzentrum von überwältigenden Ausmaßen errichtet. Architekt: Roland Rainer. Ein perikleisches Statement! Eine Akropolis der elektronischen Zukunft mit sentimentalen Anachronismen.

Das ORF-Zentrum wurde als Heimstätte für ein Medium gebaut, wie wir es uns in den Gründerjahren immer erträumt hatten: als „Kulturinstitut“. Eine Mischung aus Theater, Film und Wochenschau.

Ein amerikanischer Berater namens Gerry Maden von der NBC ließ die Bauherren gewähren. Er wußte schon längst, daß sich die Eigenproduktionen der Fernsehgesellschaften aufhören würden, weil sie zu teuer kämen. Er wußte, daß Fernsehgebäude zu Verwaltungsburgen verkommen würden, weil alle kreative Arbeit „außer Haus“ stattfinden würde. Er sah zu, weil er wahrscheinlich niemanden die Freude verderben wollte, als im ORF-Zentrum ein riesiges Fernsehtheater gebaut wurde, wie unzählige Garderoben und Schminkräume entstanden, eine eigene Kostümschneiderei samt eigenem Fundus. Er sah zu, wie für dieses Fernsehhaus an einer Illusion Maß genommen wurde. Und diese Maßarbeit hatte finanzielle Konsequenzen. Bis heute.

All diese gewaltigen Baukosten schlugen (und schlagen) sich auf die Produktionskosten nieder. Die ganze Pracht und Herrlichkeit samt dem Teich mit den Enten vor der Türe verursachten Stundenpreise, die um ein vielfaches höher waren als jene von privaten Produktionsfirmen.

Das Programm wurde daher später bis auf wenige – vor allem aktuelle Produktionen – in Lohnarbeit hergestellt. Damit verzichtete man auch auf alle Qualitätsansprüche an das Personal. Seinerzeit mußte ein Tontechniker Matura haben, jetzt wurde ein Handlanger eingeschult und fertig.

Diese Akropolis – einst ein Heiligtum des vielzitierten Götterfunkens – wurde dadurch im Laufe der Zeit zu einer Beamtenburg. Dort saßen jetzt Funktionäre, die jene Programme – mit deren Herstellung sie im Prinzip nichts mehr zu tun hatten – verwalteten und zu gegebener, meist aber zur falschen Zeit auf Sendung brachten.

Auch die Erhaltung dieses Hauses kostete ein Vermögen, denn es war vom ersten Tag an undicht. Es hat hereingeregnet.

Ein Mann namens Nicham hat viele Jahre seines Lebens damit verbracht, das Haus abzudichten. Wenn er am Jahresende fertig war, mußte er sofort wieder von vorne beginnen. Heute ist er in Pension und mein Nachbar in meinem Urlaubsort Loibichl am Mondsee. So oft ich ihn spazieren gehen sehe, fürchte ich, daß der ORF jetzt undicht sein könnte.

Aber, das ist nur so eine fixe Idee von mir.

Meine Sendung „Sportpanorama" wurde im Haus produziert. Gott sei Dank, denn wir hatten die besten Kameraleute, Tontechniker und Cutterinnen des Landes. Einer meiner ersten Filme dieser Sendung befaßte sich mit dem „Kunstflug". Durch einen Tonmeister, der Segelflieger war, erfuhr ich, daß auf dem burgenländischen Flugplatz Trausdorf fünf offene Doppeldecker vom Typ „Bücker" stationiert waren, die für Kunstflüge bereit standen.

Schon während der Dreharbeiten war ich vom Fliegen derart fasziniert, daß ich beschloß, den Pilotenschein zu machen. Mein Flug- und Kunstfluglehrer wurde Herbert Thonhauser, eine der schillernsten Figuren in der österreichischen Fliegerei.

Ich werde oft gefragt, was das Faszinierende am Fliegen ist. Ich kann es mit meinem Vokabular nicht beschreiben. Ich glaube, es ist das beste, ich erzähle Ihnen in diesem Zusammenhang die Geschichte meines Fluglehrers.

Es gab einmal eine Zeit, da war das Fliegen verboten. Es war die Zeit, in der Österreich von vier Besatzungsmächten beherrscht wurde und auf seinen Staatsvertrag wartete. Diese Zeit war sehr schlimm für Thonhauser. Thonhauser war Flieger. Er war nach kurzer Kriegsgefangenschaft heimgekehrt und konnte nichts anderes als fliegen. Vor allem wollte er auch nichts anderes. Er hatte sich seinerzeit freiwillig zu den Fliegern gemeldet. Er wollte nicht kämpfen, er wollte fliegen. Aber damals durften nur Soldaten fliegen, also wurde er Soldat. Als er seine Grundausbildung beendet hatte, war der Krieg vorbei und damit auch der Traum vom Fliegen.

Thonhauser wurde Finanzbeamter. Täglich fuhr er von seiner Wohnung in der Hütteldorfer Straße mit dem 49-er in sein Amt und wieder zurück. Im 49-er lernte er auch seine Frau Elisabeth kennen. Sie stieg immer schon zwei Stationen vor Thonhauser aus und mußte 100 Meter zu einem Spielwaren- und Bastlergeschäft zurückgehen, wo sie als Verkäuferin arbeitete.

Als Thonhauser Elisabeth zum ersten Mal vom Geschäft abholte und vor dem Schaufenster stand, empfand er plötzlich wieder jene Sehnsucht, diese Begierde, wie er sie zum erstenmal als Halbwüchsiger empfunden hatte. In der Auslage hing das Modell eines SG 38, jenes Segelschulgleiters, mit dem er seine ersten Schulflüge absolviert hatte. Dieses Modell mußte er haben. Er bekam es, Elisabeth brachte es als Mitgift in die Ehe mit.

Schon am Tage der Hochzeit, als die Gäste aus der kleinen Wohnung in der Hütteldorfer Straße gegangen waren, begann Thonhauser mit dem Bau des SG 38. Nach zwei Flitterwochen war der Flieger fertig.

An einem Hang unweit der Himmelhofschanze erfolgte der Start zum Jungfernflug. Mit einem sanften Stoß schob Thonhauser das Flugzeug in den Aufwind. Rasch gewann es an Höhe, ließ eine Fläche etwas hängen, richtete die Nase steil nach oben, verlor an Fahrt, stürzte senkrecht zur Erde, holte Fahrt auf und begann wieder steil zu steigen, bis es neuerlich stürzte. Es „pumpte" schräg am Hang und zerschellte schließlich. Die Tragflächen fielen vom Rumpf und der Bug bohrte sich in die Erde.

„Viel zu schwanzlastig getrimmt", sagte Thonhauser zu den Buben, die den Testflug genau verfolgt hatten. Mit einigen Bleigewichten korrigierte Thonhauser die Trimmung, fixierte die Flächen und setzte einen Marienkäfer auf den Pilotensitz. Dann startete er die Maschine zum zweiten Flug. In einem weiten Bogen flog sie ins Tal, begann leicht zu sinken und bekam im richtigen Moment wieder etwas Thermik (aufwärts gerichtete Warmluftbewegung). Der Flug schien nicht zu enden. Thonhauser beneidete den Marienkäfer.

Thonhauser verbrachte jedes Wochenende am Himmelhof. Seine Frau begleitete ihn niemals. Sie war nicht glücklich. Für die Kinder vom Himmelhof war Thonhauser ein Guru der Aviatik (veraltet für Luftschiffahrt und Flugwesen). Wenn es zum Fliegen zu windig war, erzählte er ihnen vom Krieg – mit ausgebreiteten Armen.

Eines Tages sagte ein Bub, der sich auf Modelle mit Gummimotor spezialisiert hatte: „Können Sie noch fliegen? Ich meine ganz wirklich. Selber?"

„Natürlich", beteuerte Thonhauser, „warum denn nicht, das verlernt man niemals".

„Warum fliegen Sie dann nicht?"

„Weil es verboten ist", sagte Thonhauser, „und außerdem habe ich kein Flugzeug".

„Dann bauen Sie sich halt eines", meinte der Bub mit dem Gummimotor.

„Das ist auch verboten."

„Aber es wird ja nicht immer verboten bleiben."

„Unsinn", sagte Thonhauser und ging früher als sonst. Seit diesem Tage wurde er auf dem Himmelhof nicht mehr gesehen.

Die Wohnung in der Hütteldorfer Straße war zwar nicht groß, aber wenn man die Türen zwischen Vorzimmer und Küche sowie Kabinett aushängen würde, wäre Platz für den Rumpf eines Segelflugzeuges. Die Tragflächen müßte man in Teilstücken anfertigen. Thonhauser wußte, was er zu tun hatte. Was er tun mußte!

Er hielt es daher auch nicht für nötig, dieses Projekt mit seiner Frau zu besprechen.

Als Elisabeth eines Tages vom Bastlergeschäft heimkehrte, war die Kredenz an der anderen Wand. Der Eßtisch war im Schlafzimmer und die Türen standen im Gang neben der Bassena. Durch die Zimmerflucht war mit Holzleisten der Grundriß des Rumpfes eines „Zugvogels" ausgelegt. Die Konstruktionspläne dieses Segelflugzeuges hatte Thonhauser über den Krieg und die englische Gefangenschaft gerettet und seine Frau hatte ihm noch vor wenigen Wochen davon Kopien angefertigt.

„Bitte nicht", sagte sie und begann zu weinen, „du kannst mir das nicht antun!"

Elisabeth hatte schon seit langem ihre eigenen Pläne gemacht, wie die Wohnung gemütlicher werden sollte: ein neuer Fußboden war dringend nötig, eine Einbauküche, eine hübsche Sitzgarnitur und neue Vorhänge. Eines nach dem anderen selbstverständlich, wie es eben die Ersparnisse zuließen. Und jetzt dieses Flugzeug! Da Elisabeth wußte, wie teuer schon Modellflieger waren, ahnte sie, wieviel dieses Monstrum an Geld verschlingen würde. Sie fühlte sich verletzt und gedemütigt. Gleichzeitig war sie wütend, weil hier zwischen Zimmer, Küche und Kabinett ein Einsitzer gebaut werden sollte.

„Ich werde das in meiner Wohnung nicht zulassen", sagte sie so dezidiert, wie sie nur konnte.

„Es ist meine Wohnung", entgegnete er.

„Unsere Wohnung", beharrte sie.

„Nur weil du mich geheiratest hast, gehört die Wohnung nicht dir."

Thonhauser ging zur Psyche, wo sich später das Cockpit befinden sollte und stellte sie vor das Fenster.

„Schau", sagte er und legte den Arm um sie, „in einem Jahr ist der Zugvogel fertig und wir lachen beide über unseren Streit".

Elisabeth konnte sich nicht vorstellen, jemals wieder lachen zu können. Für sie begannen Monate des Leidens. Kein Kino, kein Theater, kein Urlaub, kein Auto, keine Kinder, keine Möbel, keine Kleider – das gesamte Geld wurde in das Flugzeug gesteckt. Auch das ihre, versteht sich.

Der Zugvogel wurde größer und größer. Und mit jedem Tag begann sie ihn mehr zu hassen. Manchmal ging sie um eine Stunde früher aus dem Bastelgeschäft weg, damit sie noch vor Thonhauser in der Wohnung war. Dann löste sie behutsam die eine oder andere Klebestelle oder lockerte eine Schraube. Thonhauser fiel das nicht weiter auf, denn er wußte, daß diese Konstruktion so viel Spannung hatte, daß man immer wieder nachkleben mußte.

Elisabeth gab schließlich auf, weil sie erkennen mußte, daß sie die Arbeit ihres Mannes nur verzögern, aber niemals verhindern konnte.

Es war die Arbeit seines Lebens. Er arbeitete bis spät in die Nacht und freute sich beim Einschlafen schon auf den Moment des Erwachens. Da fiel sein erster Blick auf das fast fertige Leitwerk, das neben dem Muttergottesbild an der Schlafzimmerwand emporragte.

Mit seiner Frau redete er so gut wie gar nicht mehr. Es fiel ihm jedoch nicht auf. Im Gegenteil: er glaubte, eine sehr gute Ehe zu führen. Elisabeth war jetzt immer seltener zu Hause. Sie hatte ja auch keinen Platz mehr. Sie konnte sich nur vorsichtig an den Wänden entlangtasten, wenn sie sich in der Wohnung bewegen wollte. Sie ging zu Freunden, sagte sie, oder zu ihrer Mutter. Thonhauser war es recht. Ein Mann, der sein Werk vollenden mußte, war gutgläubig.

Acht Monate und vier Tage nach Baubeginn verlangte Elisabeth eine sogenannte „Aussprache". Für Thonhauser war das nichts Ungewöhnliches. Seit er den Zugvogel baute, hatte es unzählige Aussprachen gegeben. „Also", sagte er, „was gibt's?", und lackierte sorgfältig die Bespannung mit Spannlack.

„Entweder ich", sagte sie, „oder das Flugzeug!"

Die Scheidung ging klaglos über die Bühne. Totale Zerrüttung, Vernachlässigung und was eben noch alles für diese Fälle vorgesehen war. Thonhauser nahm die Schuld auf sich. Selbstverständlich war er sich keiner Schuld bewußt.

Mittlerweile war das Frühjahr 1954 angebrochen und in den Zeitungen stand eine Notiz, die für Thonhauser die wichtigste Meldung seit dem Ende des Krieges war: „In den von westlichen Alliierten besetzten Gebieten ist ab sofort das Fliegen mit Segelflugzeugen erlaubt."

Thonhauser verdoppelte sein Arbeitstempo. Er nahm Urlaub und begann mit den letzten Arbeiten. Einziehen der Steuerseile und Installieren der Instrumente. Nach elf Monaten war der Zugvogel fertig. In Teilen. Aber die Teile waren noch immer zu groß. Thonhauser wohnte schließlich im dritten Stock und das Stiegenhaus war eng. Das hatte er nicht bedacht, als er mit dem Bau begonnen hatte. Den Rumpf konnte man unmöglich über die Stiege nach unten schaffen. Als einziger Ausweg blieb das Abseilen des Flugzeugrumpfes vom Fenster. Aber das würde ein Vermögen kosten. Thonhauser war pleite: das Flugzeug, dann die Scheidung, die Raten. Na ja.

Er überschlief dieses Problem und hatte am Morgen die Lösung: ein Inserat im „Neuen Österreich".

„Wer hilft unbemitteltem Flieger und Finanzbeamten, Flugzeug aus 3. Stock abzuseilen. Nur ernstgem. Zuschr. a.d.Vlg."

Außer einem Reporter des „Neuen Österreich" meldete sich niemand. Aber der leistete ganze Arbeit: „Finanzbeamter überlistet Alliierte und baut „Zimmer-Kuchl-Kabinett-Bomber", „Flugzeugwerft im Kabinett", „Hütteldorfer Ikarus will fliegen".

Alles weitere ging von selbst. Die Feuerwehr bot sich an, den „Zugvogel" abzuseilen. Die „Fox-Tönende-Wochenschau" filmte die Aktion, bei der sich noch einige Komplikationen ergaben: das Küchenfenster war für den Rumpf zu eng und mußte ausgebrochen werden. Aber dann war es so weit: am Leitwerk hängend schwebte der Flieger zu Boden. Die Tragflächen kamen fünf Minuten später. Tausende Menschen umstanden den Tieflader, der die Maschine zum Flugplatz Zeltweg bringen sollte. In der ersten Reihe der Bub mit dem Gummimotor.

Die meisten Leute schüttelten den Kopf. Aber Thonhauser hatte nur Augen und Ohren für die Verladung seines Zugvogels. Als er alles verstaut hatte, sprang er ins Führerhaus und fuhr nach Zeltweg.

Es war schon ziemlich spät, als Thonhauser im Cockpit seiner Maschine saß, die er am nächsten Tag auf den Namen „Sissy" taufen wollte. Das Seil zur Winde war schon gespannt und er wartete auf das Signal zum Start. Auf den Bergen rund um den Platz hingen noch graue Wolkenplumeaus, die ein Nachmittagsgewitter hinterlassen hatten. Es war windstill.

Thonhauser genoß diesen Augenblick. Er war am Ziel. Auf ihn wartete der Hinmmel. Er war so blau wie der Himmel auf dem Bild der Muttergottes in seinem Schlafzimmer. Noch ein kurzer Blick auf die Gurten, auf den Fallschirm – es konnte losgehen.

Ein Ruck und die Maschine holperte über die Wiese, sprang ein paarmal, Thonhauser korrigierte mit dem Querruder und flog ...

Steil zog die Winde den Zugvogel hoch, wurde langsamer und klinkte aus. Thonhauser drückte nach und holte Fahrt auf. In einer Linkskurve steuerte er zum Wald. Sein Zugvogel flog! Jetzt war er der Maikäfer. Sanft nahm er das Flugzeug aus der Schräglage und ging auf Gegenkurs. Und jetzt wieder gerade aus. Aber die Maschine ging nicht mehr aus der Kurve. Das Höhenruder sprach nicht an. Thonhauser versuchte es mit der Trimmung. Vergeblich. Die Maschine begann immer steiler zu kurven, sie war manövrierunfähig. Thonhauser war zu nieder, um mit dem Fallschirm abzuspringen.

„Slippen", dachte er, „slippen ist die einzige Chance". Mit voller Kraft stieg er ins linke Seitenruder und riß den Knüppel nach rechts. Rechts sah er schon die Baumwipfel näher kommen – und dann krachte er über die linke Tragfläche rutschend in den Jungwald.

Als Thonhauser nach mehreren Operationen aus der Narkose erwachte, saß „Sissy" an seinem Bett.

„Du dummer Bub", sagte sie, „du dummer Bub", und streichelte seine Hand.

Drei Monate später, am 5. September 1954, haben die beiden wieder geheiratet. Ich weiß nicht, in welche Wohnung sie gezogen sind, ich weiß nur, daß Thonhauser noch vor Weihnachten mit dem Bau eines Segelflugzeuges begonnen hat. Diesmal sollte es ein „Bergfalke" werden. Einsitzig.

Jetzt werden Sie mich mit Recht fragen: Warum macht das ein Mann? Ich weiß es, aber ich kann es nicht sagen.

PS: Laut Untersuchungsbericht des Bundesamtes für Zivilluftfahrt war die Ursache des Absturzes eine „lockere Schraube am Höhenruder".

Er war einer jener Illusionisten, die versucht haben, in Österreich von der Fliegerei zu leben. So hatte er einmal einen Auftrag an Land gezogen, von dem alle elektrisiert waren: Agrarflug im Auftrag der Österreichischen Entwicklungshilfe in Tunesien.

Thonhauser trommelte fünf uralte Agrarmaschinen und vier österreichische Piloten zusammen, um mit diesen das Projekt durchzuziehen. Das Problem war die weite Anreise von Trausdorf nach Tunis. Die Maschinen waren uralt, langsam und schlecht ausgerüstet. Die Sache hatte also Expeditionscharakter.

Im Morgengrauen des Abflugtages gab es ein letztes Briefing unter dem Windsack. Alles wurde noch einmal durchgesprochen – alle Eventualitäten diskutiert. Nur nicht die Navigation. Diese Maschinen waren nicht für Instrumentenflug ausgerüstet. Man mußte also auf Sicht fliegen.

Schließlich meldete sich ein junger Pilot: „Aber Herbert", fragte er mit einer gewissen Bangigkeit, „wie kommen wir nach Tunis?"

Thonhauser, der das Navigationssystem eines Zugvogels im Kopf zu haben schien, suchte mit zusammengedrückten Augen den Horizont ab. Er streckte die rechte Hand aus und wies damit in die Richtung zwischen dem Schornstein der Siegendorfer Zuckerfabrik und der Landwirtschaftlichen Genossenschaft Wulkaprodersdorf. Dann sagte er: „So!"

Sie kamen wohlbehalten an.

Für mich als frischgebackenen Piloten waren derartige Distanzen unfaßbar. Ich beschränkte mich vorläufig auf das Burgenland und versuchte Flugstunden zu sammeln. Eine Möglichkeit war, Publikumsrundflüge zu machen, eine andere Fallschirmspringer abzusetzen. Letzteres war etwas mühsam, denn man flog mit einer offenen Tür, mußte sich bei „Wien Radar" anmelden und wurde von den Springern zur genauen Absprungstelle dirigiert, was oft an deren Orientierungslosigkeit scheiterte und daher mehrmals wiederholt werden mußte. Eigentlich drückte ich mich meist vor solchen Aktionen.

Eines Tages hatten unsere Springer von ihrem Sponsor den Auftrag, anläßlich einer Fußballplatz-Eröffnung in Bernstein mit einem Fußball abzuspringen. Sie suchten also einen Piloten und ich ließ mich breitschlagen, die sechs Mann abzusetzen. Wir flogen in einer Piper „Cherokee six". Mit offener Tür und ohne Bestuhlung. Auf halbem Weg über einem Waldstück begann der Motor zu stottern. Blb ... blub blubblub ... blub ... blublb ...

Notlanden mit Fallschirmspringern an Bord ist unmöglich. Also raus!

Sie sprangen gern. Ich hielt verzweifelt nach einer großen Wiese Ausschau, um notzulanden. Aber kaum war der letzte Springer draußen, lief der Motor wieder rund. Ich machte also eine Steilkurve, um zu sehen, ob alle Schirme offen waren. Das waren sie, Gott sei Dank, aber sie waren weit verstreut. Dann flog ich zum Flugplatz zurück und landete.

Am Abend beschimpften mich die zurückgekehrten Fallschirmspringer, weil sie überzeugt waren, daß der stotternde Motor ein Schmäh war. Einer von ihnen, Hans Limbeck, war in einer Waldlichtung gelandet und hatte keine Ahnung, wo er sich befand. Er raffte seinen Schirm zusammen und trug ihn vor sich her wie eine riesige Tuchent. So marschierte er durch den Wald, in der Hoffnung auf eine Straße zu kommen. Dann könnte er ja Autostoppen. Auf einer Lichtung entdeckte er ein älteres Ehepaar, das mit Schwammerlsuchen beschäftigt war.

Wie ein Außerirdischer trat er also auf die beiden zu und fragte möglichst harmlos: „Können Sie mir bitte sagen, wie ich da möglichst schnell zu einer Straße komme?" Die beiden Pensionisten erschraken erstaunlicherweise überhaupt nicht, sondern wiesen ihm freundlich den Weg zur nächsten Autostraße. Limbeck bedankte sich und ging keuchend weiter. Dann rief ihm der Pensionist nach: „Hallo Sie – junger Mann, beim ÖAMTC gibt's herrliche Wanderkarten!"

Durch die Fliegerei vertiefte sich mein Verhältnis zum Burgenland, weil ich oft gezwungen war, meine Rückfahrt nach Wien auf den nächsten Tag zu verschieben – aus Gründen, die in dieser gesegneten Gegend auf der Hand liegen. Gott sei Dank war ich mittlerweile mit fast allen Gendarmen, die ja auch oft am Flugplatz zu tun hatten, gut bekannt, ja fast befreundet. Aber trotzdem!

Eines Tages kam ich im Herbst bei strömendem Regen, es war bereits stockfinster, mit überhöhter Geschwindigkeit von der Autobahn auf die Bundesstraße und geriet in ein Meer von Blaulichtern. Mehrere Funkstreifen veranstalteten ein „Planquadrat".

Na ja – dachte ich – alles meine Freunde. Außerdem hatte ich nichts getrunken. Als ich das Fenster herunterkurbelte, blickte ich in ein junges teigiges Gesicht mit Wimmerln.

„Führerschein, Zulassungsschein, Steuerkarte, Autoapotheke, Pannendreieck", bellte er. Dann verschwand er mit meinen Papieren in der Nacht. Als er wiederkam, strahlte er mit jedem Wimmerl seines Gesichtes:

„Entschuldigen Sie, Herr Bogoasgy, i soll ihna schö grüßen lassen vo die andern. Und i soll Ihna fragen, ob Sie aus Wean kumman?"

„Ja."

„Entschuldigen Sie, Herr Boboasgy, i soll Ihna fragen vo die andern, ob Sie am Flugplatz jetzt fahrn?"

„Ja."

„Entschuldigen Sie, Herr Bogoasgy, i soll Ihna von die andern fragen, ob Sie, wann Sie am Flugplatz fahrn, in die Kantine gengan?"

„Ja!"

„Entschuldigen Sie, Herr Bogoasgy, i soll Ihna von die andern ausrichten: mir kemman glei nach!"

Weil ich nicht annehmen konnte, daß derartige „Planquadrate" immer so gut ausgehen würden, beschloß ich, mir ein Nachtquartier zu organisieren. Ich erwarb einen Pachtgrund an einer Lehmgrube, aus der einmal ein See werden sollte. Wie man mir versprach.

Auf diesen Grund stellte ich ein winziges Holzhaus, in dem ich zur Not übernachten konnte. Ohne Strom, ohne Wasser und in der Lehmgrube fast kein Wasser. Eine Lacke.

Die Nächte waren dort so still, daß man bisweilen von dieser Stille aufwachte.

Eines Tages wachte ich wieder einmal um fünf Uhr früh auf. Es war ein strahlender Sommertag und ich ging ans Ufer dieser trostlosen Lehmgrube, um zu sehen, ob das Wasser vielleicht schon gestiegen war. Als ich ans Ufer kam, traute ich meinen Augen nicht: auf dieser schmutzigen Pfütze kam mir majestätisch und lautlos ein Schwan entgegen. Jetzt war die Lacke ein See.

Kein Zweifel: Schwäne kennen sich aus. Schwäne wissen, was sie tun. Das Wasser wird steigen und es werden mehr Schwäne kommen.

Aus der Lehmgrube wurde ein tiefer See mit kristallklarem Wasser. Ich war vor Freude überwältigt. Ich wollte diese Freude und den Schwan jemandem zeigen, damit er sich mit mir freuen konnte. Ich hielt Ausschau nach einem anderen menschlichen Wesen, dem ich mich hätte mitteilen können.

Und da saß, fünfzig Meter von mir entfernt, der Bürgermeister von Eisenstadt. Ebenfalls schlaflos.

„Herr Bürgermeister", rief ich, „Herr Bürgermeister, was sagen Sie?"

Ich zeigte vor Glück jauchzend auf den Schwan.

„Ja allerhand", sagte der Bürgermeister von Eisenstadt. „Allerhand – Ein Storch!"

In der Welt des Burgenländers, die sich in ihrer schönsten Form als Ziel-1-Gebiet darstellt, ist ein großer weißer Vogel ein Storch. Das war immer so und das bleibt auch so.

Ich habe es immer bedauert, daß auf dem Teiche vor dem ORF-Zentrum nie Schwäne geschwommen sind. Seltsam, daß sich Gerd Bacher mit Enten zufrieden gegeben hat.

Als der Bau des ORF-Zentrums begonnenn wurde, war er schon überholt. Es wurde ein luxuriöses Produktionszentrum für ein Unternehmen, das nichts mehr selbst produzieren konnte.

1

2

3

1 In einer Bücker 133 für „Sportpanorama“.

2 In einer Cessna 182 mit Otto von Habsburg für „Panorama“: „Wenn der gute Kaiser kommt zurück“.

3 In einer Saab 105 zur Luftraumüberwachung

Sport, Sport, Sport

Lucky Schmidtleitner wird Wiener Meister mit 3,80m und Bambusstab.

Das „Sportpanorama" entwickelte sich zu einer außerordentlich beliebten Sendung. Beim Publikum und bei den Sportlern, was selten ist. Das Publikum freute sich, weil es mehr als nur die Resultate über den Sport erfuhr und die Sportler waren angenehm überrascht, weil sie unabhängig von ihrer Leistung als Persönlichkeiten ernst genommen wurden. Wir befaßten uns mit der Stellung des Sportlers innerhalb der Gesellschaft und die beginnt bekanntlich in der Familie.

Einer der begabtesten, erfolgreichsten und populärsten Stürmer in der Geschichte des Österreichischen Fußballes war zweifellos Horst Nemec.

Wir alle sind ja in unserer Leistung und in unserem Fortkommen – um nicht Karriere zu sagen – abhängig von unserem Körper. Aber so abhängig wie ein Sportler ist unsereins, Gott sei Dank, nicht.

Horst Nemec begann dick zu werden. Unaufhaltsam. Es gab keinen anderen dicken Mittelstürmer. Horst Nemec war ein dicker Mittelstürmer. Aus irgendeinem Grund hatte er keine Chance abzunehmen. Sein Weg in die Verfettung und damit ins Unglück war unaufhaltsam wie in der griechischen Tragödie.

Zu diesem Zeitpunkt machte ich über ihn einen Film. Es war beeindruckend, wie uneitel er sich mit dieser Problematik auseinandersetze. Wir zeigten sein qualvolles Training, seine Hunger-Menüs, seine Sauna-Torturen – mit einem Wort – wir zeigten ein Ausnahmetalent, das zum Opfer seines Körpers wurde.

Wir zeigten auch die Familie Nemec, die kleinbürgerliche Wohnung, wir konnten aufnehmen, wie wunderschön die ganze Familie zur Zither uralte unbekannte Wiener Lieder sang. Und wir machten auch ein Interview mit der Mutter, die so stolz auf ihren Horstl war und jetzt um die weitere Ruhmvermehrung bangen mußte.

Sie erzählte uns von dem legendären Spiel der österreichischen Nationalmannschaft gegen die Tschechoslowakei am 24. April 1963, das mit einem 3 : 1-Sieg für Österreich endete. Alle drei Tore erzielte Horst Nemec.

Seine Mutter: „Also was soll ich Ihnen sagen, 76.000 Zuschauer im Stadion, gleich nach der Pause – es steht 1 : 0 für die Tschechen, was soll ich Ihnen sagen, der Erich Hof spielt den Ball zum Fiala auf die linke Seite und Horstl rennt scho! Er sieht gar net, daß der Fiala zum Flögl verlängert und der flankt auf den Horstl und – bumm 1 : 1.

Nur eine Minute später macht der Kolarik an Steilpaß, der Horstl kriegt ihn, überspielt zwei Tschechen und schießt ins linke Kreuzeck. Also was soll ich Ihnen sagen: 2 : 1 für Österreich.

Aber es kommt noch besser, Herr Podgroski: In der 48. Minute also eine Minute später, verlängert der Hasenkopf zum Horstl, der ziemlich weit vorn steht, aber kein Abseits! Kein Abseits! Der Horstl legt sich den Ball vom rechten auf den linken Fuß – Sie wissen ja, rechts war er net so g'schickt – und bumm! Unhaltbar – ein Aufsitzer, einen Millimeter neben dem Pfosten ins Tor! Was soll ich Ihnen sagen: 3 : 1 für Österreich!

Das ganze Stadion is aufg'standen, alle 76.000 haben g'rufen: Bravo, bravo, ... bravo Frau Nemec!"

Der Mensch in Ausnahmesituationen war im großen und ganzen das Thema des „Sportpanorama". Der Sport hat dabei nur insofern eine Rolle gespielt, als er solche Ausnahmesituationen schafft. Das geschieht aber nicht nur im Sport. Das bringt das Leben mit sich. Es ist daher nahegelegen, nicht nur den Sportler zu thematisieren, sondern Menschen in archetypischen Umständen. Als das „Sportpanorama" gerade am populärsten war, versuchte ich, Gerd Bacher zu überzeugen, den Sport aus dem Titel weg zulassen und ein Panorama der menschlichen Besonderheiten zu konzipieren.

Solche Dinge mit ihm zu besprechen, war immer ein Vergnügen. Seine Süchtigkeit nach Qualität ermöglichte vieles, was heute nur noch als blanke Nostalgie bezeichnet werden kann. Schade, daß er so verliebt in sein eigenes Reglement war.

Es war daher auch kein Zufall, daß er sich am besten mit jenen Autoren und Künstlern verstanden hatte, die nicht unter seiner Fuchtel standen. Auch oder gerade weil sie kontroversiell waren. Aber nicht im ORF. Ich holte meinen Freund Walter Pissecker als Partner in die Panorama-Redaktion, denn es war mir unmöglich, allein einmal pro Monat eine einstündige Sendung zu produzieren.

Die erste Sendung machte ich mit Helmut Qualtinger. Es gab damals eine Sendung von Max Eissler, die hieß „Die Frage der Woche". In dieser Sendung wurden Passanten über aktuelle Probleme befragt. Ich machte eine Parodie darauf und fragte als Reporter: „Was halten Sie von der Zukunft Österreichs?"

Alle Passanten spielte der Qualtinger. Vom Volksschullehrer bis zum Bereiter der Spanischen Hofreitschule. Dieser Film ist heute ein Klassiker.

Es folgten noch viele Klassiker. Vor allem von Walter Pissecker. Ich bekam für diese Sendereihe 1970 die „Goldene Kamera", Walter Pissecker 1972. In diesem Jahr wurde ich Sportchef, nahm aber das „Panorama" mit in die Hauptabteilung Sport, wo es Walter Pissecker weiter leitete. Ich machte nur mehr gelegentlich Beiträge.

Sportchef wurde ich eigentlich wider Willen. Und das kam so: Die Sportberichterstattung war auf einem Tiefpunkt angelangt, die Sportredakteure waren über ihren Chef verzweifelt und die Fernsehkritiker trieften vor Spott und Hohn. Gerd Bacher hatte Kurt Bernegger von den „Salzburger Nachrichten" geholt. Einen erstklassigen Sportjournalisten! Im Fernsehen scheiterte er.

Kurt Jeschko, der das Erbe von Heribert Meisl angetreten hatte und den Telesport gestaltete, wäre der logische neue Chefredakteur gewesen. Aber aus irgend einem Grund wollte ihn weder Gerd Bacher noch Fernsehdirektor Helmut Zilk in dieser Funktion. Beide wollten mich, weil sie wahrscheinlich noch das „Sportpanorama" im Kopf hatten.

Aber es ist ein Unterschied, ob man mit allen Freiheiten in Ruhe Dokumentationen dreht oder ob man eine riesige Hauptabteilung leitet, die täglich Sendungen produziert und große Sportübertragungen organisieren und durchführen muß. Noch dazu mit einer Schar frustrierter und gedemütigter Mitarbeiter.

Ich hatte also keine Lust. Ich fürchtete die Administration. Als Sportchef argwöhnte ich, würde ich vollends ein Funktionär im zentralistisch reglementierten Unternehmen ORF sein.

Daß ich es schließlich dennoch machte, lag nicht an den Überredungskünsten von Gerd Bacher oder Helmut Zilk, sondern an den verzweifelten Hilferufen meiner Freunde aus der Sportredaktion: Lucky Schmidtleitner, Roland Knöppel, Peter Beilner und Sigi Bergmann.

Ich mußte dem „Sport" im Fernsehen ein völlig neues Image geben. Ich schaffte die Nachrichtensprecher, die die Sportsendungen präsentiert hatten, ab und setzte qualifizierte Sportredakteure als Moderatoren ein. Leute, die wußten, wovon sie redeten. (Später machte uns das die ZIB nach.)

Dann veränderte ich die Sprache der Sportberichterstattung. Alle Phrasen und seltsamen Metaphern wurden aus den Texten verbannt.

Es gab im Fußball kein „Gehäuse" mehr, kein „Heiligtum" das reingehalten werden mußte, kein „Leder", sondern nur mehr einen Ball. Man spielte nicht mehr auf „eigener Anlage" und die „Festspielveilchen" mußten auch verblühen.

Die Beispiele wären seitenweise fortzusetzen. Es ist unglaublich, was sich seit der Erfindung des Sportjournalismus an Sprachscheußlichkeiten etabliert hatte.

Die erste Moderatorin des Fernsehens gab es im Sport und sie hieß Ingrid Wendl.

Ab sofort führten nur noch Sportredakteure bei Sportübertragungen Regie, die dafür eingeschult wurden. Und zwar von Lucky Schmidtleitner, der zu diesem Zeitpunkt schon weltweit führend war.

Mit ihm entwickelten wir zum Beispiel ein System, wie wir einen wesentlich größeren Teil der Streifabfahrt in Kitzbühel zeigen konnten. Durch ein kompliziertes MAZ-Aufzeichnungs- und Wiederholungssystem wurde das möglich. Es war eine internationale Sensation!

Die Premiere fand im Olympia-Winter 1972 statt. In jenem Winter gab es zwei Abfahrtsläufe in Kitz, denn die Abfahrt von Wengen wurde hier nachgeholt. Karl Schranz, Kneissl-Fahrer, gewann beide. Österreich war im Glücksrausch und Schranz der Favorit für die Olympischen Winterspiele in Sapporo.

Als die letzten Fahrer noch am Start standen, verließ ich den Übertragungswagen, um mir ein Paar Würstel zu kaufen.

Dann überlegte ich es mir anders und ging ins „Haubenlokal" Unterberger, das zu diesem Zeitpunkt leer war und dessen Besitzer und Meisterkoch „Hasi" immer irgendwelche „Restln" für mich hatte. Außerdem holte ich mir bei ihm Tips für meine häuslichen Kochkünste.

Als ich in dem leeren Lokal auf meine „Restln" wartete, hörte ich vom Ecktisch ein beängstigendes Stöhnen. Ein Mann im Skianzug versuchte unter dem Tisch die Schnallen seiner Skischuhe zu schließen. Als er auftauchte, hatte er einen blutroten Kopf, schwitzte und atmete schwer.

Als er wieder in der Lage war zu sprechen, meinte er, daß er sehr gerne dieses Lokal besuche, weil man hier noch Hausmannskost bekam, die man sich sonst selber kochen mußte. Wie eine Erdäpfelsuppe zum Beispiel. Der Mann interessierte mich. Vor allem seine Erdäpfelsuppe.

„Wie machen Sie die Erdäpfelsuppe?", fragte ich ihn.

Er meinte, daß er keine Zwiebel und keinen Knoblauch dafür verwendete, sondern auf die naturbelassene passierte Suppe Trüffel gibt.

„Blödsinn", sagte ich, „das nennen Sie Hausmannskost – wir nehmen Zwiebel, Knoblauch, Speck und dazu getrocknete Steinpilze. Wenn man will, kann man noch ein bisserl mit Creme fraiche legieren."

„Werde ich ausprobieren", sagte er und wankte im Eisbärenschritt zum Skilift.

Als ich mein Essen bekam, sagte ich zu Hasi Unterberger: „Das ist ein netter Mensch, aber vom Kochen hat er keine Ahnung. Wer ist denn das?"

„Das", antwortete der Zweihaubenkoch mit einem schwärmerischen Blick, „ist der Witzigmann".

Ich habe meine Erdäpfelsuppe trotzdem noch nie mit Trüffel gemacht. Aber irgendwann sollte man sie, glaube ich, ausprobieren.

Am späteren Abend streifte ich mit Lucky Schmidtleitner durch das siegestrunkene Kitzbühel. Von einem Lokal zum anderen. Feiernde Menschen sind ungemütlich.

Als wir in die Zirbenstube des Grandhotels kamen, zitterte die verrauchte Luft vor Heimatstolz.

Im Herrgottswinkel saß Gerd Bacher, umringt unter anderen vom Tiroler Intendanten und dem Linzer Intendanten (den ehemaligen Betriebsratsobmann) und dem Skifabrikanten Franz Kneissl. Alle in Moonboots und in Weinlaune.

„Meine Weltmeister", rief uns Bacher zu, „setzt's euch her da"!

Wir taten wie uns geheißen.

Dann sah mich der mächtige Skifabrikant und Bacherintimus Kneissl mit schon kleingewordenen, geröteten Augen an und stellte die Frage:

„Und was für oan Schi foascht du?"

Jetzt wurde es totenstill, obwohl die Zirbenstube voll mit Menschen war, die – wie seinerzeit die armen Teufel, die Ludwig XV. in Versailles beim Essen zuschauen durften – die hohen Herren beim ausgelassenen Feiern beobachteten.

„Rossignol", antwortete ich ohne nachzudenken. Ein Aufschrei, wie nach einem verschossenen Elfmeter ging durch die Zirbenstube. Der Skifabrikant sprang auf und ging mit den Fäusten auf mich los. Ich retirierte in die Ecke der Zirbenstube. Dort schlug er weiter auf mich ein. Ich versuchte mich in eine Doppeldeckung zu flüchten. Während dieser aufregenden Szenen zischte mir immer ein Mensch ins Ohr. „Haun'S eahm in die Goschn! Haun'S eahm in die Goschn!"

Aber ich konnte meinen Blick nicht von dem Wütenden lassen, ohne Schaden zu nehmen. Als ich an der Wand stand und keinen Ausweg mehr fand, entschloß ich mich zu einem Haken unter seinen linken Rippenbogen. Dann entwich dem Skifabrikanten zischend die Luft und wir konnten ihn wieder auf seinen Sessel setzen und mit Eiswürfeln laben.

Bevor wir unter betretenem Schweigen das Lokal verließen, versuchte ich den „Flüsterer" zu identifizieren. Es war der Werbechef der Skifabrik Fischer, Hans Bönisch.

Der kleine Zwischenfall war schnell vergessen und die Schranz-Fans feierten noch bis in den Morgen. Recht hatten sie. In Sapporo hatten sie ohnehin nichts mehr zu feiern.

Kurt Jeschko wußte alles „auswendig“. Auch die Damenhandballresultate der norwegischen Liga.

1

2

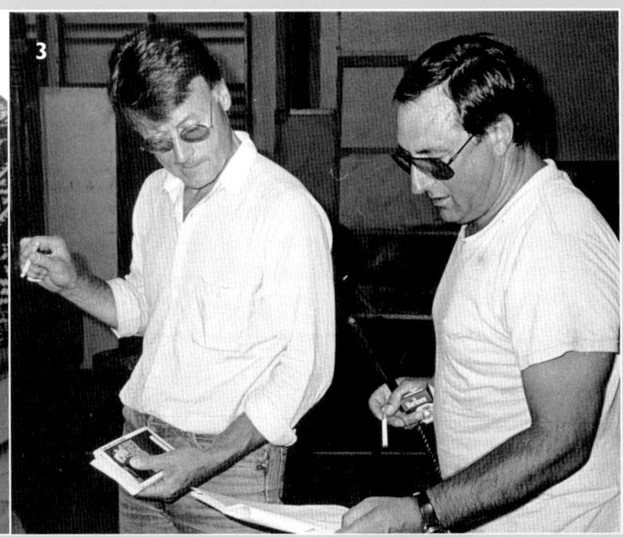
3

4

1 Fred Sinowatz eröffnete die Olympischen Winterspiele 1976 in Innsbruck lautlos. Die Tonanlage war ausgefallen. Als er wieder hörbar war, sagte er nicht, wie so oft: „Es ist alles sehr kompliziert", sondern meinte schlagfertig: „Ich habe ja gesagt, daß es sich diesmal um einfache Spiele handelt".

2 Ingrid Wendl, der älteste Eisfloh, kümmert sich um die jüngsten.

3 Mit Helmut Lohner während der Proben für „Der Zerissene" bei den Salzburger Festspielen."

4 „Der Sportstammtisch" – die populärste Sportsendung des Fernsehens. Heribert Meisel mit Jochen Rindt und dessen Rennmechaniker Joschi Borka.

Heil Schranz

Ein Mercedes ist für diese Bilder wichtig. Es ist der Mercedes des Unterrichtsministeriums.

Mein Beginn als Sportchef des Fernsehens stand unter keinem guten Stern: Der abgesetzte Sportchef wurde kein weißer Elefant, sondern mußte auf Anweisung der Generalintendanz als einfacher Sportredakteur in der Sportabteilung weiterarbeiten. Allerdings mit dem Gehalt eines Hauptabteilungsleiters. Das machte in der Redaktion selbstverständlich böses Blut. Nicht zuletzt auch deshalb, weil er als etwas antiquierter Zeitungsschreiber für das Fernsehen nicht allzu verwendbar war.

Kurt Jeschko hatte sich um den Posten des Sportchefs beworben und mußte damit fertig werden, wie ihm ein zehn Jahre Jüngerer, der mit dem Sport nie etwas zu tun hatte, vor die Nase gesetzt wurde. Ich garantierte ihm zwar weitgehend seine Selbständigkeit bei der Gestaltung des „Telesports", aber er fühlte sich zurückgesetzt.

Die Sportabteilung wurde innerhalb kurzer Zeit dank der Motivation ihrer Mitarbeiter zu einem Paradebeispiel für die Produktion von unterhaltender Information. Sogar der Kulturchef Karl Löbl wurde von seinem Trauzeugen Gerd Bacher zum „Sport am Montag" in die Lehre geschickt. Ein Alptraum für einen Kulturredakteur: Sport ist ja noch degoutanter als Boulevardtheater. Als Kuno Knöbl die Unterhaltungsabteilung verließ, wurde mir diese von Gerd Bacher angeboten. Ich lehnte ab. Daraufhin bot er mir beide Hauptabteilungen an: Sport und Unterhaltung. Als ich dafür lachend die doppelte Gage verlangte, war er ernsthaft eingeschnappt. Unterhaltungschef wurde Harry Windisch. Ich blieb beim Sport.

Es gab Krieg zwischen dem ORF und der Bundesliga. Der Grund: die Bundesliga wollte für die Fußballringsendung des Hörfunks eine finanzielle Abgeltung. Die wurde vom Generalintendanten (GI) verweigert. Die Folge war ein absolutes Filmverbot auf allen österreichischen Fußballplätzen. Wir durften nicht einmal kurze Filmberichte von österreichischen Fußballspielen ausstrahlen. Eine Katastrophe für einen neuen Sportchef.

Man kann doch in Österreich keine Sportsendungen ohne Fußball machen!

In meiner Not schickte ich Kamerateams ins Ausland und ließ Berichte über österreichische Legionäre drehen. Wenigstens etwas. Aber nicht wirklich.

Aber all das zusammen war eine Kleinigkeit gegen die Kampagne der „Kronen Zeitung" gegen den ORF und seine Mitarbeiter. Es verging kein Tag, an dem nicht Brandartikel erschienen, die alles, was der ORF produzierte, in Grund und Boden verdammten. Nicht sehr angenehm, wenn man einen neuen Stil präsentieren will.

Die Ursachen für diesen mörderischen Krieg liegen heute bereits im Bereich der Mythen und Sagen.

Hans Dichand sagt heute mit einem hintergründigen Lächeln, daß er selbst nicht mehr genau weiß, warum das alles passiert ist, vermutet allerdings, daß die „Kronen Zeitung“ vom ORF schlecht behandelt wurde!

„Schlecht behandelt“, heißt, daß die „Krone“ im Gegensatz zu anderen Zeitungen wie etwa dem „Kurier“ im ORF nicht vorgekommen ist. Und das vermuten wieder viele Kenner der Szene, hatte seinen Grund im Zeitungskrieg „Krone“ gegen „Express“.

Chefredakteur des „Express“ war Gerd Bacher, nachdem ihm die Geldgeber beim „Bildtelegraf“ den Hahn zugedreht hatten. Jetzt hatte er als Geldgeber den Gewerkschaftsbund und seinen mächtigen Präsidenten Franz Olah.

Eines Tages begann im „Express“ eine Serie über die Ehefrauen von Politikern. In einer Folge dieser Serie wurde auch die Ehefrau des Geldgebers Franz Olah porträtiert, deren Hobby es war „Wanddeckerln“ mit zu Herzen gehenden Sprüchen zu besticken: „Sei lieb zu mir“ oder „Wenn's Kaffee regnen tuat und Kipferl schneibt, bitt' i den Herrgott, daß' Wetter so bleibt“ und so weiter.

Olah soll über diesen Artikel so wütend gewesen sein, daß er den „Express“ zugunsten dessen schärfsten Konkurrenten „Krone“ über Nacht einstellte.

Diese Aufregung ist heute unverständlich, wenn man bedenkt, daß jetzt (noch?) eine Handarbeitslehrerin in der Regierung sitzt.

Hier, so sagen die Auskenner, lagen die Wurzeln für die schlechte Behandlung der „Kronen Zeitung“ durch den Bacher-ORF.

Aber die Zeiten sind jetzt, Gott sei Dank, vorbei: die ORF-Generaldirektorin ist mit Umsicht bemüht, Hans Dichand bei Laune zu halten – und nicht nur ihn. Was für Politiker recht ist, kann für den ORF nur billig sein.

Zurück zum Sport. Die Olympischen Winterspiele von Sapporo standen vor der Tür. Karl Schranz, der zweifache Abfahrtssieger vom Hahnenkamm, war der logische Favorit für Olympia 1972. Aber der Teufel in Gestalt des Präsidenten Avery Brundage schlief nicht.

Das Verhältnis zwischen Funktionären und Sportlern ist ja von Haus aus unerträglich, und zwar für beide Seiten, weil sie einander bedingen, aber das Verhältnis zwischen Funktionären, insbesondere Olympiafunktionären und Karl Schranz samt seiner Entourage kann nur als blanker Haß bezeichnet werden.

Karl Schranz, der mehrmals Avery Brundage angegriffen und damit Drohungen des IOC wegen Verletzung des „Amateurparagraphen“ ausgelöst hatte, fuhr guter Dinge nach Sapporo, um für sich und seinen Skifabrikanten eine Goldmedaille „abzuholen“.

Aber schon kurz nach seiner Ankunft wurde er von jenen Leuten disqualifiziert, die er jahrelang verspottet hatte. Das war zu erwarten gewesen. Das hat auch die dort anwesenden Sportjournalisten nicht besonders überrascht. Überrascht waren nur Schranz und sein Mentor Kneissl, die ja überhaupt in dem Wahn lebten, von allen immer und überall benachteiligt zu werden. Jetzt fühlten sie sich als Märtyrer.

Die Österreicher, die sich um einen nationalen Triumph geprellt sahen, warteten nur darauf, daß ihre kollektive Empörung medial ritualisiert würde.

Gerd Bacher zeigte, daß er nicht nur Boulevard-Zeitungen, sondern auch Boulevard-Fernsehen machen konnte.

Und ich muß gestehen, es machte großen Spaß. Ich war kein besonderer Fan von Karl Schranz und auch kein großer Sportpatriot, aber ich erlag der Verführung der Volksverführung. Man kann auch sagen Verhetzung. Die „Affaire Schranz" bestand ja nicht darin, daß die Fahrt des Weltmeisters vom Flughafen Schwechat zum Bundeskanzleramt, die von Menschenmassen bejubelt wurde, vom Fernsehen übertragen worden war, sondern darin, wie diese Menschenmassen vom ORF mobil gemacht worden waren.

Ich verstehe heute jene Experimente der Stanford University, in deren Verlauf sich Menschen zu Handlungen hinreißen ließen, die sie unter „normalen" Umständen nie begangen hätten. Die Voraussetzung war auch im „Fall Schranz" das „Wohlwollen" beziehungsweise die Anordnung von „oben".

Es war faszinierend, wie man mit einer gezielten Berichterstattung die Volksseele zum Kochen bringen konnte und dafür noch gelobt wurde. Den Politikern blieb nichts anderes übrig als mitzuspielen. Keiner konnte es sich leisten, gegen diesen Volkszorn zu argumentieren. Fred Sinowatz, der damals Unterrichtsminister und der für den Sport zuständiger Ressortchef war, brachte mich wieder zur Vernunft. Er mußte mitspielen, aber er war entsetzt. Erst jetzt begann ich zu begreifen, was man mit dem Fernsehen anstellen kann.

Die österreichischen Sozialdemokraten, die mittlerweile allein regierten, hatten ab sofort ein Argument mehr gegen dieses Rundfunkgesetz. Es kann nicht sein, daß ein einzelner im Rundfunk soviel unkontrollierte Macht besitzt, daß er für seinen skifahrenden Freund das ganze Land in Hysterie versetzt.

Bundeskanzler Kreisky empfing Karl Schranz nach dessen Triumphzug vom Flughafen Schwechat zum Ballhausplatz auf dem Balkon. Gemeinsam winkten sie einer johlenden Menge zu.

„Als ich bei dieser Gelegenheit ‚Heil, Schranz' rufen hörte, hab' ich mir gedacht, no jetzt muß rasch was g'schehn", sagte Kreisky.

Die „Aktion Schranz" war Chefsache. Alle Abteilungen in Hörfunk und Fernsehen waren aufgerufen, mit großem Engagement mitzumachen.

Koordinator war der ORF-Pressechef Kurt Bergmann, der mit Feuereifer bei der Sache war. Später konnte er seine Neigungen zur Massenmanipulation bei verschiedenen Wahlkämpfen oder bei „Licht ins Dunkel" ausleben.

Als unsere Reporter aus Sapporo zurückkamen – an der Spitze Kurt Jeschko – waren sie fassungslos über diese Aufregung in Österreich. Ein Sportler, der sich beim Olympischen Komitee unbeliebt gemacht hatte, wurde disqualifiziert.

Na und? Sie hatten alle nicht miterlebt, was man aus so einer Sache machen kann, wenn man die „größte Orgel" des Landes zur freien Verfügung hat.

Für Schranz hat die ganze „Affäre" nicht sehr viel gebracht – außer vielleicht einer Popularität, die er sonst niemals erreicht hätte. Nicht einmal mit einem Olympiasieg.

Die ORF-Verantwortlichen haben danach erkannt, daß sie im Besitz von ungesicherten Atomsprengköpfen waren, die durch die Orgelpfeiffen abgeschossen werden konnten.

Vor allem hat das auch der Bundeskanzler erkannt. Und der Justizminister Broda. Ein neues Rundfunkgesetz mußte her. Ein neues Rundfunkgesetz bedeutete mehr Kontrolle. Und es bedeutete das „Aus" für Gerd Bacher. Nach den Olympischen Sommerspielen begann die Diskussion um ein neues ORF-Gesetz.

Der Bundeskanzler setzte eine Rundfunkreformkommission ein, die die Voraussetzungen für ein neues, demokratischeres Gesetz schaffen sollten. In dieser Kommission saßen die seltsamsten Typen. Viele notorische Querulanten, die man schon in der Versenkung wähnte, tauchten wieder in den Räumen des Ballhausplatzes auf. Sie witterten zunächst eine Chance zur Revanche und dann eine Chance, im „neuen" ORF einen guten Posten zu ergattern.

Eines Tages wurde ich in der ORF-Kantine ans Telefon gerufen.

„Hier Kreisky." Ich war wieder verblüfft. Wieder keine Sekretärin, kein Lakai dazwischen eingeschaltet – ganz einfach „Hier Kreisky". Das war, wie ich später feststellen konnte, für ihn eine beliebte Art von Schmeichelei.

Er fragte mich, ob ich Mitglied dieser Kommission werden wollte. Ich war selbstverständlich geschmeichelt und sagte zu. Nicht weil ich einen guten Posten wollte, den hatte ich ja, sondern weil ich mithelfen wollte, die ärgsten Härten zu verhindern. Sie passierten trotzdem.

Obwohl das Gesetz eigentlich nicht von dieser Kommission gemacht wurde, sondern heimlich, still und leise von Karl Blecha und Gerhard Weis nach Zurufen aus einem Versteck von Chefredakteur Franz Kreuzer.

Gerd Bacher stellte mich zur Rede und warf mir Illoyalität vor – aber ich fühlte mich nicht betroffen: das Gesetz wäre auch ohne mein Zutun gekommen. Gerd Bacher mußte auf jeden Fall gehen, ich mußte bleiben und wollte die Zukunft des ORF mitgestalten. Soweit das Grundsätzliche. Genützt hat es freilich nichts.

Kreisky bestand auf zwei von einander unabhängigen Fernsehprogrammen, auf die auch der Generalintendant keinen Zugriff haben sollte. Das war eine politische Illusion.

Wirklich unabhängig kann ein Programmintendant nur dann sein, wenn er den Zugriff auf die Produktiosmittel hat. Aber es gab nur eine „Technik", eine „Finanzverwaltung" und eine „Personalhoheit".

Der entmachtete Generalintendant konnte seinen Einfluß also über Geld, Technik und Personal geltend machen. Das war zwar umständlich und förderte die Intrige, aber so konnte er wieder regieren.

Für unser Publikum war das alles uninteressant. Das Gesprächsthema Nummer eins war das Farbfernsehen. In Deutschland war es ja schon längst Alltag – jetzt kam es zögernd zu uns. Es verteuerte die Produktionskosten enorm. Am Anfang wurde gemischt produziert. Alles Aktuelle wurde in schwarzweiß weiterproduziert. Nur die sogenannten „Luxusproduktionen" gab es in Farbe.

Es entstand innerhalb des ORF eine neue Klassengesellschaft: es gab die, die in Farbe produzieren durften, das waren gewissermaßen die Aristokraten, und jene, die weiter in den schwarz-weißen Niederungen herumdümpelten.

Helmut Qualtinger drehte damals eine kritische Dokumentation über das Burgenland. Selbstverständlich in Farbe. Kamera: Helmut Wiesler. Das war eine der schlechtesten Arbeiten von Helmut Qualtinger. Man wußte eigentlich nicht, was er mit dieser Reportage wollte. Er empörte sich im Stil eines Wiener Bildungsbürgers über die verschandelten Fassaden der Häuser und den niedrigen Wasserstand des Neusiedlersees (seltsam).

Als ich ihn im „Gutruf" traf, war seine erste Frage: „Hast du meinen Film gesehen?"

„Ja."

„Und?"

„Ich muß dir leider sagen, Helmut, daß er mir wirklich nicht gefallen hat, weil ... "

Er unterbrach mich sofort, weil er gar keine Begründung hören wollte und fragte scharf: „Hast du ihn in Farbe gesehen?"

„Leider nein", sagte ich.

„Na dann."

An diesem Tag kam auch ein Kulturredakteur des Norddeutschen Rundfunks ins Lokal, um Qualtinger zum Thema „Kabarett" zu interviewen.

Eine dieser Fragen lautete: Was ist der Unterschied zwischen deutschem und Wiener Kabarett?

Qualtinger gab eine Antwort, die nicht nur diesen Unterschied definiert, sondern auch die Verschiedenheit der beiden nationalen Seelen.

„Im deutschen Kabarett", erklärte Qualtinger, „kommt ein klasser Bursch auf die Bühne und sagt: „Der Bundeskanzler ist ein Arschloch." (Applaus)

„Im Wiener Kabarett kommt ein Arschloch auf die Bühne und sagt: Der Bundeskanzler ist ein klasser Bursch."

Dieses Interview wurde übrigens auch in Farbe gedreht.

Kabarett gab es von Anfang an auch im Fernsehen. Karl Farkas machte „Bilanz des Monats" und Gerhard Bronner „die große Glocke" und später „Das Zeitventil".

Mit Johann Sklenka spielte ich in jeder Folge einen Sketch. Ich wollte die Nabelschnur zur Schauspielerei nicht durchschneiden. Helmut Qualtinger war damals leider mit Gerhard Bronner zerstritten und geisterte als Einzelgänger durch das Fernsehprogramm.

Kurt Jeschko schrieb für jeden „Telesport" einen Sketch: „Die Nachbarn".

Da spielten Johann Sklenka und Erich Frank. Das Thema war das aktuelle Sportgeschehen. Dieser Sache war leider kein Erfolg beschieden. Ich glaube, der Sport eignet sich nicht für das Kabarett, er ist eine viel zu ernste Sache. Humor hat da keinen Platz. Wo käme man hin, wenn jeder Verlierer seine Niederlage mit Humor tragen würde? Es gäbe ja nur noch Verlierer. Dann hört sich der Sport auf. Dann hört sich alles auf.

Humor ist kontraproduktiv. Auch in der Leistungsgesellschaft. Geschäftsleute, die lachend in Konkurs gehen, wären das Ende unseres Wirtschaftssystems.

Auf dem Balkon des Ballhausplatzes: der Weltmeister scheint ins Grübeln zu geraten ...

Kurt Jeschko und die Fersehsprecherin

1973 fuhr ich das erste Mal nach meinem Bulgarien-Aufenthalt wieder ins Ausland auf Urlaub und zwar nach Mykonos. Und wieder wurde ich ans Telefon geholt. Helmut Zilk berichtete mir vom Tod Kurt Jeschkos und von den peinlichen Begleitumständen. Ich wollte sofort heimkehren, um beim Begräbnis dabei zu sein, aber der Fernsehdirektor versicherte mir, daß er auch alle Verpflichtungen des Sportchefs mit übernehmen würde.

Als ich nach Wien zurückkehrte, war der Tod Kurt Jeschkos noch immer das Tagesgespräch der Österreicher. Mit Häme und Schadenfreude wurde der „Liebestod“ des wohl bekanntesten Sportmoderators kommentiert. Ingrid Wendl, die nachweislich am Todestag Jeschkos in der Oststeiermark war, wurde zum Ziel schlüpfriger Witze.

„Da Jeschko hat si über die Wendltreppn derstößn ... “

Tatsache ist, daß Kurt Jeschko mit einer Fernsehsprecherin, deren Name ich kenne, aber nicht nennen will, in der Nobelabsteige „Monopol“ war. Aber bevor es noch zu irgendwelchen Intimitäten kommen konnte, platzte in der Lunge Jeschkos ein Blutgefäß und er erstickte qualvoll am eigenen Blut. Die geschockte Fernsehsprecherin, die Hilfe holte, wurde vom Portier mit Ingrid Wendl verwechselt. So kam dieser Name auch ins Polizeiprotokoll.

Rund um den tragischen Tod von „Mister Telesport“ kursierten die wildesten Gerüchte. Das originellste hat zweifellos Horst Winter in die Welt gesetzt:

Der Podgorski hat ein Verhältnis mit Ingrid Wendl, sonst hätte er sie ja nicht zur Moderatorin gemacht. Die Wendl hat auch vom Podgorski ein Kind erwartet. Trotzdem ist sie mit dem Jeschko ins Stundenhotel gegangen. Der Podgorski hat die beiden inflagranti erwischt und den Jeschko erschlagen. Seither ist er auf der Flucht. Angeblich in Griechenland.

Als ich vom Urlaub zurückkam, traf ich Polizeipräsident Joschi Holaubek, der vor ein paar Wochen in Pension gegangen war.

„Was sagst, Bogoasgy“, fragte er mich „was sagst zum Kurtl?“

„Was soll ich sagen“, antwortete ich, „es ist alles schrecklich, vor allem für seine Familie und tragisch, daß einem Mann, der sein Lebtag größten Wert auf Seriosität gelegt hat, jetzt seine Würde genommen wird“.

„I’ sag dir eins“, sagte Holaubek, „wenn i no Präsident g’wesen wär, dann hätt’ ma den Kurtl auf ana Parkbank in Schönbrunn g’funden – beim Taubenfüttern“.

Ja, ja, die Wiener Polizei war immer etwas besonderes in ihrer Liebenswürdigkeit und in ihrer Grausamkeit. Diese Mischung ist es auch, die uns oft erzittern läßt.

Helmut Qualtinger soll einmal zu vorgerückter Stunde gefragt haben: „Entschuldigen, Herr Inspektor – eine Lernfrage!"

„Bitteschön."

„Was is, wenn ich zu einem Inspektor sag – Sie Trottel!"

„Das ist Amtsehrenbeleidigung ... und wird mit einer Geldstrafe geahndet."

„Gut", sagte Qualtinger, „und was ist, wenn i zu einem Trottel ‚Herr Inspektor' sag?"

Der Polizist dachte kurz nach und sagte dann: „Dann is garnix."

„Na dann", verabschiedete sich Qualtinger, „gute Nacht, Herr Inspektor!"

Der weltberühmte Konzertpianist Rudolf Buchbinder läßt hingegen nichts über die Wiener Polizei kommen. Es ist ja selbstverständlich, daß ein weltberühmter Konzertpianist eine Villa besitzt, in der er genügend Platz für seine Klaviere hat.

Rudi Buchbinder hatte sich jedoch zu seiner Villa in Döbling die Nachbarvilla dazugekauft und beschlossen, seinen Lieblingsbösendorfer aus dem Nordturm seiner alten Villa in den Westtrakt der neuen Villa zu übersiedeln. Dazu bedurfte es eines Kranes und mehrerer Spezialisten. Schließlich schwebte der Flügel zwischen Himmel und Erde. Der Bösendorfer mußte fast auf Straßenniveau herabgelassen werden, damit man ihn um die Ecke bringen konnte, um ihn von dort in sein neues Quartier hochzuziehen. Als man den Flügel in der schmalen Gasse vor der neuen Villa positioniert hatte, mußte man erkennen, daß ein absolut vorschriftsmäßig geparkter Mercedes, dessen Fahrer nicht zu eruieren war, den Weg hoffnungslos versperrte.

In dieser großen Not, als das wertvolle Stück an einem dünnen Seil über dem Pflaster hing und sich im Wind drehte, konnte wohl nur die Polizei helfen.

Buchbinder rief am Kommissariat Döbling an:

„Ich bin der Pianist Rudolf Buchbinder. Mein Klavier hängt in der Luft, ich muß es übersiedeln, aber ein Auto steht im Weg. Könnten Sie mir vielleicht ... "

„Des kann i net entscheiden – i verbind' Ihna mit mein Chef!"

„Hallo, ich bin der Pianist Rudolf Buchbinder, mein Klavier hängt in der Luft, ich muß übersiedeln,

aber ein Auto steht im Weg. Könnte man da nicht, bitte, Herr Major?“
„Sie san also der Pianist Buchbinder?“
„Ja!“
„Passen’S auf – i pfeif’ Ihnen jetzt was vor und Sie sagn mir was des is – okay?“

„Das ist das vierte Klavierkonzert von Beethoven, Herr Major.“
„Okay, Herr Professor, wir kumman mit der Feuerwehr!“
Seither ist der Polizeikommandant von Döbling, Hansi Golob, Ehrengast im „Gutruf“. Nicht weil er so prompt geholfen hat, sondern weil er wahrscheinlich der einzige Polizist der Welt ist, der das vierte Klavierkonzert von Beethoven pfeifen kann.

Horst Winter: Gerüchte aus der Deutschmeisterküche

Eckhart Witzigmann: getrüffelte Erdäpfelsuppe

Lügen haben lange Beine

EIDESSTÄTTIGE ERKLÄRUNG

Ich, Franz K a l a l , Kaufmann, 1030 Wien, Landstrasse Hauptstraße 42, erkläre hiemit an Eidesstatt, mit Herrn Teddy P o d g o r s k y , Sportchef des ORF, ORF-Zentrum, 1130 Wien, Elisabethallee 99, niemals Geschäfte abgeschlossen und Provisionen an ihn ausbezahlt zu haben.

Wien, am 7 . 10. 1974

B.R.Zl.: 3383/1974

Die Echtheit der Unterschrift des Herrn Franz K a l a l , Kaufmann, Wien 3., Landstraßer Hauptstraße 42, wird bestätigt.
Wien, am siebenten Oktober eintausendneunhundertvierundsiebzig. - - - - - - -

DR. JOSEF HUPPMANN ÖFFENTLICHER NOTAR Wien-Innere Stadt

Dr. Günther Traxler
als mit Bescheid des Präsidenten
des Landesgerichtes für ZRS Wien Pers
4 H 29.40 vom 20. Dez. 1973 bestellter
Substitut des öffentlichen Notars
Dr. Josef Huppmann in Wien-Innere Stadt.

Außer dem Y in meinem Familiennamen stimmt in dieser eidesstattlichen Erklärung alles. Warum sollte mir ein Sportveranstalter Geld geben? Noch dazu so viel.

Jetzt war es fix. Das neue ORF-Gesetz sah zwei Fernsehprogramme vor. Mit zwei voneinander unabhängigen Intendanten. Aus dem „Messe- und Schichtarbeiter-Programm" sollte ein vollwertiges Programm werden.

Dieses neue Programm interessierte mich. Es ist ja immer reizvoller bei Null zu beginnen als einen verfahrenen Karren aus dem Dreck zu ziehen. Ich hatte die Illusion, aus diesem Kanal eine europäische Besonderheit zu machen. Eine Mischung aus Information, Unterhaltung und Kultur auf einem Niveau, das sowohl den Erwartungen urbaner Menschen entspricht als auch von allen anderen akzeptiert werden würde. Auch der Bundeskanzler ermunterte mich, eine Bewerbung abzugeben, was ich schließlich auch tat.

Generalintendant war Otto Oberhammer geworden, ein gelernter Richter und Vertrauter von Justizminister Broda. Aber er war erst provisorisch bestellt, da er im ersten Wahlgang die erforderliche Mehrheit nicht geschafft hatte.

Gerd Bacher ging zunächst zum „Kurier", in dem er Leitartikel gegen Kreisky verfaßte, und später als Wahlhelfer zu Helmut Kohl, der trotzdem die Wahl verlor. Dennoch schwärmte er nach seiner Rückkehr in den ORF von dieser Zeit: „Ich war an den Schalthebeln einer Weltmacht!"

Helmut Zilk wurde Ombudsmann der „Kronen Zeitung" und Alfred Hartner wurde Chef vom „Roten Kreuz".

Die Mächtigen gingen – noch Mächtigere kamen: die Betriebsräte. Das neue Gesetz machte sie im ORF-Kuratorium zu Wählern ihrer eigenen Chefs. Das eröffnete neue Perspektiven. Aber nicht für die österreichische Medienpolitik. Diese gibt es ja bis heute nicht. Trotzdem erlebte sie einen Tiefpunkt unter Kanzler Vranitzky.

Zu den Bewerbern für „FS 2" kam ein Name hinzu, der aufhorchen ließ: Gerhard Bronner. Kreisky war schon seit langem mit der Familie Bronner befreundet und Bronner erzählte gern die Geschichte, als er eimal auf dem Topf saß und Kreisky zu Besuch kam. Der strich ihm über den Kopf und lehrte ihn folgenden Kinderreim:

„Ich bin kein Jud',
ich bin kein Christ,
ich bin ein guter Sozialist."

So etwas verbindet. Der Bundeskanzler murmelte immer öfter etwas von der Wichtigkeit der Unterhaltung im Fernsehen und ließ durchaus eine Präferenz für Bronner erkennen. Sollte mir auch Recht sein. Dann gibt es sicher mehr Kabarett im Fernsehen und mehr Theater und ich gehörte ja zum Team.

Eines Tages ließ mich der Bundeskanzler rufen und legte mir nahe, meine Kandidatur zurückzuziehen.

„Warum, Herr Bundeskanzler?"

„Es wurde mir berichtet, daß Sie von einem Araber namens Kalal mit fünfhunderttausend Schilling (ca. 36.500 Euro) bestochen worden sind."

„Der Kalal ist kein Araber, sondern ein Boxveranstalter aus Erdberg", sagte ich, „und außerdem ist das eine infame Verleumdung – gegen die ich sofort gerichtlich vorgehen werde", und fügte hinzu: „Bitte, sagen Sie mir, wer das behauptet?"

„Das kann ich Ihnen nicht sagen", meinte Kreisky, „aber es gibt einen Zeugen, der gesehen hat, wie Sie fünfhunderttausend Schilling in einem Briefumschlag übernommen haben".

„Fünfhunderttausend Schilling passen gar nicht in einen Briefumschlag, Herr Bundeskanzler!", rief ich, „und außerdem werde ich meine Bewerbung selbstverständlich nicht zurückziehen und so Ihrem Kandidaten den Weg frei machen! Qui tacet consentire videtur! Wer schweigt, bekennt! Im Gegenteil, Herr Bundeskanzler, ich werde mich jetzt als Generalintendant bewerben und ein Hearing verlangen. Wenn man von mir behauptet, ich hätte Butter auf dem Kopf, dann gehe ich in die Sonne!"

Über Nacht wußte der ganze ORF von meiner „Bestechung", aber keiner sagte es öffentlich, sodaß ich hätte klagen können. Das meiste Verständnis für meinen „Fehltritt" zeigten die Betriebsräte.

„Du hast des teppert g'macht, Alter", meinten sie, „aber der Bronner wird es trotzdem nicht", versicherten sie mir als Trost.

Ich war verzweifelt. In jedem Gespräch, das ich führte, glaubte ich eine Anspielung herauszuhören. Oft genug stimmte das auch.

Nach ein paar Tagen, als der Widerstand gegen Gerhard Bronner am Höhepunkt war, bat mich mein ‚alter Freund' in sein Haus nach Breitenfurt. In seinem Arbeitszimmer versicherte er mir, daß nirgends Mikrofone versteckt wären und ich ruhig offen reden könne. Jetzt rastete ich aus.

„Beruhige dich", meinte Bronner, „ich habe meine Kandidatur zurückgezogen. Jetzt wirst du Intendant. Aber du mußt diese Korruptionsgeschichte erledigen."

„Ich will auch kein Intendant mehr werden. Nie mehr. Ich will nur wissen, wer diese Gerüchte über mich in die Welt gesetzt hat. Wenn du wirklich etwas für mich tun willst, dann sag mir, wer das war!"

Bronner legte den Kopf zur Seite und flüsterte: „Der anständigste Journalist Österreichs."

Wer um Himmels willen, wer ist der anständigste Journalist Österreichs?

Jetzt schickte ich meine Bewerbung auf den Posten des Generalintendanten an den ORF. Ich wußte, daß ich keine Chance hatte, gewählt zu werden. Ich wollte es auch gar nicht.

Ich wollte ein „Hearing", weil ich mich den Vorwürfen stellen wollte, um damit den Verleumder aus der Deckung zu holen. Es war sehr aufschlußreich, daß gerade der Fraktionsführer der roten Kuratoren, Karl Blecha, gegen ein Hearing war. Aber ich bekam es dennoch. Es war ein Schlag ins Wasser.

Die Kuratoren fragten mich nach meinen Konzepten für das Unternehmen, nach meinen Programmideen und persönlichen Maßnahmen – aber nicht nach diesen bösen Gerüchten. Als ich selber mit diesem Thema begann, schüttelten alle ungläubig den Kopf und taten so, als ob sie von nichts wüßten.

Dann stand Karl Blecha auf. Jener Blecha, der ja ursprünglich von Kreisky den Auftrag hatte, Gerhard Bronner zum Intendanten für „FS 2“ zu machen; jener Blecha, der mit Hilfe dieses Kalal-Gerüchtes den Weg für seinen Schützling freimachen wollte, mein Freund Charly Blecha stand also auf und gab eine Ehrenerklärung für mich ab. Ich wäre der ehrlichste, korrekteste und erfolgreichste Hauptabteilungsleiter und er habe auch noch nie etwas anderes gehört.

Dann bescheinigten mir alle, daß ich ein sehr guter Generalintendant wäre und wählten erwartungsgemäß Doktor Oberhammer. Definitiv.

Ich blieb also erfolglos auf der Suche nach dem „anständigsten“ Journalisten Österreichs. Und der ist ja gar nicht so leicht zu finden, wenn man bedenkt, daß alle österreichischen Journalisten hochanständig sind!

Bei meinen Freunden im „Gutruf“ suchte ich „Rat und Trost“. Dort waren gerade Erich Sokol und Helmut Qualtinger. Sie zählten mir gleich eine ganze Reihe von Namen unanständiger Journalisten auf. Aber die kamen ja nicht in Frage.

Erich Sokol wurde am nächsten Tag das Goldene Ehrenzeichen der Stadt Wien verliehen. Wir waren selbstverständlich dort. Es war sehr feierlich im Rathaus an diesem heißen Sommertag. Ein Streicherquartett spielte ein Stück eines mir unbekannten Komponisten, das dem Umstand Rechnung tragen mußte, daß es sich bei dem Preisträger um einen Humoristen handelte. Das wurde auch durch viele Pizzicati zum Ausdruck gebracht, die die Musiker mit einem verhohlenem Lächeln wie Kußhände ins Publikum warfen. Sie spielten auch auf Beerdigungen, aber Ordensverleihungen waren ihnen viel lieber. Auf Beerdigungen sind vor allem Chorsänger anzutreffen, die sich von den Theaterproben davonstehlen, um diesem Nebenerwerb nachzugehen.

Fritz Muliar beschwerte sich einmal, als er in der Kammeroper inszinierte, daß bei jeder zweiten Probe vier Sänger fehlten, die auf den Zentralfriedhof gegangen waren.

„Das ist ja eine Katastrophe“, sagte er zum Direktor Hans Gabor.

Dieser antwortete: „Entschuldigen Sie vielmals, Herr Professor Muliar, daß die vier auf den Zentralfriedhof gegangen sind – ist keine Katastrophe. Eine Katastrophe ist es, daß sie wiederkommen!“

Zurück zum Rathaus! Nach dem launigen Charakterstück wurden Reden gehalten und die Mutter Sokol war sehr stolz auf ihren Erich, dem auch eine feierliche Urkunde in einer steifen roten Mappe überreicht wurde. Mutter Sokol wollte diese Mappe sofort an sich nehmen, aber der Preisträger beharrte darauf, diese zu behalten.

„Aber geh, Burli“, sagte die Mutter, du verlierst sie ja wieder“.

„Bitte, sei ruhig, Mamma, – das ist schließlich meine Urkunde!“

Es war wie gesagt, sehr heiß an diesem Vormittag und die Gesellschaft beschloß, ins Gasthaus „Laterndl“ unweit des Rathauses zu gehen.

Man saß im Schanigarten und feierte. Der Preisträger belohnte sich selbst zunächst mit einigen Bieren und mußte dabei weitere Versuche seiner Mutter abwehren, die Urkunde an sich zu nehmen. Er war fest entschlossen, die Urkunde eigenhändig nach Hause zu bringen. Er aß dann auch das kleine Gulyas nur mit einer Hand, weil er mit der anderen die Mappe fest umklammerte.

Am späteren Nachmittag verließ ich die Gesellschaft und kam erst wieder am späteren Abend in die Stadt, wo ich beim „Gutruf" Erich Sokol traf, der jetzt schon besonders gutgelaunt war, aber die Urkunde eisern umklammert hielt.

Ich klapperte an diesem Abend noch mehrere Lokale ab und besuchte zum Schluß eine Fete in der „Galerie Kalb". Dort traf ich wieder Erich und konnte ihn davon überzeugen, daß es besser wäre, mit dem Taxi nach Hause zu fahren. Die Mappe mit der Urkunde hielt er mit ehernem Griff.

Am nächsten Morgen wurde er von seiner Mutter geweckt. Die ersten Worte, die er hörte, waren: „Erich, wo ist die Mappe mit der Urkunde?"

„Aber Mamma – dort liegt sie ja bei meinem G'wand!"

Die Mutter hechtet mit einem Sprung zum Sessel, um die Mappe an sich zu nehmen: Es war die Speisekarte des „Laterndl".

Ich weiß nicht, welche Speisen auf dieser Karte gestanden sind, aber das „Laterndl" hatte noch den Charme der „gehobenen Wiener Gastlichkeit", der ja mittlerweile einem neuen Trend Platz machen mußte.

Preisträger der „Goldenen Kamera“
von links nach rechts:
Axel Corti, Heinz Conrads, Hugo Portisch,
Elfriede Ott, Erich Sokol, Thaddäus Podgorski.

Teddy Podgorski
Bahngasse 16
2352 Gumpoldskirchen

Herrn Bundeskanzler
Dr. Bruno Kreisky
Bundeskanzleramt
Ballhausplatz
1010 Wien

Wien, den 9. Oktober 1974

Sehr geehrter Herr Bundeskanzler,

zurückkommend auf unser Gespräch im Bundeskanzleramt am 3. Oktober 1974 möchte ich Ihnen gerne schriftlich bestätigen, was ich schon mündlich getan habe:
Ich empfinde die Beschuldigungen gegen mich als reine Verleumdung und werde alles daransetzen, diese Vorwürfe zu entkräften. Ich habe mir erlaubt, Herrn Abgeordneten Blecha einen Brief zu schicken, dessen Kopie ich Ihnen beilege.
Ich wäre Ihnen sehr verbunden, wenn Sie mir helfen könnten, den Ursprung dieser Gerüchte zu finden.
Ich verbleibe

mit den besten Grüßen

(Teddy Podgorski)

Thaddäus Podgorski
Bahngasse 16
2352 Gumpoldskirchen

An den Vorsitzenden
des ORF-Kuratoriums
Herrn Dr.Othmar Slunsky
Argentinierstr. 30a
1040 Wien

Wien, am 26.November 1974

Bewerbung

Gemäß der Ausschreibung in der amtlichen Wiener Zeitung bewerbe ich mich um den Posten des Generalintendanten des Österreichischen Rundfunks.

Begründung:

Meine Bewerbung für den Posten eines Fernseh-Programm-Intendanten hatte eine Verleumdungskampagne mit gezieltem Rufmord und Ehrabschneiderei zur Folge.

Da mir keine sachlichen Gründe, die gegen meine Wahl zu einem Fernseh-Intendanten sprachen, mitgeteilt wurden, muß ich annehmen, daß diese Intriguen jene Persönlichkeiten verunsichert haben, auf die es im Zusammenhang mit der Intendantenwahl angekommen ist.

Ich muß meine Nichtbestellung zweifellos als Indiz dafür werten, daß ich nach wie vor als Korruptionist im Verdacht stehe.

Betrachten Sie bitte daher diese Bewerbung als mein Argument gegen die Verleumdungen und als Beweis für die Tatsache, daß ich auch das höchste Amt im ORF nicht zu scheuen habe, wenn es auf meine Integrität ankommt.

Beiliegend meine Bewerbung vom 22.August 1974 und meine Korrespondenz.

Thaddäus Podgorski

Gastronomie

Als im Fernsehen noch Hausmannskost gekocht wurde: Fernsehkoch Ernst Faseth mit einem Topfenstrudel.

Essen und Trinken hält, wenn man einer alten Volksweisheit Glauben schenken will, Leib und Seele zusammen, im selben Ausmaß jedoch jene Gesellschaft, die im Volksmund als Schickeria bezeichnet wird. Im Gegensatz zu den Forschungsergebnissen des Schriftstellers Gregor von Rezzori, wonach die so genannte High Society durch Spermafäden miteinander verbunden ist, kommen neuere Untersuchungen zu dem Ergebnis, daß diese ehrenwerten Leute eher mit jenen Speichelfäden aneinander gefesselt sind, die entstehen, wenn man das Wasser, das beim Studium von Zwei-, Drei- und Vierhaubenspeisekarten im Mund zusammenrinnt, nicht mehr halten kann.

Irgendwann – der Zeitpunkt läßt sich nicht mehr genau feststellen – ist ein Heiland nach Österreich gekommen und hat allen Halbgebildeten die Frohbotschaft gebracht, daß Essen und Trinken ein Teil der Kultur sei und, wenn es auch teuer genug ist, das Prestige gewaltig hebt. Seither erleben wir den rasanten Aufstieg einer neuen Religion. Die Gläubigen kündigen ihre Theaterabonnements, verbrennen ihre drei ledergebundenen Bücher und ersetzen sie durch Kochbücher. Sie verzichten reinen Herzens auf Kino und Konzert, Musical und Musikantenstadl. Sie strömen zum gemeinsamen Gottesdienst in die diversen Gourmettempel, wo weiß gekleidete Hohepriester mit einer oder mehreren Hauben ein strenges Regime führen. Generaldirektoren, Minister, Fernsehstars kommen in demütiger Buckelhaltung ins Lokal und winseln um einen Platz.

Sollte allerdings dieser Tempel in den letzten Tagen von einem Gastrokritiker wohlwollend erwähnt worden sein, ist diese ganze hündische Liturgie sinnlos. Es gibt keinen Platz. Und die Gedemütigten müssen stehend mit ansehen, wie andere, möglicherweise völlig Unbekannte, vom Koch und seiner Frau mit Küssen überhäuft und an ihren Platz geführt werden. Möglicherweise ein Stammplatz!

Sie müssen, weil sie auf ein Wunder hoffen und noch immer warten, hilflos und hungrig mit ansehen, wie der Gottesdienst ohne sie beginnt. Jetzt beginnen viele Gläubige, nachdem sie die riesigen Altarbücher beiseite gelegt haben, ihre Nasen in große Weingläser zu tauchen, um sie nach angemessener Zeit mit einem etwas blöden, aber verklärten Lächeln wieder herauszuziehen. Dann werden die Gläser rhythmisch geschwenkt, und der Vorgang beginnt von neuem. Diese Andacht währt so lange, bis die Kellner, denen offensichtlich die Zunge herausgeschnitten wurde, lautlos und behände riesige Schüsseln für rituelle Waschungen bringen. (Der Kenner weiß natürlich, daß es sich um Teller handelt.) Spätestens jetzt verlassen die Ausgegrenzten die Kirche, nicht ohne vorher einen Tisch für sechs Wochen später bestellt zu haben.

Ja, so ist das. Kein Wunder, daß die Köche, mehr noch als die Friseure, den Stil unserer Zeit bestimmen. Sie sind die Apostel einer neuen Kultur des kleinsten gemeinsamen Nenners. Im Grunde genommen ist das Essen Nebensache. Das Lokal ist wichtig. Und seine Insassen. Aber immer öfter passiert es, daß über Nacht kein Gast mehr kommt. Man weiß nicht warum und wieso, das Essen ist schließlich gleich gut oder schlecht. Aber die feschen Leut' kommen nimmer. Der Schwarm der Gastro-Termiten ist weitergezogen. Warum? Und wohin? Ein Rätsel, das erforscht werden sollte, wie einst Prof. Frisch die Sprache der Bienen erforscht hat.

Wie auch immer, am Ende einer jeden Saison wird ein(e) Feinschmecker(in) des Jahres gewählt. Voraussetzung für die Nominierung ist, daß diese Persönlichkeit, die auch eine gewisse Prominenz aufweisen sollte, in den verschiedensten Haubenlokalen mindestens ein Haus verfressen hat. Es ist nicht genau definiert, was das für ein Haus sein soll. Eine Villa etwa oder nur ein Reihenhaus. Auf jeden Fall genügt auch ein Kinderdorfhaus.

Kantinen unterliegen natürlich nicht diesen Gesetzen. Schon gar nicht Flugplatzkantinen. Der Pächter der Flugplatzkantine in Trausdorf war ein Slowakischer Wirt namens Frantisek Michail, der auch einen slowakischen Koch namens Pista beschäftige. Gelegentlich kochte ich für meine Freunde in dieser Kantinenküche und der slowakische Koch Pista half mir dabei.

Als einmal der Braten im Ofen und alles andere schon vorbereitet war, setzten wir uns und tranken ein Glas Wein.

„Gefällt Ihnen eigentlich Ihr Beruf?“, fragte ich.

„No was cheißt“, antwortete er mit leuchtenden Augen. „Ich wollte schon als kleines Kind immer Koch werden. Ich chabe schon in Küche von meiner Mutter gechelfen. Dann chabe ich Lehre gemacht im Chotel Devin in Bratislava. Später chabe ich nur in Firstclass Häuser gearbeitet. Niedere Tatra, Hohe Tatra, Hotel Kosodrevina, Sochowo Chatte, Grand Hotel und so weiter.“

„Und was“, fragte ich gespannt, „was kochen Sie am liebsten?“

Pista blickte versonnen aus dem Fenster, dachte nur ganz kurz nach und sagte: „Kalte Platte.“

Gastro-TV mit und ohne Haube:
1 Heinz Camondo
2 Helmuth Misak
3 Franz Ruhm

Commedia dell 'Arte

Er mußte das schlechteste Rundfunkgesetz unserer Geschichte exekutieren: Dr. Otto Oberhammer.

Ein ganz besonderer Wetterwinkel der österreichischen Gastronomie ist die Kantine des ORF auf dem Küniglberg. Hier laufen die Fäden der elektromedialen Gerüchte und Intrigen zusammen. Hier ist das Auge eines gewaltigen Taifuns, der sich am Ende als ein „Lüfterl" herausstellt. Eine Agora der Mittelmäßigkeit. Menschen aus den verschiedensten Berufen sind hier unter einem undichten Dach, vereinigt durch ein Anstellungsdekret, das sie ab dem Zeitpunkt ihres Eintrittes in das Unternehmen als Spezialisten für Radio und Fernsehen etabliert.

Das gilt in hohem Maße für Programm-Mitarbeiter. Unter ihnen sind Verkäufer, Versicherungsvertreter und Friseure ebenso wie Schauspieler, Zeitungsredakteure und Flugbegleiterinnen.

Weil man den Beruf eines ORF-Mitarbeiters nicht lernen kann, weil es ihn nicht gibt und die Aufgaben im ORF sehr vielseitig sind, gibt es eine eigene Hauptabteilung für Berufsfortbildung. Dort bekommen die bunt zusammengewürfelten ORFler das nötige professionelle Rüstzeug für ihre öffentlich-rechtlichen Aufgaben. Daher ist auch der Leiter dieser Abteilung immer ein Fachmann. Zur Zeit ein ehemaliger Sekretär des ehemaligen Vizekanzlers Mock.

Die ORF-Kantine hat allerdings noch eine Abteilung mit einer etwas gehobenen Speisekarte mit ebensolchen Preisen. Dorthin sollten ursprünglich ORF-Mitarbeiter wichtige Gäste von der Außenwelt einladen. Später saß dort die Nomenklatura. Vor allem die freigestellten Betriebsräte, die dort noch niemand zahlen gesehen hat. Wahrscheinlich erledigten sie das per Bankeinzug.

Der Name dieses Extrazimmers könnte aus dem Planungsbüro des Berchtesgadener Berghofes stammen: „Sondergastraum".

In allen Räumen der Kantine gab es jedenfalls nur ein Thema: Der neue Generalintendant. Niemand kannte ihn. Die Betriebsräte wußten mehr: Otto Oberhammer ist Tiroler, gelernter Richter, Beamter im Justizministerium und hat als Leiter der Übersiedlung des Ministeriums in das Palais Trautson den Justizminister Broda derart beeindruckt, daß er ihn dem Bundeskanzler als Generalintendant vorgeschlagen hat.

Otto Oberhammer hatte eine schwierige Aufgabe vor sich: Er hatte zwei unabhängige Intendanten, Gerhard Weis und Franz Kreuzer, die miteinander konkurrieren sollten, aber auf ein und denselben Produktionsapparat angewiesen waren, über den samt Budget ausschließlich der „GI" verfügte. Er hatte also keine Mitsprache beim Programm, aber auf dem Umweg über das Geld und die Technik konnte er den einen oder anderen Intendanten bevorzugen.

Außerdem mußte jede Hauptabteilung für beide Programme produzieren. Eine groteske Situation. Ich machte den Sport auch für beide. Aber jeder der beiden hatte andere Vorstellungen davon. Das galt für alle Hauptabteilungsleiter. Wir waren Diener zweier Herren. Das war für uns ebenso schlimm wie für die Intendanten.

Und der Generalintendant bemühte sich auf eine geradezu rührende Art gerecht zu sein. In einem Unternehmen wie dem ORF gibt es jedoch keine Gerechtigkeit. Das verzögerte die Entscheidungsprozesse, sodaß man schon nach kurzer Zeit das berechtigte Gefühl hatte, daß dieses Gesetz nicht vollziehbar war.

Es gab Programmsitzungen für FS 1 und dann gab es Programmsitzungen für FS 2 – und was man für das eine Programm machte, war schlecht für das andere. Wir waren zerrissen zwischen zwei Konkurrenten.

Die Lösung war zwingend: Die Hauptabteilungsleiter produzierten, was sie und wie sie es für richtig hielten und boten es den beiden Intendanten an, die sich dann oft genug darum rauften.

Jetzt war ich heilfroh, nicht Intendant geworden zu sein. In der Zwischenzeit hatte sich auch herausgestellt, wem ich dafür großen Dank schuldig war: Peter Michael Lingens. Er war der „Anständigste Journalist Österreichs", der mich beim Bundeskanzler denunziert hatte. Ich klagte ihn! Oder besser gesagt, es klagte ihn die Rechtsabteilung des ORF. Der unselige Doktor Peter Stern ließ sich auf einen opportunistischen Vergleich ein: Im „Profil" erschien eine Ehrenerklärung von Peter Michael Lingens, durch die viele erst auf diese Affäre aufmerksam wurden.

Helmut Qualtinger schenkte mir als „Trost" seine „single" von den Francois-Villon-Balladen, in der Übersetzung von H. C. Artmann: „Von den Verleumderzungen".

balade fon de faleimdazungan

in rodn schwefö und arsen,
in säure und in kochadn soebeda,
in hassn blei, in schweis und bech,
in ana laung aus scheis und judnbrunzlad,
in zechnkas und oede schuach,
in opwoschwossa fon an lepragraunkn,
in schlaungnbluad,
in giftecha azznei,
in woeffs und fux und doxngoe
soit ma farleimdan eana zungan siadn!

und weitas in fafäudn hian
fon iangd an oedn koda was scho z schwoch is
zun meis und rozzn jong wäu ea

kann zaun mea r en da goschn hod, in drenzlad
aus da goschn fon an muli,
in lokna gschdrozt foi
dode fresch und grodna,
schlaungan, schneka, bandlwiama,
soit ma farleimdan eana zungan siadn!

Ich konzentrierte mich also wieder auf meine Arbeit für zwei Intendanten.

Aus dem „Telesport“ wurde der „Sport am Montag“. Der logische Moderator und Nachfolger wäre Dieter Seefranz gewesen. Doch der wollte die ganze Sendung auf Film produzieren. Das wäre technisch und organisatorisch ein Wahnsinn gewesen. Dieter Seefranz ging also zum „Club 2“, Chef des „Sport am Montag“ wurde Sigi Bergmann.

Für 1976 gab es zwei große Vorhaben: Die Olympischen Winterspiele in Innsbruck und den Start der Sendereihe „Seinerzeit“.

Mein Freund und „Panorama"-Partner Walter Pissecker mit einem Stammkunden: dem „Pornohumer".

„Herr Dr. Oberhammer, es ist so gut wie unmöglich für zwei konkurrierende Programmintendanten zu produzieren."
„Herr Podgorski – Gesetz ist Gesetz":

Ich wollte mich nie aufs „Hohe Roß“ setzen: Ich wurde in den Sattel gehoben.

Wie man Intendant wird und nicht bleibt

Es waren die zweiten Olympischen Winterspiele, die in Innsbruck ausgetragen wurden. Die Verantwortlichen beteuerten, daß es diesmal „billige Spiele“ werden sollten. Als der damalige Unterrichtsminister, Doktor Fred Sinowatz, die Spiele im Berg-Isel-Stadion eröffnete, funktionierten die Mikrofone nicht und er war weltweit unhörbar. Als das Mikro nach einer peinlich langen Pause repariert war, sagte er nicht – was er als späterer Bundeskanzler noch oft genug sagen würde: „Es ist ja alles so kompliziert“ – sondern erklärte schlagfertig: „Ich habe ja gesagt, daß es sich diesmal um billige Spiele handelt.“

Diesen Winterspielen verdanke ich zwei teure Freundschaften: mit Fred Sinowatz, auf dessen Wunsch ich später Generalintendant werden sollte und mit dem Olympiasieger im Ringen (Schwergewicht) Ivan Iwanitzky, den Sportchef des sowjetischen Fernsehens.

In der alten Remise der Stadt Innsbruck wurde von uns das internationale Fernseh-Zentrum eingerichtet. Wir mußten für unsere ausländischen Kollegen sowohl die technischen als auch die redaktionellen Voraussetzungen für deren Berichterstattung schaffen. Es gab noch keine Satelliten und die vielen Fernsehteams brauchten Leitungen in ihre Heimatländer und Studios. Die Redaktionsräume wurden provisorisch mit Hartfaserplatten, Messekojen nicht unähnlich, aufgebaut.

Als die ausländischen Kollegen in ihre „Quartiere“ einstiegen, waren sie voll des Lobes über unsere Arbeit. Mir fiel ein Stein vom Herzen.

Aber, als ich glücklich und entspannt in der Kantine saß, wurde ich durch den Lautsprecher ausgerufen: „Herr Podgorski bitte dringend in die Redaktion des sowjetischen Fernsehens. Herr Podgorski bitte dringend in die Redaktion des sowjetischen Fernsehens!“

Ich ließ mein Essen stehen und lief in die sowjetische Redaktion.

Als ich die Türe öffnete, glaubte ich eine Szenerie aus dem Film „Ninotschka“ zu sehen: der kleine Raum war zum Bersten voll mit grimmig blickenden Gestalten, die dunkle Anzüge trugen und mit eigenwillig gemusterten Krawatten ausstaffiert waren.

Als ich eintrat, verdunkelte sich der Raum, denn es erhob sich ein Riese mit unfreundlichem Gesicht, der mit seinen Schultern das Fenster abdeckte. Er sagte:

Кто несет ответственность за такую плохую организацию? Совершенно ничего не работает.

Als er geendet hatte, steckte er den Zahnstocher wieder in seinen Mund und machte eine flüchtige Handbewegung, die den ängstlichen Dolmetscher auf den Plan rief!

„Herr Iwanitzky, was ist Sportchef von sowjetischem Fernsehen, heißt Sie herzlich willkommen im Sinne von Frieden und Völkerfreundschaft und möchte sich für Ihre Organisation bedanken."

„Auch ich", verkündigte ich,„bin glücklich, den sowjetischen Kollegen helfen zu können".

Als der Dolmetscher übersetzt hatte, erhob der russische Sportchef drohend die Stimme und sagte:

Мы являемся крупнейшей делегацией телевидения на этих Олимпийских играх, крупнее делегации из США и ГДР.

Der Dolmetscher übersetzte zitternd:

„Herr Iwanitzky, was ist Sportchef von sowjetischen Fernsehen, der sehr glücklich ist über Ihre Organisation, ist so wie sein Kollektiv sehr überrascht und enttäuscht über einen technischen Mangel gegen den er in aller Form protestieren muß."

„Ja, um Himmels Willen, bitte, sagen Sie es mir", antwortete ich.

Der Riese streckte sich und wurde um noch ein paar Zentimeter größer:

В нашей редакции сломался телевизор. Это безобразие.

Das Kollektiv nickte.

„Herr Iwanitzky, was ist Sportchef von sowjetischen Fernsehen sagt – Fernsehapparat spielt nicht!"

„Wird sofort erledigt", versprach ich und lief zu unserem „Meßdienst", der in zwei Minuten das Fernsehgerät in Betrieb setzte.

Dann ging ich wieder in die Kantine, um weiter zu essen. Nach dem Essen ließ mir die Frage keine Ruhe, warum die Russen jetzt um die Mittagszeit so dringend einen Fernsehempfang brauchten. Die Spiele hatten ja noch nicht begonnen. Ich ging also wieder hinauf und klopfte an.

Als ich die Tür öffnete, trübten Rauchschwaden der Zigarettenmarke „Krim" meinen Blick auf den Fernsehschirm. Mit einer freundlichen Handbewegung vertrieb der Riese die Rauchschwaden und ich konnte erkennen, was sich das russische Kollektiv zufrieden lächelnd anschaute:

„Russisch für Anfänger – mit Lisa Schüller."

Das waren Zeiten, als man noch die Illusion hatte, die Menschen bilden zu wollen. Als man versuchte, die Gesellschaft mit dem Fernsehprogramm toleranter und weitstirniger zu machen. Heute sitzen auf diesen Sendeplätzen Monster und Troglodyten. Randfiguren der menschlichen Gesellschaft werden, wie seinerzeit auf Jahrmärkten, heute im Fernsehen präsentiert und durchwandern die Fernsehformate von der „Spira" über „Big Brother" und die diversen Gerichts-Shows hin zu „Barbara Karlich" oder „Vera", bis sie endlich raupen- und rattenfressend ihre Familien tauschen.

Sprachkurse im Fernsehen. Heute lächeln wir darüber.

Die Freundschaft mit Iwan Iwanitzky war für uns bei den Olympischen Sommerspielen in Moskau jedenfalls von unschätzbarem Wert. Die fanden kurz nach der Invasion der sowjetischen Truppen in Afghanistan statt und wurden von den USA boykottiert. Auch bei uns gab es eine Diskussion darüber, ob Österreich teilnehmen sollte. In einer Club-2-Diskussion sagte ich, daß ich überzeugt wäre, daß wir hinfahren werden. Und zwar entlang der Erdgasleitung.

Im selben Jahr begann ich mit der Sendereihe „Seinerzeit". Meine ersten Gäste waren der ehemalige Bundeskanzler Schuschnigg und Eddie Constantin. Der Erfolg war erstaunlich. Ich hatte nicht damit gerechnet. Aber offensichtlich war die Sehnsucht des Publikums, die eigene Jugend Revue passieren zu lassen, noch nicht gestillt worden. Ich machte die Sendung dreiundzwanzig Jahr lang, damit hat sie sich einen Platz in „Seinerzeit" verdient.

1978 standen wieder ORF-Wahlen ins Haus. Der amtierende GI Otto Oberhammer bewarb sich ebenso wie Gerd Bacher und Helmut Zilk, der sich offensichtlich in der Zwischenzeit mit Kreisky versöhnt hatte. Die SPÖ hatte sich also auf Helmut Zilk geeinigt. Sie hatte im Kuratorium eine solide Mehrheit, wenn man die SPÖ-Betriebsräte als solide bezeichnen wollte. Der „Ombudsmann" der „Krone" hätte sich jedenfalls nicht beworben, wenn die Sache nicht hundertprozentig gewesen wäre.

Auf der Suche nach einer Mannschaft für Zilk fiel die Wahl Kreiskys auf einen Mann, der vor vier Jahren noch untragbar für ihn und die Genossen gewesen war: auf mich!

Ich erklärte ihm, daß ich aus vielen Gründen keine Lust hätte, Intendant zu werden: durch das neue Rundfunkgesetz waren die Intendanten „Wursteln", um ein Kreisky-Wort zu verwenden, die zwar Verantwortung für das Programm hatten, jedoch keine Kompetenzen. Der Generalintendant war auch ein „Wurschtl", denn der hatte keine Programmkompetenzen, aber das Geld und die Produktionsmittel. Und das Personal. Er konnte also nichts bewirken, aber alles verhindern. In Österreich ist es ja überhaupt so, daß Ohnmacht verliehen wird, oder die Allmacht des Verhinderns.

Kreisky meinte, daß mit Helmut Zilk alles anders würde. Das glaubte ich auch, aber das Gesetz würde trotzdem nicht verändert werden. Ich wollte mich außerdem nicht mehr verleumden lassen.

Kreisky schob alle Schuld an der Intrige gegen mich Peter Michael Lingens zu, hatte aber selbst fleißig daran mitgearbeitet, um seinen Kandidaten Bronner durchzubringen. Schließlich kam er mit einem Argument, das mich überzeugte: meine Wahl zum Intendanten sei die beste Rehabilitation. Das war logisch. Darüberhinaus versprach er mir nach meiner Wahl einen Sondervertrag mit Kompetenzen.

Ich konnte mir eine friktionsfreie Arbeit mit Helmut Zilk sehr gut vorstellen, und ich gab so wie viele aus dem ORF wieder einmal eine Bewerbung ab.

Jetzt klopften mir wieder alle auf die Schulter: der Oberhammer, der Zilk, der Charly Blecha, der Bürgermeister Gratz, die Betriebsräte ... („Alter, de G'schichten hat eh kaner glaubt"). Gerd Bacher klopfte nicht.

Die GI-Wahlen waren diesmal überhaupt nicht spannend, weil Zilk als Sieger feststand. Aber die Genossen hatten nicht mit ihren Genossen vom Betriebsrat gerechnet. Gerd Bacher, das Feindbild der Partei, wurde mit ihrer Hilfe zurückgeholt. So einfach geht das, wenn sich Betriebsräte ihren Chef selber wählen dürfen. Am nächsten Tag titelte die „Kärntner Volkszeitung":

Kreisky in Paris, Benya in Sofia, Bacher im ORF.

Franzi Baumann, der freigestellte Betriebsratsobmann, („I waaß, wie die Züge verkehr'n") konnte zufrieden sein. Er war sehr beliebt. Er galt als profunder Wein- und Weinbrandkenner. In dieser Eigenschaft verschuldete er einen tödlichen Verkehrsunfall, ohne es überhaupt zu bemerken. Später räumte er ein, geglaubt zu haben, daß ein Reh in sein Auto gesprungen sei. Sein Hobby war das Roulettespiel. Aber auch hier verfolgte ihn eine Pechsträhne, sodaß sich im Laufe der Zeit ein beachtlicher Schuldenberg angehäuft hatte. Aber siehe da: der Mensch denkt – und Gott lenkt. Nach der überraschenden Wahl Bachers zum GI hatte ich ein Gespräch mit dem obersten ORF-Personalvertreter in dessen unmöblierter Wohnung in der „Südstadt". Bei einem Gläschen „Jules Bouchet" erzählte er mir strahlend, daß er jetzt seine Schulden endlich „im Griff" habe. Wahrscheinlich hatte er eine Glückssträhne im Casino. Wir waren alle sehr froh darüber. Vor allem sein Stellvertreter Heinz Doucha, der jetzt auch wußte, „wie die Züge verkehren". Er hatte eine große Zukunft vor sich. Als Trittbrettfahrer.

Ich war fast erleichtert, ein GI Gerd Bacher würde mich als Intendant niemals vorschlagen und ich hatte diese Sache vom Hals.

Gutgelaunt eilte ich also zum „Gutruf", wo das Tagesgeschehen wie von einem griechischen Chor kommentiert wurde. Hier war die Welt in Ordnung. Qualtinger las probeweise einige Kapitel aus „Mein Kampf" vor. Beängstigende Realsatire.

Mit Qualtinger arbeitete ich auch an dem Projekt eines „Wild Ostfilms", der im Burgenland spielen sollte. Eine Art „High Noon" in Trausdorf. Wir wußten allerdings beide, daß es nie dazu kommen würde, daher war die Arbeit daran so ernsthaft und aufwendig.

Der „Gutruf" war ja überhaupt eine Gegenwelt zum ORF: konzentrierte Anarchie auf achtzig Quadratmetern. Kitsch an den Wänden – Kunst in den Herzen. Freie Rede. Keine Vorsicht. Schonungslose Kritik an Abwesenden. Aber in dem sicheren Wissen, daß sie es erfahren würden.

Dieses Lokal war und ist ein magischer Ort. Hier wurde ein italienischer Tourist, der das Hotel Wandl suchte ebenso zur literarischen Figur wie ein Fiaker, der seine Schnapsnase auf eine Pferdeallergie zurückführte. Ganz zu schweigen von unserem Paul Wittgenstein, der dreimal hintereinander die Aufstellung der Vienna im Spiel gegen die „Roten Rosen Prag" aufsagte und damit Lyrik produzierte. Aus dem seriösen Internisten Sputz Meier wurde hier ein Geistheiler, der von wundersamen Erlebnissen zu sagen wußte. Einer seiner Patienten, der jüdische Geschäftsmann Hollander, hatte sein Textilgeschäft auf dem Graben gegenüber der Praxis von Dr. Sputz Meier. Arzt und Patient konnten also einander durch die Fenster beobachten. Die Pestsäule störte nicht, sie stand von Hollander aus gesehen weiter links.

Eines Tages stürzte der Textilkaufmann Hollander und zog sich an der Hand eine schmerzhafte Verletzung zu. Sofort rief er in der Ordination Sputz Meiers an:

„Herr Doktor, Herr Doktor – hören Sie zu, ich bin schwer gestürzt. Ich bin verletzt. Was ich für Schmerzen hab'."

Sputz Meier hatte die Ordination voller Patienten und fragte:

„Können Sie ihre Finger bewegen?"

Hollander klimperte eine Etüde in die Luft ... „Sie werden lachen, Herr Doktor, ich kann – aber die Schmerzen ..."

„Wissen Sie was, Herr Hollander, das ist eine Verstauchung, Ihre Sekretärin soll Ihnen aus der Apotheke Essigsäure Tonerde holen und Sie machen sich kalte Umschläge."

„Das ist alles?", fragte Hollander argwöhnisch.

„Ja, das ist vorläufig alles", antwortete Sputz.

„Na so was," sinnierte Hollander, „das sagen sie so ganz ohne Untersuchung? Hör'n Sie zu, Herr Doktor, soll ich nicht wenigstens a bißl ans Fenster kommen?"

Ich wollte noch mehr über den Hollander erfahren, aber ich mußte zum neugewählten Generalintendanten. Ich war ganz formell zu einem Gespräch eingeladen worden. Gerd Bacher empfing mich strahlend und ich gratulierte ihm zu seiner Wiederwahl. Er versicherte mir, daß die Betriebsräte wesentlich vernünftiger wären als ihr Ruf. Aber diese Erfahrung hatte er ja schon in seiner ersten Amtsperiode gemacht.

Dann zog er meine Bewerbung aus der Lade, überflog sie noch einmal und sagte dann: „Sei mir nicht bös' – aber du stehst nicht auf meinem Ticket."

Wie sollte ich denn böse sein. Ich war absolut sicher, daß er mich nicht wollte. Aber, weil ich darauf nichts antwortete, übersetzte er mir seine Mitteilung:

„I mag' di net."

„Ja ja", sagte ich, „das ist ja okay".

Dann unterhielten wir uns noch ziemlich lang über das schlechte Rundfunkgesetz und wie man es praktikabel machen könnte – dann ging ich.

Am Abend traf ich Helmut Qualtinger im Café „Klinik". An diesem Abend entwarfen wir das Drehbuch für einen Casanova-Film. Alle unsere Freunde mußten mitspielen und wurden an diesem Abend besetzt. Otto Kobalek sollte die Titelrolle spielen. Joschi Holaubek und Paul Wittgenstein waren die

Dogen, der Vater unseres derzeitigen Kardinals, Hugo Schönborn, war als Wegelagerer vorgesehen. Schwer war es mit den Frauenrollen. Hilde Sochor und Brigitte Swoboda waren fix. Erni Mangold kam auch in Frage. Mein Vorschlag Luise Martini wurde von ihm abgeschmettert. Die konnte er nicht leiden. Ich weiß auch nicht warum.

Bei unserer angeregten Arbeit wurden wir immer wieder von Ärzten gestört, die dem Qualtinger einen Witz erzählen wollten. Niemand haßte Witze so sehr wie Qualtinger. Na gut – wir trösteten uns mit dem einen oder anderen Glas.

Kurz vor Mitternacht wurde ich am Telefonautomaten des Cafes angerufen: „Gerd Bacher hier – du ich wollt' dir nur sagen, ich hab' mir's anders überlegt – zieh dir wenigstens morgen eine Krawatte an, ich schlag' dich als Intendant von FS 1 vor."

Ich war sprachlos. „Aber das ist doch keine Basis", stotterte ich.

„Überleg's Dir halt und ruf mich zurück."

Ich hatte kaum aufgelegt, läutete das Telefon wieder. Ich hob ab.

„Kreisky – mit mir kann er solche Spielchen nicht machen, Sie werden Intendant."

„Herr Bundeskanzler", sage ich, „das hat doch keinen Sinn, wenn er mich total ablehnt. Ich werde mich auch nicht durchsetzen können ohne entsprechenden Vertrag."

„Die Wahl ist eine Sache", meinte Kreisky, „und Ihr Vertrag eine zweite, jetzt lassen Sie sich wählen und dann machen wir Ihren Vertrag".

Als ich an den Kaffeehaustisch zurückkehrte, war ich fest entschlossen, meine Bewerbung zurückzuziehen. Aber Qualtinger überredete mich das nicht zu tun.

„Jetzt können wir den Casanova-Film machen", witzelte er. Aber er meinte es ernst. „Schau, es ist eine Chance, neue Sachen zu machen. Probier's ganz einfach."

Nach meiner Wahl, die mit großem Applaus der Parteimarionetten, also der Kuratoren gefeiert wurde, klopfte mir der Betriebsratsobmannstellvertreter Heinz Doucha (auch Kurator) auf die Schulter: „Na siegst, Alter – alles geht!"

Alles geht! Geht wirklich alles?

Zwei Tage später wurde mir ein Vertrag vorgelegt, der alle meine Befürchtungen übertraf. Keine Kompetenz für Finanzen, keine Kompetenz bei Technik und Personal. Aber volle und alleinige Verantwortung für das Programm.

Prokura: Eine Million Schilling (ca. 74.000 €). Eine Provokation.

FS-2-Intendant wurde Ernst Wolfram Marboe. Er kam aufgeregt in mein Büro: „Dieser Vertrag ist eine Frechheit, den unterschreib' ich nicht!"

„Okay", sagte ich, „versuchen wir gemeinsam einen besseren zu bekommen!"

Zwei Stunden später hatte er ihn schon unterschrieben. Die ÖVP hat ihn auf Kurs gebracht. Jetzt kämpfte ich allein. Der Bundeskanzler hatte diese Agenden dem Vorsitzenden der roten ORF-Fraktion, Charly Blecha, übergeben.

Dort wurde ich vorstellig. Aber ich traf auf taube Ohren.

„Na, ja“, sagte Blecha, „irgendwie wird’s schon gehen. Man kann jetzt nicht wieder alles ändern. Außerdem würden sich die meisten alle zehn Finger abschlecken, wenn sie so einen Posten bekämen!“

Ich wollte aber keinen „Posten“, ich wollte etwas bewirken; ich wollte eine Arbeit, die ich nach meinen Vorstellungen leisten konnte. Ich wollte nicht bei jeder Kleinigkeit fragen müssen.

Und noch etwas: Ich war jetzt dreiundzwanzig Jahre im ORF und wollte nicht bei Beendigung dieses Vertrages, auch nicht bei einer möglichen verfrühten Beendigung auf diese Vordienstzeiten verzichten. Auch das wollte ich im Vertrag festgelegt haben. Vergeblich.

Drei Monate lang versuchte ich die Mehrheit der Kuratoren für eine Vertragsänderung zu gewinnen. Alles umsonst. Meine Konsequenz war klar: Ich werde diesen Vertrag nicht unterschreiben! Damit wird mein wunderbarer „Posten“ wieder verfügbar sein. Ich würde der erste und bis dato einzige ORF-Intendant sein, der auf so eine begehrte und umkämpfte Position freiwillig verzichtete. Die meisten hielten mich damals für beschränkt. Viele tun das heute noch.

Aber vorher ging ich zu den wichtigsten Politikern, um ihnen zu erklären, warum ich diesen Posten nicht antreten werde. Das gehörte sich.

Kreiskys Kommentar war: „Das gehört sich nicht.“

ÖVP-Chef Taus sagte: Ja, ja – ich versteh’ Sie sehr gut, Sie wollen Kompetenzen! Die kriegen Sie nicht in Österreich. Auch nicht in der Privatwirtschaft.“

Ein weiser Mann. Am Schluß besuchte ich ÖGB-Präsident Benya in der Hohenstauffengasse.

„Aber geh, hör auf, Bogoasgy – du wirst des scho machen, alter Spurtla.“

„Aber Herr Präsident, wenn ich über die Produktionsmittel nicht verfügen kann, kann ich auch nicht die Verantwortung übernehmen!“

„Aber geh, Bogoasgy, ma muaß sie z’ammrauf’n“ , sagte er.

„Herr Präsident, wenn ich einen Berg Sand wegschaufeln soll, brauch’ ich eine große Schaufel.“

„Wann aner arbeiten wüll – dann kann er!“

Er verstand mich nicht. Oder wollte er mich nicht verstehen?

Es fiel mir ein, daß Benya so wie ich ein leidenschaftlicher „Preferance“-Spieler war.

„Herr Präsident, wenn ich den Vertrag unterschreib’, ist des so, wie wenn ich eine ‚Herz’ mit vier Stich’ spiel.“

„Na, des derfst net machen“, schrie er. Jetzt war er zwar nicht glücklich, daß ich den Intendantensessel freiwillig räumte, aber er verstand mich.

Mein Nachfolger wurde Hörfunkintendant Wolf in der Maur. Er hatte das Vertrauen des Bundeskanzlers und ein gespanntes Verhältnis zu Gerd Bacher. Nach seiner Wahl sagte er im Kuratorium:

„Meine Damen und Herren, ich bin nicht die zweite Wahl – ich bin die letzte Wahl.“

Ich kehrte wieder in die Sportredaktion zurück, begleitet von Aussendungen der ORF-Pressestelle, daß ich aus Geldgier von der Intendanz zurückgetreten wäre.

Dabei müßte es doch jedem Schafskopf einleuchten, daß man als Sportchef um die Hälfte weniger verdient. Aber offensichtlich ist ein durchschnittlicher österreichischer Denker überfordert, wenn er hört, daß jemand freiwillig auf einen hohen Posten verzichtet.

An einem verschneiten Winternachmittag, als es schon dämmerte, rief mich der Bürgermeister Leopold Gratz an, mit dem ich seit vielen Jahren befreundet war.

„Du mußt sofort zu mir nach Salzburg kommen, ich muß etwas wichtiges mit dir besprechen. Wir treffen uns um 22.00 Uhr im „Salzachgrill.“

Ich kaufte mir also einen Sandsack für den Kofferraum meines Mercedes und fuhr auf einer total verschneiten und rutschigen Autobahn nach Salzburg.

Gratz erwartete mich allein. Seinen Pressesekretär Hans Mahr hatte er weggeschickt. „Ich habe nicht viel Zeit,“ sagte er, „aber ich möchte dich ganz ernsthaft fragen, ob du Kulturstadtrat der Stadt Wien werden willst“.

Ich wollte nicht. Ich war sehr stolz auf dieses Angebot, aber ich wollte kein Politiker werden. Auch kein Kulturpolitiker. Ich wollte Kultur machen, produzieren. Der Kulturstadtrat hat Macht und Geld. Das war mir bei aller Bescheidenheit zu wenig und zuviel. Gratz verstand mich.

Außerdem wäre ich nie so ein hervorragender Kulturstadtrat geworden wie Helmut Zilk, der mittlerweile zum Popstar geworden ist.

Bürgermeister Gratz hatte zwar große Mühe, seinen Kandidaten in seiner Partei durchzubringen, aber es lohnte sich. Zilk wurde der wahrscheinlich populärste Politiker des Landes. Daran hatte wohl auch seine fröhliche Frau beachtlichen Anteil. Es gibt ja viele Neider der „letzten Diva“, die behaupten, Dagmar Koller habe die Karriere ihrem Mann zu verdanken. Das Gegenteil ist, meiner Meinung nach, der Fall.

Einige Wochen später rief mich der pensionierte Wiener Polizeipräsident, Joschi Holaubek, an. Wir trafen uns zu einem Spaziergang in Schönbrunn.

„Jetzt mußt du mir erzählen, was da wirklich gelaufen ist“, sagte der Präsident.

Ich schilderte ihm die Geschichte meiner Wahl und meines Rücktrittes in allen Details. Er hörte schweigend zu und verzog keine Miene. Als ich fertig war, blieb er stehen, schaute mir lange in die Augen und sagte:

„Bogoasgy, ich sage dir eines: Glaube meinen Genossen kein Wort!“

In die Sendung „Seinerzeit“ hatte ich Marika Rökk eingeladen. Sie hatte zugesagt. Allerdings nur unter der Bedingung, daß ich mit ihr tanzte – oder besser gesagt – steppte. Ich kann nicht steppen, sagte ich.

„Dann wirst du es eben lernen, Theodor“, sagte sie.

Von nun an kam sie zweimal pro Woche in die Sportredaktion und gab mir Steppunterricht. In meinem Büro. Anrufer wurden von meiner Sekretärin Edith Haider mit den Worten abgewiesen: „Der Herr Podgorski hat jetzt keine Zeit. Er steppt mit der Marika Rökk“.

„So ein Mensch“, werden sich viele gedacht haben, „kann ja wirklich kein Intendant sein.“

Ich wollte für diese Sendung etwas Besonderes und fragte die Rökk, wer denn ihr Lieblingspartner war. Mit dem wollte ich sie überraschend konfrontieren.

Sie sagte, Paul Hubschmid. Der war der charmanteste und liebenswerteste und sie habe leider gar keinen Kontakt mehr zu ihm.

Also versuchten wir ganz geheim Paul Hubschmid aus der Schweiz nach Wien zu bringen. Das war nicht einfach. Wir mußten ein Privatflugzeug chartern und dann mit großem Aufwand und unter Geheimhaltung den Lieblingspartner im Studio verstecken. Dann wollten wir eine Drehpause machen, aber mit einer versteckten Kamera weiterdrehen. In dieser Drehpause wollten wir zur freudigen Überraschung der Rökk, Paul Hubschmid ins Studio schicken, und dieses rührende Wiedersehen unbemerkt drehen.

Alles funktionierte. Wir machten die Drehpause und Hubschmid schlenderte ins Studio. Die Rökk sah ihn mit böse funkelnden Augen an und sagte:

„Was machst denn du da? Das ist meine Sendung!"

Im Studio unterhielt ich mich mit dem Kameraassistenten Wickerl Sestak. Er erzählte mir, daß er in seiner Jugend der berühmte Freistilkämpfer Bo-Ga-Chi war, der am Heumarkt Triumphe feierte. Das war natürlich eine Figur für „Seinerzeit". Für die nächste Sendung ließ ich also einen Ring aufbauen und stieg als „Brutalist vom Küniglberg" gegen „Bo-Ga-Chi" in den Ring.

Diese Sendung sah Otti Schenk, der mich nach langer Zeit wieder einmal anrief und als Ringer „Charles" in Shakespeares „Wie es Euch gefällt" bei den Salzburger Festspielen engagierte. Ich mußte mir mit Sascha Hehn, der den Orlando spielte, einen Ringkampf auf Leben und Tod liefern.

Gegen Ende der Spielzeit zog ich mir beim Tennisspielen einen Muskelriß zu, sodaß es mir unmöglich war, diesen sehr akrobatisch choreographierten Ringkampf zu bestreiten. Otti war verzweifelt: „Du mußt irgendwie ringen, sonst ist das ganze Stück sinnlos", meinte er. Ich war ja gern dazu bereit, aber wir mußten es ganz anders machen, viel einfacher. Es wurde also eine Probe mit Sascha Hehn angesetzt, damit wir etwas neues einstudieren konnten.

Im Betriebsbüro der Salzburger Festspiele saß damals ein ehemaliger Kollege, der gerne machte, was andere fürchteten: vor der Vorstellung vor den Vorhang zu gehen, um irgendein Mißgeschick zu entschuldigen. Eine Erkrankung, eine Indisposition oder etwas ähnliches. Er hieß Friedemann Held.

Als wir für den Abend probten, tauchte er schon im Smoking auf, um uns mitzuteilen, daß er vor der Vorstellung in der Felsenreitschule eine Ansage machen würde. Ich fand das etwas übertrieben und wollte ihn davon abbringen. Aber er war fest entschlossen und freute sich offensichtlich schon darauf.

„Das muß sein", sagte er zu mir. „Stell dir vor, du tust dir während des Ringkampfes noch einmal weh und bleibst liegen, dann weiß kein Mensch, was los ist."

Die Lichter gingen aus im Zuschauerraum, bis auf einen kleinen Scheinwerfer zur Bühne, die Friedemann Held feierlich betrat. Gemurmel im Publikum.

„Meine Damen und Herren", begann er, „ich muß Ihnen leider die Mitteilung machen, daß sich der Darsteller des Ringers Charles eine außerordentlich schmerzhafte Verletzung zugezogen hat, sodaß er weder stehen, gehen, geschweige denn ringen kann."

Anschwellendes Gemurmel im Zuschauerraum.

„Aber“, fuhr er emphatisch fort, „Herr Podgorski hat sich bereit erklärt, ja er hat geradezu darauf bestanden, trotzdem für Sie zu spielen“.

Donnernder Applaus. Friedemann Held verbeugte sich tief, machte einige Schritte rückwärts, fiel durch einen Spalt in der Buhne und brach sich das Bein.

Nach dem Shakespeare spielte ich noch drei Sommer lang im „Zerissenen“ von Johann Nestroy in Salzburg und Otti Schenk wollte mich überreden, das Fernsehen aufzugeben und wieder zum Theater zu gehen. Helmut Lohner, der den Zerrissenen spielte, sagte mir das bei jeder Vorstellung. Ich sollte einmal darauf zurückkommen!

Neben „Seinerzeit“ erfand ich die Sendung „Jolly Joker“, die irrtümlich als Männermagazin bezeichnet wurde. In Wirklichkeit war es ein Lifestilemagazin mit Themen, die in der täglichen Berichterstattung zu kurz gekommen waren: Urlaub, Luxus, Autos, Fliegen, Essen und Trinken und vieles mehr. Das ganze aber auf hohem Niveau, denn wir hatten als prominente Mitarbeiter Gregor von Rezzori und Niki Lauda, der damals mit dem Rennfahren Schluß machen wollte und eine Airline gründete.

Ich traf mit ihm die Vereinbarung, daß das erste Interview, in dem er seinen Rücktritt bekannt geben würde, exklusiv mit mir stattfinden sollte. Und es ergab sich bald eine Gelegenheit. Ich überredete Nikki Lauda, unserer Redaktion für einen Betriebsausflug nach Venedig eine seiner drei Fokker Flugzeuge zur Verfügung zu stellen. Zu einem erträglichen Preis. Wir wollten in der Früh runter und am Abend wieder zurück. Pilot sollte Lauda sein.

„Da könnte ich als Co-Pilot fliegen“, sagte ich, „und wir könnten unser Exklusivinterview in Venedig machen, in einer Gondel sitzend“.

Wir flogen also nach Süden. Auf halber Strecke, schon im Sinkflug über der Adria, als wir schon im diffusen Gegenlicht die Lagunenstadt ahnen konnten, sagte Lauda zu mir: „Es ist schon seltsam – als du mir am Telefon gesagt hast, daß wir das Interview in einer Gondel machen werden – überlegte ich die ganze Zeit: Wo ist in Venedig eine Seilbahn?“

Als wir dann in der Gondel auf dem Canale Grande schaukelten, gestand er mir, daß er zum ersten Mal in seinem Leben in Venedig sei. Er räusperte sich und meinte: „Da ist es eigentlich sehr schön.“

1

Maria Rain: Feuerwehrmann als zweifacher Brandleger verhaftet (S. 4)

Kärntner Tageszeitung

33. Jahrgang / Nr. 223 / P. b. b. / Verlagspostamt 9020 — Klagenfurt, Freitag, 29. September 1978 — Erscheinungsort Klagenfurt / Lire 500 / Dinar 9,— / DM 1,— / S 4,—

Hausdurchsuchung in Pörtschach: Bombe lag unter der Wäsche / S. 5

Kreisky in Paris Benya in Sofia Bacher im ORF

Wien (KTZ). Die Nachricht schlug wie eine Bombe ein: Der ehemalige ORF-Generalintendant Gerd Bacher wurde im ersten Abstimmungsgang vom ORF-Kuratorium zum provisorischen Generalintendanten gewählt, bis nach neuerlicher Abstimmung ein neuer Generalintendant gefunden ist. Für Bacher stimmten 16, gegen ihn 13 Kuratoriumsmitglieder, eines enthielt sich der Stimme. Über Oberhammer und Zilk wurde gar nicht mehr abgestimmt.

Oberhammer, dem man alle Chancen zugebilligt hatte, zumindest provisorischer Generalintendant zu bleiben, trug das Abstimmungsergebnis mit Format; er nannte das

(Fortsetzung auf Seite 2)

Abstimmungsergebnis zwar überraschend, bezeichnete sich jedoch auch für die gesetzlich vorgesehene sofortige Ausschreibung als sicheren Bewerber. Helmut Zilk gab vorerst keinen Kommentar ab, sagte auch, daß er sich eine nochmalige Bewerbung überlegen wolle. Bacher lud gestern für heute 11 Uhr zu einer Pressekonferenz.

Die Reaktionen reichen von Jubel bei der ÖVP über „Kein Kommentar" von Bundeskanzler Kreisky, der bei einer Tagung der Sozialistischen Internationale in Paris weilt, und

(Fortsetzung auf Seite 2)

Wiedergewählt: Gerd Bacher.

Kommentar

von Ernst Primosch

Der Weg ist frei für neue Kandidaten

Die Überraschung über die Bestellung Bachers zum provisorischen ORF-General steht Freund und Feind im Gesicht geschrieben, nur prägt sich diese Überraschung hier wie dort grundverschieden aus. Der trostreiche Zuspruch aus dem Anti-Bacher-Lager, endgültig sei ja noch nichts entschieden, hat jedoch einen bitteren Beigeschmack, der in der nicht unberechtigten Frage gipfelt, wie dieser Lapsus überhaupt passieren konnte. Denn daß es ein solcher ist, läßt sich bei bestem Willen und noch so ausgeklügelten Explikationen nicht wegleugnen.

Ob es nun zwei oder drei Kuratoriumsmitglieder waren, die einen Frontwechsel in dieser mehr als leidigen Angelegenheit vornahmen, kann letzten Endes egal sein. Vordergründig gilt es, nach den Ursachen für die Auffassungsunordnung und Meinungsdiskrepanz zu forschen, die sich wie ein roter Faden durch die Reihen der Regierungsparteispitzen zog und nun im vorliegenden Ergebnis einen nicht wegzuleugnenden Imageverlust bedeutet. Es muß die SPÖ umso härter treffen, als der allgemeine Tenor unmittelbar nach der Wahl dahingehend lautete, daß man sich eine Aufweichung des sozialistischen Standpunktes, wonach Bacher nicht in Frage komme, nie und nimmer in dieser Form vorgestellt hätte. Und damit sind wir beim Kernpunkt angelangt. Es geht einfach nicht an, daß Spitzenpolitiker bis zur letzten Sekunde Kandidaten ihrer Vorstellung forcieren und selbst angesichts möglicherweise zu erwartender unangenehmer Überraschungen nicht von ihrer sturen Linie abweichen und nicht einen Konsens suchen. Sollte ein derartiges Verhalten Schule machen, wären die negativen Folgen unabsehbar.

Nachdem es sich beim gestrigen Wahlgang um eine traditionelle Entscheidung handelte, bleibt die Frage nach der ordnenden und bestimmenden Hand im Raum hängen. Die SPÖ zeichnet sich ganz besonders — und das wird ihr auch immer vom politischen Gegner als einer ihrer vielen großen Vorzüge gewertet — durch eine innerparteiliche Meinungsvielfalt, jedoch geschlossene Phalanx nach außen hin aus. Und es entspricht durchaus den demokratischen Spielregeln, daß eine Mehrheitsbildung von der Meinungsminderheit akzeptiert wird.

Der gestrige Bruch mit dieser sozialdemokratischen Gepflogenheit erscheint umso bedenklicher, als ein Verbleiben Bachers im ORF die bestehende Medienlandschaft noch zuungunsten

(Fortsetzung auf Seite 2)

Wetter

Veränderlich bewölkt und meist niederschlagsfrei. Tageshöchsttemperaturen zwischen 14 und 18 Grad.

Partisanen-Denkmäler zerstört

Triest (Tanjug, APA). Unbekannte Täter haben in der Nacht auf gestern in der Nähe der italienischen Stadt Triest zwei Denkmäler und eine Gedenktafel für slowenische Partisanen zerstört. Die Zerstörungen in den Orten Basovica, Padriče und Kriss wurden von der jugoslawischen Nachrichtenagentur „Tanjug" faschistischen Gruppen zur Last gelegt, die in den letzten Tagen auch gegen die Osimo-Verträge zwischen Italien und Jugoslawien demonstriert hätten. Außerdem hätten die Täter auch jugoslawische Autos beschädigt.

1 Statt Helmut Zilk, dem Kandidaten der SPÖ, wird auf wundersame Art mit den Stimmen der roten Betriebsräte Gerd Bacher wieder Generalintendant. Die rote „Kärntner Tageszeitung" meldet es mit Häme.

2 Der Bundeskanzler besuchte mich im Diätkloster Marienkron, um mich zur Kandidatur für den Fernsehintendanten FS 1 zu überreden. Mit Erfolg. Aber nach 3 Monaten ging ich.

3 Mein Nachfolger wurde Wolf in der Maur. Nach seiner Wahl sagte er vor dem Kuratorium: "Ich bin nicht die zweite Wahl – ich bin die letzte Wahl."

4 Intendanten kamen – Direktoren gingen. Lisa Schüller blieb. „Russisch für Anfänger" – eine Sendung, der man sich nicht entziehen konnte - ohne ein WortRussisch zu lernen.

Niki Lauda bekommt in Trausdorf seine ersten Kunstflugerfahrungen. Zwei Jahre später flogen wir nach Venedig.
Aber das ist eine andere Geschichte.

Steppunterricht mit Marika Rökk. Nur wer sie kannte, kann ermessen, was das heißt.

Der Mann am Boden war ein Tonassistent im ORF und hieß Vickerl Sestak. In seiner Jugend war er der berüchtigte Heumarktringer Bo-ga-ji. Für „Seinerzeit“ ist er in den Ring zurückgekehrt. Ringrichter war Ossi Kollmann.

Wer
wann
wo
warum
was
wird.

Ein Jolly Joker der österreichischen Medienpolitik: Franz Kreuzer. AZ-Chefredakteur, Fernsehchefredakteur, FS-2 - Intendant, Informationsintendant und Gesundheitsminister.

Der riesige ORF-Dampfer dümpelte in friedlichen Gewässern. Gerd Bacher hatte seinen Frieden mit der sozialdemokratischen Regierung gemacht. Das hieß, die Regierung mit Gerd Bacher. Als Fred Sinowatz Kanzler wurde, entspannte sich das Verhältnis tiefgreifend. Er und Gerd Bacher waren fast Freunde. Es galt als sicher, daß Bacher auch 1986 wiedergewählt werden würde. Jede Wiederwahl kostete ihn selbstverständlich etwas. Vor allem immer ein Stückerl Macht. Und auch die Betriebsräte wollten honoriert sein. Das ließ sich allerdings in Bargeld ausrechnen. Nicht wie die Profis, die ihre Beute verstecken bis Gras über ihre Tat gewachsen ist, renommierten sie sofort mit ihren „Erfolgen“: sie wurden befördert, manche ihrer Familienmitglieder fix angestellt, manche waren plötzlich schuldenfrei und gut situiert und für den einen oder anderen Dienstnehmer, den sie vertraten, wurde auch noch etwas herausgeschlagen.

Ein Deal mit Fred Sinowatz machte es Gerd Bacher möglich, den ORF wieder einigermaßen administrierbar zu machen: aus den beiden voneinander „unabhängigen Intendanten“ wurde ein Informations- und ein Programmintendant. Auch das kostet etwas: die sozialdemokratische Mehrheit im Kuratorium wurde verstärkt. Ein Ausdruck, der sich relativiert, wenn man bedenkt, daß es wieder Betriebsräte waren, die die rote Mehrheit vergrößern sollten.

Nach der Pensionierung von Intendant In der Maur, der sich mit Gerd Bacher aufreibende Grabenkämpfe geliefert hatte, wurde Franz Kreuzer „Informationsintendant“. Ernst Wolfram Marboe blieb Programmintendant und war jetzt glücklich mit seiner kleinen Prokura.

Gerd Bacher versuchte mit Bravour sein Image als „Tiger“ und Peitschenschwinger aufrecht zu erhalten, aber aus seiner größten Orgel des Landes war schon längst ein Harmonium geworden, das nur mehr an Mai-Andachten verwendet werden konnte.

Ich leitete ziemlich autonom die Sportredaktion, machte daneben „Seinerzeit“ und „Jolly Joker“, spielte gelegentlich in Filmen mit und ging möglichst oft zum „Gutruf“, meinem Schlupfloch zur Kultur.

Eines Tages erschienen beim „Gutruf“ meine Freunde Gerhard Zeiler und Hansi Pusch, die Pressemanager des Bundeskanzlers. Sie baten mich in eine Ecke (das Lokal besteht eigentlich nur aus Ecken) und begannen zu flüstern. Aus dem allgemeinen Zischen konnte ich nur zwei Worte herausfiltern: „Kreuzer“ und „Gesundheitsminister“.

Der Informationsintendant sollte also Gesundheitsminister werden.

„Was geht das mich an?“, fragte ich.

„Wir haben niemanden für den Informationsintendanten“, sagten sie im Chor und schauten mich durchdringend an.

„Mich könnt' Ihr auch vergessen", sagte ich. Nach alldem, was ich in diesem Unternehmen bisher erlebt hatte, hatte ich wirklich keine Lust mehr. Vor allem wollte ich niemals mehr eine Krawatte tragen, wie mein Freund Sputz Meier, der gerade an der Bar stand und wie immer eine besonders eng gebundene Krawatte trug.

„Wie hältst du denn das aus?", fragte ich, „soviel Eleganz ist doch qualvoll?"

„Ich bin erblich schwer belastet", gestand Sputz entschuldigend und erzählte mir die Geschichte seines Vaters, des alten Medizinalrat Meier.

Der alte Medizinalrat Meier war ein wienerischer Beau Brummel. Sein Lieblingsschneider war „Knize", bei dem er sich fast monatlich einen Anzug schneidern ließ. Auch alles andere, was er am Leibe trug, war maßgeschneidert. Hemden, Schuhe, Handschuhe, Hüte und böse Zungen behaupteten auch Krawatten.

Der alte Medizinalrat besuchte in den frühen dreißiger Jahren einen Ärztekongreß in London. Seine erste Frage in der wissenschaftlichen Disputation war: Wer ist in London der beste und eleganteste Schneider?

Gieves & Hawks, sagte man ihm, aber es sei völlig aussichtslos, in der kurzen Zeit einen Maßanzug zu bekommen.

Außerdem würde die Rechnung die Kaufsumme einer Villa verschlingen. Durch die Intervention des Leibarztes des Königs wurde es dennoch möglich.

Der alte Medizinalrat Meier wurde von drei Schneidern, die wie Mitglieder des Oberhauses aussahen, vermessen und gewogen. Dann wurde der Stoff ausgesucht. Ein Kaschmir-Seidengewebe von indischen Kinderhänden gewebt und daher nur in homöopathischen Dosen verfügbar. Der Preis verursachte sogar dem alten Medizinalrat Meier spontane Lähmungserscheinungen. Aber schon bei der ersten Anprobe war der Schreck einem reinen Lustgefühl gewichen.

Und als er sich in dem fertigen Anzug im Spiegel betrachtete, mußte er feststellen, daß er um zehn Kilo leichter und um zehn Jahre jünger aussah. Nein war!

Nach Wien zurückgekehrt, erschien er in diesem Anzug im Salon „Knize". Der alte Herr Knize saß in seinem Geschäft. Der Medizinalrat kaufte sich pro forma ein Stecktuch und fragte ganz nebenbei: „Was sagen Sie zu meinem neuen Anzug?"

Der alte Herr Knize warf einen kurzen Blick auf das textile Kunstwerk und rief in die erste Etage hinauf: „Novotny, bitte kommen'S herunter." Novotny war der erste Zuschneider.

„Novotny", fragte Knize, „was sagen Sie zum neuen Anzug von Medizinalrat Meier?" Novotny inspizierte den Anzug: „No – Ärmel sans gut eing'setzt, Überweite ist gerade richtig, Revers fallen ausgezeichnet, Knopflöcher sind ein Gedicht", dann lächelte er den Medizinalrat an und meinte, „schön, Herr Medizinalrat, sehr, sehr schön! Selber g'macht?"

Pusch und Zeiler konnten über diese Geschichte nicht lachen. Sie wollten eine Antwort von mir. Ich schlug vor, daß Gerhard Zeiler, der ja schon im ORF-Kuratorium war, Informationsintendant werden sollte. Zeiler hätte es auch gern gemacht, meinte aber, daß er zu jung sei.

Ich lehnte ab. Bevor die beiden wieder gingen, baten sie mich, doch noch mit dem Bundeskanzler zu sprechen. Das konnte ich nicht abschlagen. Am nächsten Tag saß ich im Bundeskanzleramt.

„Ich bitte dich in aller Form, das zu machen!", sagte der Kanzler. Ich erbat mir Bedenkzeit. Ich konnte die ganze Nacht nicht schlafen. Wie sollte ein Generalintendant einen Mann als Informationsintendanten akzeptieren, den er aus dem aktuellen Dienst rausgeschmissen hat? Ich fühlte mich der Situation nicht gewachsen und teilte das auch am nächsten Tag dem Bundeskanzler mit. Doch der versprach mir einen Vertrag, der mir weitgehende Rückenfreiheit zusicherte.

Mit Vorbehalt sagte ich zu. Als ich wieder einmal mit Gerd Bacher in dieser Angelegenheit beisammensaß, hatte ich den Vertragsentwurf in der Tasche. Bacher kannte ihn und willigte trotzdem ein. Aber in seinen Augen glaubte ich zu erkennen, daß er verzweifelt versuchte, mich loszuwerden.

Ich teilte dem bereits aufatmenden Fred Sinowatz mit, daß das Gespräch positiv war, aber die Sache noch nicht ausgestanden wäre.

„Unmöglich", sagte Sinowatz, „Bacher hat mir sein Wort gegeben".

Ein Argument, das für einen Politiker naiv erscheint.

Ich wurde also provisorischer Informationsintendant und teilte Gerd Bacher mit, daß ich diesmal keinesfalls „freiwillig" zurücktreten werde.

Als ich im ORF-Wahljahr 1986 zum Hahnenkammr-Rennen fuhr, schien die Sache gelaufen zu sein. Aber nicht für mich.

Ernst Hinterseer ist ein glänzender Tennisspieler und ich lag mit 0 : 5 zurück, als ein aufgeregter Platzwart auf unser Spielfeld lief und ausrief: „der Bundeskanzler, der Bundeskanzler". Keuchend und bebend vor Zorn rief Sinowatz am Telefon: „Stell dir vor – er nimmt dich nicht!" Für mich kam die Sache nicht überraschend. Außerdem müßte ich lügen, wenn ich sagte, daß ich unglücklich war. Ganz im Gegenteil.

Einige Tage später gab Altkanzler Kreisky in der Armbrustergasse einen Heurigenabend. Er kam mir durch den ganzen Saal entgegen und sagte:

„Da ist ein Kelch an dir vorübergegangen." Das war mir klar. Unklar war mir, warum er mich ausgerechnet jetzt zum ersten und letzten Male gedutzt hatte.

Informationsintendant wurde statt mir der ehemalige Kreisky-Sekretär, Johannes Kunz, der als Redakteurssprecher vehement gegen Bacher gekämpft hatte. Für ihn war es kein Kelch.

Ex-Sekretäre haben es leichter. Sie haben parieren gelernt. Das macht sich bezahlt und weniger Streß. Es ist die Voraussetzung für jede Karriere, denn kein Job in Österreich ist so hoch, als daß man dort nicht parieren müßte. Es wird nur in diesen Höhen das Vokabular etwas subtiler.

Fred Sinowatz, der mit Gerd Bacher dessen Wiederwahl vereinbart hatte und schon das gesamte Management, also Intendanten und Direktoren, ausgepackelt hatte, fühlte sich düpiert und mit ihm die gesamte SPÖ. Die Rothäute begaben sich auf den Kriegspfad. Nach einem geheimen Vorstandsbeschluß der SPÖ (Zitat Benya: „Die Leut' woll'n a Bluat seh'n.") bereitete man den Sturz Bachers vor.

Aber, was nützte der Sturz Bachers, wenn man keinen Nachfolger hatte?

Was ich befürchtet hatte, trat ein: Bei einem Abendessen im Schubertstüberl bot mir der Bundeskanzler den Posten des GI an. Was tun?

Rein sportlich gesehen, war ich versucht zuzuschlagen. Aber war es vernünftig?

Alle Schlüsselpositionen waren mit Bacher-Leuten besetzt und sollten es auch bleiben. Ich hatte keine Möglichkeit, auch nur einen Intendanten oder Direktor zu nominieren. Ich mußte das fertiggeschnürte SPÖ-ÖVP-Paket nehmen oder absagen. Bis zur Hauptabteilungsleiterebene war alles ausverhandelt. Mein Versuch, Axel Corti als Programmintendanten zu installieren, scheiterte an der ÖVP. Den Betriebsräten war schon alles versprochen worden. Ihr Anführer, Heinz Doucha, ein gelernter Elektriker, mußte zum technischen Direktor gemacht werden. Der Baumann Franzi („I waaß, wie die Züge verkehren") war schon in seiner verdienten Pension.

Gott sei Dank wurde Gerhard Zeiler Generalsekretär.

Ich hatte keine „Hausmacht", keine Clique weder innerhalb des Hauses noch außerhalb. Ich war bei keiner Partei, nicht bei den Freimaurern, nur bei einem burgenländischen Fliegerklub.

Mein einziger Rückhalt war das Vertrauen zu dem von mir verehrten Fred Sinowatz. Aber der war politisch angeschlagen. Er sollte als Bundeskanzler demnächst zurücktreten und früher oder später den Parteivorsitz abgeben. Unter diesen Voraussetzungen den Posten anzunehmen, grenzte also an Fahrlässigkeit. Daß ich es dennoch tat, lag wahrscheinlich an der etwas naiven Überlegung, ich könnte aufgrund meiner Vergangenheit im ORF und meiner fachlichen Kompetenz die veralteten, zentralisierten Strukturen trotzdem aufbrechen und die politische Fraktionierung unterlaufen.

Ich wurde im ersten Wahlgang mit Zweidrittelmehrheit zum ORF-Generalintendaten gewählt. Generalintendant!

Warum weckt in Österreich dieser Posten ein so großes öffentliches Interesse? In keinem Land der Welt steht der Generaldirektor des Rundfunkes so im Mittelpunkt der Berichterstattung. Was hört man vom schweizerischen Fernseh-Generaldirektor, vom deutschen ARD-Vorsitzenden, oder vom tschechischen Fernsehchef, wenn nicht gerade die Russen einmarschieren?

Ich glaube, es hat mehrere Gründe. Seit dem Rundfunkvolksbegehren 1964 glauben die Leute, daß sie in Rundfunkfragen etwas mitzubestimmen hätten. Das Gegenteil war noch nie so wahr wie jetzt. Zweitens hat der erste Generalintendant durch ein unglaubliches persönliches Charisma und seine Großspurigkeit den Eindruck hinterlassen, als wäre sein Posten der wichtigste im ganzen Land. In jedem Fall ist dieses ORF-Verständnis in Österreich ein echtes Zeugnis tiefster Provinzialität. Es wäre ein ideales Thema für Herzmanowsky-Orlando: „Der Fernsehschreck im Radiogarten".

Als mir Gerd Bacher die Geschäfte formell in seinem Büro auf dem Küniglberg übergab, wurde mir erst in diesem Moment bewußt, wie sehr er an diesem Posten hing. Ich kam mir fast schäbig vor, daß ich einen Mann, dessen gesamte Liebe dieser Medienorgel galt, vom Bankerl verdrängen mußte.

Ich würde sicher nicht so spielen können auf dieser Orgel. Und viele ihrer Register wollte ich ja auch gar nicht ziehen. Im Gegenteil, ich fühlte mich verpflichtet, verschiedene wieder hineinzudrücken.

Nach einem kurzen, durchaus nicht unfreundlichen Gespräch richtete er eine imaginäre Maschinenpistole auf mich und sagte: „Und ab sofort wird aus allen Rohren geschossen, pa, papapapapapap, papapapapapapapap!“

Das war mir klar. Ab sofort wurde an meinem Sturz gearbeitet. Ich arbeitete zunächst an einem besseren Programm und einer Dezentralisierung der Verwaltung. Es wurde mir nicht leicht gemacht.

Seinerzeit der teurste Schneider von London: Gieves & Hawks

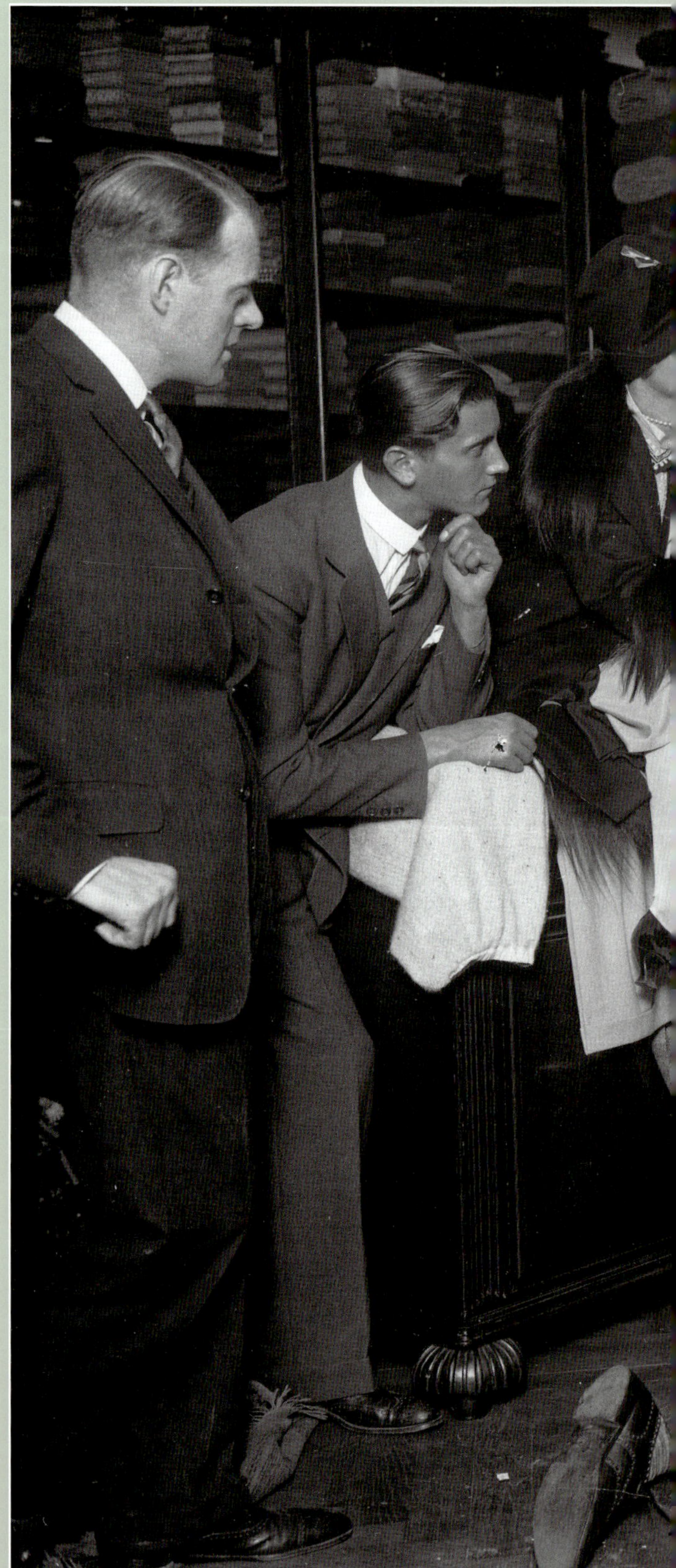

Anprobe beim „Knize“. Ganz rechts: Richard Knize.

Einmal – hin und zurück

So sieht ein besseres Programm auf dem Papier aus. Und Papier ist im Gegensatz zum Publikum geduldig.

Im Gegensatz zu meinen Vorgängern ging ich oft durch das Haus (ohne mich zu verirren), besuchte die Kantine und unterhielt mich mit meinen Kollegen, die ich ja zum Teil schon jahrzehntelang kannte. Ein befreundeter Tonmeister namens Adi Höfer richtete mir schöne Grüße von einem Mann aus, den wir vor Jahrzehnten in Rom getroffen hatten.

Mitte der Sechzigerjahre war ich mit einem Aufnahmeteam nach Tunis unterwegs gewesen, um einen Bericht über die österreichische Entwicklungshilfe in diesem Lande zu drehen. Infolge einer Verspätung der AUA versäumten wir unseren Anschlußflug und mußten in Rom übernachten.

Adi Höfer, der Tonmeister, der in der Klosterschule Schlierbach die Mittelschule absolviert hatte, bot sich an, einen Schulfreund anzurufen, der als junger Theologe in Rom arbeitete und da alle guten Wirtshäuser kannte.

Wir saßen mit dem jungen Kleriker bei einem wunderbaren Essen und sprachen im wahrsten Sinne über Gott und die Welt und plötzlich war eine heftige Diskussion im Gange zwischen mir und dem jungen Priester. Meine Kollegen empfahlen sich und ich diskutierte bis zur Sperrstunde weiter. Es ging um „Arbeiterpriester" und „Befreiungstheologie". Es war unglaublich, daß ein junger Mensch derart reaktionäre Ansichten vertreten konnte. Aber bitte – das Wirtshaus war in Ordnung.

Am nächsten Tag berichtete mir Adi Höfer, daß ihm sein Schulfreund in einem Telefonat sein Entsetzen darüber ausgedrückt habe, daß es im Fernsehen gebildete Katholiken gibt, die derart linke Ansichten vertreten. Eine Gefahr für die Kirche!

Dieser Gottesmann ließ mich somit durch unseren gemeinsamen Freund schön grüßen.

„Danke", sagte ich, „das war eigentlich ein gemütlicher Abend. Wie geht es denn jetzt unserem geistlichen Freund?"

„Gut", meinte Höfer, „es ist der Bischof Krenn".

Mit der Geistlichkeit ist man grundsätzlich kulinarisch sehr gut beraten: Sie meidet aus einem gewissen Anstand hochlizitierte schicke Haubenrestaurants. Man kann ja nicht gut für Hungernde sammeln, wenn einem der getrüffelte Krebsenschaum aus den Mundwinkeln rinnt, daher weiß sie die Adressen der soliden Wirtshäuser.

Gelegentlich werde ich noch von Taxlern, Fiakern oder Theaterbesuchern gefragt: „Sagen Sie, wie lang war'n Sie eigentlich Generalintendant und was haben Sie überhaupt gemacht?"

Also: Ich war Generalintendant von 1986 bis 1990 und habe folgendes gemacht:

Ich habe zunächst das Programmschema geändert, das den Schwerpunkt auf den Vor- und Hauptabend legte. Das bedingte eine Reform der „Zeit im Bild". Damals entstand die Doppelmoderation. Sie hielt sich immerhin sechzehn Jahre.

Das wichtigste Vorhaben war allerdings die Einführung des Bundesländerfernsehens. Jedes Bundesland sollte sein eigenes unabhängiges Lokalprogramm machen können. Ein gewaltiges Vorhaben sowohl logistisch, als auch finanziell. Zu diesem Zweck mußte man unsere Senderkette mit einem Schalter trennen können. Diese Sendertrennung kostete damals die gewaltige Summe von fünfhundert Millionen Schilling (ca. 36.000.000 €). Sie hat sich ausgezahlt, denn heute bringt gerade dieses Bundesländerfernsehen (wenn es auch mittlerweile zu einem Landeshauptmannsfernsehen verkommen ist) die höchsten Quoten.

Die Sendertrennung machte mir ein Projekt möglich, das mir schon lange am Herzen lag: eine regelmäßige Sendung für unsere ethnischen Minderheiten und die Gastarbeiter.

Warum ist der Begriff „Minderheit" negativ und der Begriff „Mehrheit" positiv besetzt? Das wäre eine Untersuchung wert!

Die Mehrheit ist verantwortlich für die Regierung, die wir haben.

Die Mehrheit verläßt sich auf den gesunden Hausverstand.

Die Mehrheit ist der Meinung, Serbien muß sterbien.

Die Mehrheit drückt die Daumen für Bayern München.

Die Mehrheit ist verantwortlich für das Fernsehprogramm – für sie wird es gemacht.

Die Mehrheit ist noch nicht arbeitslos.

Die Mehrheit kauft die meisten Zeitungen, die ihrerseits als Dienst an der Mehrheit jene Themen aufgreifen, die die Mehrheit der Leser interessieren. Alle Medienunternehmer sowohl die der Printmedien als auch jene der elektronischen versichern mehr oder weniger glaubhaft, daß sie ihr Publikum niemals manipulieren, sondern eben nur das bringen, was die Mehrheit will. „Man bringt", heißt es bei Karl Kraus.

Ein Dienst am Kunden gewissermaßen, denn man will ja einerseits die Zeitungen verkaufen und andererseits die Quoten in Ordnung haben.

Dafür braucht man die Mehrheit.

Das klingt durchaus plausibel, aber – bei diesem Verfahren bleibt etwas auf der Strecke, was ja ohnehin nur mehr ansatzweise anzutreffen ist:

„Das schlechte Gewissen." Es wird ruhig gestellt.

Wir können unsere Beichtzettel mit unserem langen Sündenregister wegschmeißen. Unsere Schweinereien werden legitimiert.

Neue Fernsehpropheten leisten erste Lebenshilfe und weihen uns in „die Kunst, ein Egoist zu sein" ein. Empfehlen uns die Karriere auf Kosten anderer. Raten uns, gegenüber allen Fremden mißtrauisch zu sein. Verlangen kategorisch den „Genuß ohne Reue" und geben uns als Rat fürs Leben: keinen Genierer zu haben!

Die Mehrheit hat also keinen Genierer. Und alle, die die Mehrheit dringend brauchen, auch nicht. Der

Voyeurismus der Mehrheit wird zur Programmphilosophie. Die Indiskretion zur „conditio sine qua non".

So wird die Halbwahrheit zur Wahrheit, das „blue movie" zum Movie, die Halbbildung zur Bildung, das Styling zum Stil, der Substandard zum Standard.

Das sagen uns vor allem die Politiker, die schon längst keine ethischen oder programmatischen Zeichen setzen, sondern sich ausschließlich nach den Meinungsumfragen richten. Sie agieren nicht mehr – sie reagieren.

Der Verlierer ist dabei die Minderheit, welcher Art auch immer, die, weiß Gott, nicht das Gegenteil der Mehrheit ist, aber vielleicht so etwas wie deren Gewissen!

Manchmal regt sich allerdings auch bei der Mehrheit eine Art Gewissen. Vor allem, wenn es elektronisch wachgekitzelt wird. Wir Österreicher neigen ja außerdem notorisch zu Massenkundgebungen und lassen uns daher auch nicht lumpen, wenn uns das Fernsehen zur kollektiven Nachbarschaftshilfe aufruft.

Wohltätigkeit ist eben unverbindlicher als Solidarität. Letztere findet ohnehin nur mehr in privaten Zirkeln statt.

„In Europa wurde eine soziale Wüste produziert", sagte unlängst der Ökonom Ricardo Petrella, „die Politik hat ihre Macht freiwillig ans Kapital abgegeben, weil sie glaubt, auf diese Weise an der Globalisierung teilnehmen zu können".

Die Politik hat also ihre Schutzbefohlenen in die mittlerweile entfesselte Marktwirtschaft entlassen. Dort war ja Solidarität immer ein verdächtiges Vokabel. Dort regiert die Wohltätigkeit. Das Almosen. Charity. Charity-Golf oder Charity-Bridge für arme Teufel, die man nicht zu Gesicht bekommen will.

Wir haben also eine Redaktion eingerichtet, die die Minderheit bedienen sollte. Die Mehrheit wurde ja ohnehin schon immer verhätschelt. Wir haben das nicht aus Wohltätigkeit getan oder als Alibihandlung, sondern in der festen Überzeugung, daß die Minderheit ein Recht auf diese Redaktion hat.

Aber nicht nur die ethnischen Minderheiten haben dieses Recht, sondern auch jene der Fernsehzuschauer, die sich anspruchsvollere Programme wünschen, wenn sie schon dafür zahlen. Der sogenannte „Bildungsauftrag" ist zu wenig. Und kann zu leicht umgangen werden. Was wir brauchen ist ein Recht auf Qualität. Sollte es jemals zu einer Verbesserung des Rundfunkgesetzes kommen, würde ich vorschlagen, dieses Recht im Gesetz zu verankern.

Gleichzeitig haben wir den Hörfunk reformiert: Österreich 1 wurde zum erfolgreichsten Kultursender Europas und Ö 3 zur unverzichtbaren Einnahmequelle.

Ich intensivierte die Berichterstattung aus den Ostblockländern und installierte dort ständige Korrespondenten. Es gab zwar eine gut funktionierende Osteuropa-Redaktion, aber die zeigte dem Osten wie gut es uns im Westen geht, weil es hier keinen Kommunismus gibt. Die Korrespondenten informierten uns wesentlich differenzierter über die Problematik des Ostens. Unverzichtbar waren sie dann 1989 bei der sogenannten „Wende".

In diesem Zusammenhang kam die erste Breitseite meiner Gegner, die mir Kommunistenfreundlichkeit vorwarfen. Der amerikanische Botschafter Lauder zitierte mich zu sich, um mir schreiend zu erklären, was der ORF gegen den Kommunismus zu unternehmen hätte. Ich stand auf und verließ grußlos die Botschaft. Dieser Botschafter war einer der unangenehmsten Menschen, denen ich jemals begegnet bin. Und das heißt etwas!

Mit seinem Nachfolger Grünwald hatte ich hingegen ein ausgezeichnetes Verhältnis.

Die zweite Breitseite kam aus der ÖVP-Fraktion des Kuratoriums, weil ich die Filmstudios auf dem Rosenhügel wieder zurückkaufte. Sie waren schon mit allen wertvollen Gründen verkauft worden. Dort sollten ein Supermarkt und Reihenhäuser entstehen. Da ich einen höheren Betrag zahlen mußte als jenen, um welchen alles verkauft worden war, verdächtigte man mich der persönlichen „Bereicherung". Die Firma Makulan konnte die Sache aufklären. Jedenfalls gäbe es heute keine „Filmstadt Wien", wenn der ORF nicht rasch gehandelt hätte.

Das größte Kesseltreiben gegen mich entstand allerdings durch die Einführung der „Seitenblicke". Die Idee zu dieser Sendung hatte eigentlich meine Frau. Sie meinte zu Recht, daß fast jede Zeitung eine Gesellschafts- oder Tratschkolummne hat, aber der ORF diese Marktlücke offenläßt.

In den regulären aktuellen Sendungen war kein Platz für derartige Belanglosigkeiten, aber der Bedarf dafür war vorhanden. Deshalb setzte ich mich mit einigen Leuten zusammen, um eine Sendung mit Nachrichten über den Prominentenalltag zu konzipieren, und zwar mit Kurier-Redakteur Günther Broscheit, der Karl Hohenlohe mitbrachte, sowie mit Harry Windisch, dem Unterhaltungschef und Otto Pammer, der als gelernter Wochenschau-Kameramann die Sendung technisch herstellen sollte.

Der Titel „Seitenblicke" kam von mir und sollte schon unsere Absicht signalisieren: mit leichter Ironie und der nötigen Distanz über die sogenannte Gesellschaft und deren Aktivitäten zu berichten.

Nach den ersten Sendungen brach ein Sturm der Entrüstung los. Die Kulturpharisäer waren auf dem Kriegspfad. Ausgerechnet die Boulevardzeitungen bezichtigten uns der Boulevardisierung des öffentlich-rechtlichen Fernsehens.

Bedeutende Stützen der Gesellschaft wie Andre Heller, Erika Pluhar oder Sacherchefin Elizabeth Gürtler ließen sich für so einen „Dreck" nicht filmen. Wer in Österreich etwas auf sich hielt, versicherte in den Tratschspalten der Zeitungen, daß er in den „Seitenblicken" nicht vorkommen will. Heute drängen sie sich vor die Kameras. Mit Ausnahme von Erika Pluhar.

Im ORF-Kuratorium dachte man schon laut über meine Ablöse nach und der Abgeordnete Univ.-Prof. Dr. Clemens August Andreae forderte eine Untersuchung, weil er mich verdächtigte, an der „Pammer-Film" beteiligt zu sein.

Der ÖVP-Kuratoriumssprecher Steinbauer, einer der dezidiertesten Scharfmacher, was zwar durch seinen Sprachfehler relativiert, aber nicht ungefährlicher gemacht wurde, kam nach einer Sitzung zu mir und fragte, ob man den Bundespräsidenten Waldheim nicht hie und da in den „Seitenblicken" zeigen könnte.

Ohne mein Zutun erschien drei Tage später ein Bericht in den „Seitenblicken" über ein Fest bei der markanten Operettensängerin Pitsch-Sarata. Dort sah man neben Franz Antel und Ingenieur Lugner auch den Herrn Bundespräsidenten durch das Bild gehen.

Der Reporter fragte die Künstlerin, ob es dem Herrn Bundespräsidenten auf dem Fest gefiele? „Ja, sehr! Er wird ja sonst nirgends eingeladen." So hatte das Herr Steinbauer nicht gemeint. An meiner Absetzung wurde noch intensiver gearbeitet.

Erst als auf mein Angebot hin Franz Kreuzer, immerhin Ex-Minister, Ex-Intendant und renommierter Chefredakteur, die Leitung der „Seitenblicke" übernahm, begann sich die Hetzjagd zu beruhigen.

Heute sind die „Seitenblicke" zusammen mit den Bundesländersendungen und der ZIB die Quotengaranten des ORF.

Na ja – tempora mutantur ...

Auf einer Rundreise durch die Bundesländer machte ich einen Abstecher zum Irrsee. Zu Otto Schenk. Otti war nicht zu Hause, aber seine Frau Renée.

„Jetzt kommt gleich Carlos Kleiber, der hat gestern hier seine Saunaschlapfen vergessen. Den mußt du unbedingt kennenlernen", meinte sie.

Aber als er eintraf hatte ich den Eindruck, daß er mich nicht kennen lernen wollte. Ich glaube, er haßte Bonzen. Ich auch, aber ich war einer.

Unwillig gab er mir die Hand und setzte sich in einen weit entfernten Winkel.

Renée ließ uns allein. Schweigen!

Nach einer Ewigkeit sagte er:

„Ich werde Sie jetzt prüfen, ob Sie musikalisch sind."

„Ich glaube nicht, Herr Professor", erwiderte ich, „daß ich Ihren Ansprüchen gerecht werden kann."

„Sie müssen nur meine Lieblingsmelodie nachsingen können", sagte er ziemlich streng und fügte hinzu:

„Es hat vor vielen Jahren im Fernsehen eine Werbesendung gegeben, in der meine Lieblingsmelodie gespielt wurde: der Hustinetten-Bär!"

„Die kenn' ich natürlich", sagte ich.

„Dann singen Sie!", befahl er.

„Nur wenn Sie dirigieren", antwortete ich.

Wir standen beide auf und Kleiber hob die Hand zum Einsatz. Dann sang ich:

„Nimm den Husten nicht zu schwer,
hier kommt der Hustinetten-Bär,
nimm den Husten nicht zu schwer,
hier kommt der Hustinetten-Bär
Huuuuuustinetten."

Kleiber war begeistert. Er umarmte mich und lud mich ins Wirtshaus ein. Als wir uns verabschiedeten sagte er: „Ich stehe Ihnen bei allen musikalischen Fragen zur Verfügung."

Zwei Monate später traf ich in der Stadt Editha Gruberova, die ich einmal dazu überreden konnte, in „Seinerzeit" Schlager zu singen. Trotzdem sind wir befreundet.

„Nächste Woche fahr' ich nach New York und mache an der MET die „Traviata". Ich hab' schon so die Hosen voll!"

„Aber, ich bitte dich", sagte ich, „du?!"

„Ja, ja – aber der Dirigent – der Dirigent, der ist so schwierig. Der Carlos Kleiber. Ich kenn' ihn nicht."

„Das ist überhaupt kein Problem", lachte ich, bei der ersten Probe gehst du zu ihm, sagst einen schönen Gruß von mir und dem Hustinetten-Bär".

„Was ist das für ein Blödsinn", sagte sie. Notierte sich aber „Hustinetten-Bär".

Nach drei Wochen las ich eine Notiz in der Zeitung: „Editha Gruberova ist nach Differenzen mit der Direktion der MET aus dem Vertrag ausgestiegen und abgereist."

Hatte der Hustinetten-Bär nicht gewirkt?

Zwei Tage später stand in der gleichen Zeitung: „Carlos Kleiber ist aus Solidarität mit Editha Gruberova auch abgereist."

Na also, da soll noch einmal einer sagen, daß das Werbefernsehen in der Kultur keine Rolle spielt.

Mit der Kultur hatte ich also keine Probleme, aber mit der Politik wurde es zusehends schwieriger. Mein einziger medienpolitischer Ansprechpartner, Fred Sinowatz, war als Bundeskanzler zurückgetreten und hatte einen schöneren Mann auf seinen Platz geholt. Franz Vranitzky. Ein Mann, für den die Partei nie „das wichtigste" war und für den auch nichts „sehr kompliziert" war. Ein Mann, der schwieg, wenn er keine Meinung hatte, und wenn er eine hatte ebenfalls. Diese Eigenschaft dürfte Kreisky dazu veranlaßt haben, den jungen Kanzler einen Spitznamen zu geben: „Eine Sphinx ohne Rätsel".

Vranitzky hatte Bacher 1986 die Wiederwahl in Aussicht gestellt, konnte sich aber über den SPÖ-Vorstandsbeschluß nicht hinwegsetzen. Er verteidigte also zähneknirschend meine Wahl, rührte aber keinen Finger für meine Wiederwahl. Er vermied auch fast jede Intervention bei mir, er deponierte seine Begehrlichkeiten beim Informationsintendanten Kunz. Der hatte nicht nur ein offeneres Ohr, sondern auch die besseren Anzüge als ich.

Einmal intervenierte Doktor Vranitzky doch bei mir – und zu seiner Ehre sei es gesagt – in einer kulturellen Angelegenheit: Er ersuchte mich, die mit Recht so bekannte Schauspielerin Brigitte Neumeister öfter einzusetzen. Leider konnte ich diesem allerhöchsten Wunsch nicht nachkommen, weil ich mich nicht in die Agenden des Besetzungsbüros einzumischen pflegte. Ansonsten war er, wie ich glaube, an medienpolitischen Fragen nicht sehr interessiert.

Von dieser Seite war keine Hilfe zu erwarten – im Gegenteil. In der Lucona-Affäre mußten hohe sozialdemokratische Funktionäre unter den visionslosen Blicken des Kanzlers über die Klinge springen.

Auch ich war auf der Abschußliste. Ich war ein Jugendfreund von Udo Proksch und war nach wie vor, wie so viele, mit ihm befreundet. Man holte mich also vor den Lucona-Ausschuß ins Parlament, um mir eine Mitschuld an dem Verbrechen anzuhängen. Politwissenschaftlern wäre eine Aufarbeitung sowohl des parlamentarischen Lucona-Ausschusses als auch der Proksch-Prozesse dringend ans Herz zu legen. Sie würden in reichem Maße zum Thema „Medienjustiz in der Zweiten Republik" fündig werden.

Trotz gefälschter Beweismittel, trotz Überwachung durch das Heeresnachrichtenamt, trotz Verleumdungen in der Presse, trotz Beschattung durch Detektive und Telefonüberwachung konnten mir meine Ankläger nichts anhaben.

Mein geplanter Sturz, der schon am Vorabend meiner Einvernahme vom Grünen Pilz vor der Presse fröhlich angekündigt worden war, mußte verschoben werden.

Spätestens jetzt war mir klar, daß meine Bewerbung um eine Wiederwahl eine reine Formsache sein würde.

Diese Vermutung reifte zur Gewißheit, als mir Jörg Haider ungefragt sein Wort gab, daß er mich wieder wählen würde. Kurt Bergmann, mittlerweile ÖVP- Franktionsführer im Kuratorium, räumte mir immerhin eine gute Chance ein, wenn ich an der Zusammensetzung des Direktoriums nichts ändern würde.

Mein Team, das ich mir nicht aussuchen durfte. Von links nach rechts:
Ernst Grissemann, Peter Radel, Ernst Wolfram Marboe, Johannes Kunz und Heinz Doucha.

Bischof Krenn als Jungtheologe: Gebete und cucina povera.

Nach vier Jahren darf ich Gerd Bacher ein blühendes Unternehmen übergeben. Offensichtlich freuen wir uns beide darüber. Ich fast ein bißerl mehr.

Nebenrollen sind reizvoll. Wenn man weiß, wer die Hauptrolle spielt.

Eine ausgestorbene Spezies: Fernsehsprecherin

Hermi Niedt

Elisabeth Woska

Annemarie Berté

Martha Hauser

Hanne Rohrer

Brigitte Pecho

Ina Pope

Ilse Mahringer

Ilse Holy

Chris Lohner

Olivia Silhavy

Lore Müller

Maria Piffl

Christa Stampfer

Eva Maria Klinger

Andrea Hohner

Sabine Petzl

Heilwig Pfanzelter

Jenny Pippal

Marie-Christine Giuliani

Andrea Radakovits

Doris Golpashin

Gabriele Haring

35 Jahre sind genug

Aber ich dachte nicht daran, mit demselben Team noch eine Amtszeit durchzustehen. Laut ORF-Gesetz hat der gewählte Generalintendant das Recht seine Intendanten und Direktoren vorzuschlagen. Darauf berief ich mich.

In Wahrheit war die Wiederwahl von Gerd Bacher eine beschlossene Sache. Sie wollten mich vor der Enthauptung noch etwas knien lassen. ÖVP-Betriebsrat Fiedler meldete sich bei meiner Sekretärin immer mit den Worten: „Hier spricht sein Wähler – ich brauche einen Termin."

Die Betriebsräte kamen geschlossen, angeführt vom Ex-Betriebsrat und Technischen Direktor Heinz Doucha und nannten unverblümt ihre Forderungen: Walter Amon sollte Werbechef werden. Leyrer-Schlosser technischer Chef im Funkhaus und so weiter und so weiter. Gerd Bacher hatte ihnen all das bereits versprochen und sollte nach seiner Wahl auch Wort halten.

Trotzdem war mein Generalsekretär Gerhard Zeiler von meiner Wiederbestellung überzeugt – ich war es keineswegs.

Ich sollte Recht behalten. Gerhard Zeiler war wie er sagte „geschockt". Ich war enttäuscht. Nicht weil ich so gerne Generalintendant geblieben wäre, sondern über diese beschämenden Umstände.

Wieder einmal saß ich Gerd Bacher gegenüber. Übergabe der Geschäfte. Ich konnte ihm ein geordnetes Unternehmen übergeben mit einem Reingewinn von 582,9 Millionen Schilling (ca. 42.600.000 €). Den ich nicht zuletzt meinem Kaufmännischen Direktor Dr. Peter Radel verdankte.

Er fühlte sich als strahlender Sieger. Ich fühlte mich nicht als Verlierer. Ich hatte ja nicht gekämpft. Warum sollte ich auch um einen Job kämpfen, den zu machen, ich gebeten wurde. Daß sich mittlerweile die politischen Machtverhältnisse in der Republik verändert hatten, änderte nichts an der Tatsache, daß ich Bedingungen zu stellen hatte und nicht die Politiker. Was heißt Bedingungen – ich berief mich ganz einfach auf das Rundfunkgesetz, das mir das Vorschlagsrecht für die Intendanten und Direktoren einräumte. Aber im Recht sein ist eine Sache und Recht bekommen eine andere. Das eine hat mit dem anderen nichts zu tun.

Was redet man eigentlich miteinander in so einer eher peinlichen Situation?

Ich erzählte Gerd Bacher, daß ich endlich einen Original Sensenich-Propeller für meine alte Piper aufgetrieben hätte und er zeigte mir, daß man sich neuerdings mittels Laser die Altersflecken von der Glatze wegmachen lassen kann.

Als ich nach Hause kam, war der erste Anrufer Otto Schenk: „Endlich", sagte er, „endlich bist du von diesem Fernsehen weg und kannst in der Josefstadt Theater spielen".

Ich begann also dort, wo ich vor fünfunddreißig Jahren aufgehört hatte. Mit kleinen Rollen am Theater. Aber, die werden einem fast öfter geneidet als der Posten eines Generalintendanten. Mit Recht.

Gerd Bacher mußte mit einer schweren Hypothek leben. Er war jetzt gnadenlos jenen ausgeliefert, die ihm zur Rückkehr verholfen hatten: Betriebsräten, die ja im Kuratorium saßen und der ÖVP in Gestalt des irrlichternden Programmintendanten Ernst Wolfram Marboe.

Die letzte Ära Bacher ging zu Ende und Gerhard Zeiler, der in Deutschland TV- Karriere gemacht hatte, bekam vom Ex-Betriebsrat und mittlerweile Technischen Direktor Doucha das Angebot, sich von ihm und „seinen“ Betriebsräten zum neuen GI machen zu lassen. Zeiler antwortete, daß er sich nur bewerben würde, wenn an diese Wahl keine Bedingungen geknüpft würden. Doucha wies so eine Vermutung entrüstet von sich. Zeiler bewarb sich und wurde selbstverständlich sofort mit dem Hinweis von Doucha konfrontiert, daß es für den Posten des Programmintendanten wohl keinen besseren gäbe als den Betriebsrat Walter Amon, der bei mir nicht Werbechef wurde, bei Bacher aber oberster Produktionschef. Zeiler, dem die Umstände meiner Abwahl noch in guter Erinnerung waren, meinte, daß er auch keinen besseren wüßte. Die Betriebsratskaiser gingen also zufrieden zu Bett.

Am nächsten Tag schlug Zeiler nicht nur Amon nicht vor, sondern auch nicht Doucha. Er nominierte Kathrin Zechner und Karl Matouschka.

Für diesen Coup bekam er auch die Stimmen der ÖVP und meinen allergrößten Respekt. Erst ohne das Netzwerk der mächtigen Betriebsräte war es möglich geworden, im ORF Reformen durchzuführen.

Heute betrachte ich das Fernsehen mit den Augen eines Hilflosen. Wie ein Arbeiterführer die Globalisierung. Aus der großen Illusion ist tatsächlich etwas geworden, was der ehemalige Bundeskanzler Raab als „Baberlzeug“ bezeichnet hatte. Der Stoff aus dem dieses Baberlzeug gemacht ist, wird immer dünner!

Die Fernsehspiele und -serien scheinen die Verfilmung jener Publikationen zu sein, für deren Besitz und Lektüre wir als Jugendliche bestraft wurden: von „Schundheftln“. Junge Menschen werden vom Fernsehen beim Wohnen beobachtet und bald auch beim Kopulieren.

Der Unterschied zwischen Wirklichkeit und Fiktion wird unsichtbar. Vor allem in den politischen Sendungen. Freaks und Monsters gehen im gesamten deutschsprachigen Raum auf Tournee. Von einer Talkshow zur anderen. Manche sieht man immer wieder. Angeblich heben sie die Quote. Manche jodeln auch und singen Volkslieder. Über Literatur wird bestenfalls gesprochen, sie wird aber nicht verfilmt. Der schlechte Geschmack wird globalisiert.

Das Programm wird nach den Vorgaben der Werbewirtschaft gemacht und nicht nach den Wünschen der Gebührenzahler. Dabei sind die noch in der Überzahl. Die sogenannten Zielgruppen der „Jungen“ zahlen doch keine Gebühren. Sie starren, wenn überhaupt, in die Fernsehgeräte ihrer Eltern oder Großeltern.

Man spricht immer von der Gefährlichkeit der Atomkraftwerke. Man sollte beizeiten die Gefährlichkeit von Fernsehstationen thematisieren. Die Störfälle häufen sich. Es ist mit fernsehaktiver Verseuchung zu rechnen. Das Fernsehen ist weltweit auf dem besten Weg, seine Rolle als journalistisches Kontrollmedium zurückzulegen. Rundfunk und Zeitungen sind im Privatbesitz der Mächtigen, die damit ihre Macht absichern. Das Fernsehen erst recht.

Amerika und der Irak-Krieg sind dafür das beste Beispiel. Außerdem müssen die vielen Arbeitslosen unterhalten werden, damit sie in ihrer Dauerfreizeit nicht auf dumme Gedanken kommen.

Aus der Illusion wurde die Wirklichkeit. Reality-TV. Reality-Soap. Menschen spielen vor der Kamera ihr Glück, ihr Unglück und zeigen dabei auf Rotlicht ihre eigene Verkommenheit. Und wir sehen zu. Wir laden uns diese Wirklichkeit herunter in unser Leben. Es hat sich ja schon vor langer Zeit abgezeichnet.

Als ich einmal mit Hans-Joachim Kulenkampff in einem Kaffeehaus saß, kam eine nette Dame mittleren Alters auf ihn zu und bat ihn um ein Autogramm. Während er schrieb, sagte sie mit leicht geröteten Wangen:

„Eines muß ich Ihnen sagen, Herr Kulenkampff – Sie sehen privat genau so aus wie in Wirklichkeit.“

Diese „Wirklichkeit“ hat uns schon längst eingeholt. Sie hat ihre mißratene Schwester im Schlepptau: die Trivialität, die Mutter des Durchschnitts – oder besser gesagt der Durchschnittlichkeit.

Das ist vielleicht gut so. Der Zuschauer rückt enger mit den Protagonisten dieser Wirklichkeit zusammen. Alles Menschen wie du und ich. Die Grenzen verwischen sich und diese Welt der einstigen Illusion wird erreichbar.

Das Publikum macht sich heute im wesentlichen sein Programm selbst. Es hat seine würdigen Vertreter in den Chefetagen. Dort herrschen ein Geschmack und eine Seele.

Gibt es also keine Hoffnung? Man muß lernen zu verzichten. Wie mein alter Freund, der falsche Graf Batthiany. Es wird hoffentlich nie restlos geklärt werden, ob die stadtbekannte Figur des „Jascha“ ein echter oder falscher Graf ist. Wir, seine Freunde hoffen – sind eigentlich überzeugt, – daß er ein falscher Graf ist. Ein echter ist doch uninteressant.

Als ich am Abend jenes Tages, an dem ich nicht wiedergewählt wurde, endlich zum „Gutruf“ kam, war der falsche Graf Batthiany da.

Eigentlich wäre er jetzt der richtige Gesprächspartner gewesen. Aber er war betrunken hinter seinem halbvollen Glas Rotwein eingeschlafen.

Er war, erzählte mir unser chinesischer Koch Chung, singend eingeschlafen. Man muß wissen, daß der falsche Graf Batthiany ein Faible für das Wienerlied hatte. Auch er hatte seine Illusionen und Sehnsüchte, auf die er verzichten mußte.

Der Ober vom „Göttweiger Keller“, wo der falsche Graf Batthiany Stammgast war, erzählt noch heute die Geschichte, als der „Herr Graf“ kurz vor der Sperrstunde erschien und eine Schüssel voll gekochter und geschälter Erdäpfel käuflich erwerben wollte. Er hatte plötzlich Sehnsucht nach einem selbstgemachten Erdäpfelsalat bekommen und wollte sich um diese Nachtzeit das Kochen und Schälen ersparen.

Die Wirtin, die vor einem Nirostakübel voll dampfender, geschälter Erdäpfel saß, verweigerte dieses Ansinnen. Aus Prinzip wie sie sagte. Es war ihr gleichgültig, daß der falsche Graf mit einem Tausender wachelte. Sie blieb eisern.

Der falsche Graf war fassungslos. Er entriß der Wirtin den Kübel und flüchtete mit fünf Kilo Kipfler in die Nacht.

Die Kellner und zwei Polizisten, die gerade ihr „Fluchtachterl" tranken, nahmen halbherzig die Verfolgung auf und stellten den Unhold, der in eine unbeleuchtete Baugrube gefallen war. Die Erdäpfel lagen dampfend im frischen Beton. Aus der Traum.

Am nächsten Morgen ging er wie jeden Tag in die Trafik, um sich, wie er es gewohnt war, eine „Trabucco mit Spitz" zu kaufen. Da einige Kunden vor ihm waren, betrachtete er seine Schürfwunden im Spiegel, der über der Gasflamme hing. Seit Jahren ging er täglich hier herein, um seine „Trabucco mit Spitz" zu verlangen, aber erst heute, im Spiegel bemerkte er, daß die Trafikantin eine hübsche Frau war. Sie war kein junges Mädchen mehr, gewiß, aber auch er hatte ja die fünfzig schon hinter sich. Es faszinierte ihn, mit welcher Anmut sie Zigaretten aus dem Regal holte, „Kurier" und „Krone" aus den vorderen Fächern zog oder die Lotto- und Totoscheine bestätigte.

Er war immer ein Hagestolz gewesen und ließ sich nur sehr selten mit einer Dame auf eine kurze, meist enttäuschende Zweisamkeit ein. Heute spürte er ein ganz anderes Gefühl. Ein Verlangen, mit dem er nicht vertraut war. Sie war ihm ja sehr vertraut, er besuchte sie schließlich täglich in ihrer Trafik.

Aber jetzt – verfremdet durch den Spiegel – schien sie ihm verzaubert zu sein.

Er mußte sie näher kennen lernen. Er wußte ja nicht einmal, wie sie hieß.

Er beschloß, um sie zu werben – mit ungewissem Ziel.

Wenn das Geschäft leer ist, sagte er sich, werde ich eine Konversation beginnen.

Jetzt wäre er als Kunde schon längst an der Reihe gewesen, aber er blätterte in irgendwelchen Zeitschriften. Neue Kunden kamen und gingen und er blätterte und blätterte.

Als er endlich mir ihr allein war, sagte er: „Verstehen Sie mich nicht falsch, gnädige Frau – aber es wäre eine außerordentliche Ehre, Sie einmal in unsere Familienvilla in Abazzia einzuladen. Selbstverständlich haben Sie Ihr eigenes Appartement. Ich fände es schön, mit Ihnen ein Wochenende zu verbringen. Wir sollten uns doch, wo wir uns schon so lange kennen, endlich kennenlernen."

Er sah sich schon Hand in Hand mit der schönen Trafikantin auf dem Spaziergang zwischen Abazzia und Icici. Immer an der Küste entlang. Es riecht nach Meer und Pinien ...

Was sie wohl für Beine hat? Er hatte sie ja immer nur im Sitzen gesehen. Hinter dem Verkaufspult. Eine Dame ohne Unterleib. Aber, wer so ein hübsches Dekolleté hat, hat auch hübsche Beine. Dann würden sie in ein romantisches Fischlokal gehen, man würde sich vielleicht schon am ersten Abend näherkommen ...

In Bruchteilen von Sekunden bastelte sein Gehirn an dieser Illusion.

„Das ist sehr nett von Ihnen, Herr Graf“, sagte die Trafikantin, „aber mei’ Lebensgefährte hat si’ jetzt endlich von seiner Frau, dieser Bestie, scheiden lassen und zieht nächste Woche zu mir. Allein’ hätt’ I des eh nimmer derpackt seit zu Ostern mei Mutter g’storben is. Wissen’s des Gschäft und a behindertes Kind, des ist für einen allein zuviel!“

Sie lächelte, wie nur jemand lächeln kann, der sich wieder auf das Leben freut.

Der falsche Graf Batthiany machte einen halben Schritt zurück, sah die Trafikantin wie ein echter Graf Batthiany an und sagte: „Eine Trabucco mit Spitz.“

Abazzia

Fotonachweis:

Seite 8	–	Podgorski
Seite 13	–	Podgorski
Seite 14	–	Podgorski
Seite 25	–	ORF-Archiv
Seite 26	–	Volkstheater, ORF Archiv, Bezirksmuseum Floridsdorf
Seite 27	–	ORF-Archiv
Seite 28	–	ORF-Archiv
Seite 46	–	ORF-Archiv
Seite 47	–	Votava
Seite 48	–	Votava
Seite 49	–	Archiv Kronen-Zeitung
Seite 50	–	ORF-Archiv
Seite 56	–	Union Boxclub Favoriten
Seite 57	–	ORF-Archiv
Seite 58	–	Franz Hubmann
Seite 67-71	–	Franz Hubmann
Seite 72	–	Stadttheater Baden
Seite 76-77	–	ORF-Archiv
Seite 78	–	Votava
Seite 82	–	Votava
Seite 83	–	Forster
Seite 84	–	Podgorski
Seite 88	–	Votava
Seite 94	–	Basch
Seite 103	–	Horowitz, ORF-Archiv
Seite 104	–	ORF-Archiv
Seite 112	–	Zach-Kiesling, Schaffer
Seite 113	–	Horowitz, Rabanus, Burda-Verlag
Seite 114	–	ORF-Archiv
Seite 123	–	ORF-Archiv
Seite 124	–	Archiv Kronen-Zeitung
Seite 125	–	Podgorski
Seite 126	–	Votava
Seite 131	–	ORF-Archiv
Seite 132	–	ORF-Archiv, Molin, Archiv Kronen-Zeitung
Seite 133	–	Archiv Kronen-Zeitung
Seite 134	–	Votava
Seite 140-141	–	Votava
Seite 145	–	ORF-Archiv, Podgorski
Seite 146	–	Podgorski
Seite 151	–	Horowitz, Laterndl Grill
Seite 152-153	–	Podgorski
Seite 154	–	ORF-Archiv
Seite 157	–	ORF-Archiv
Seite 158	–	ORF-Archiv
Seite 162-165	–	ORF-Archiv
Seite 175	–	Carinthia, Podgorski, ORF-Archiv
Seite 176-177	–	Peter Lehner, Podgorski, ORF-Archiv
Seite 178	–	ORF-Archiv
Seite 184	–	Benedikt Fürstenberg
Seite 185	–	Knize
Seite 186	–	Podgorski
Seite 194-195	–	ORF-Archiv, Adi Höfer, Harry Weber (Theater in der Josefsstadt)
Seite 196-199	–	ORF-Archiv
Seite 204	–	Kroatische Zentrale für Fremdenverkehr

THADDÄUS PODGORSKI ist gebürtiger Wiener. Nach Absolvierung des Stiftsgymnasiums Admont studierte er Germanistik. Daneben spielte er an verschiedenen Wiener Kellerbühnen und am Volkstheater. Er wurde Sprecher beim Sender „Rot-Weiß-Rot". Nach dem Staatsvertrag arbeitete er als Radioreporter beim Österreichischen Rundfunk. Gleichzeitig bewarb er sich beim embryonalen Fernsehen und wurde erster Redakteur der „Zeit im Bild", deren Namen er erfand. Vom leitenden Redakteur des aktuellen Dienstes avancierte er zum Chefreporter, Chefredakteur, Fernsehintendant und schließlich zum Generalintendant. Als Programmacher kreïerte er zahlreiche Sendereihen wie „Greatest fights of the century", „Sportpanorama", „Panorama", „Seinerzeit", „Jolly Joker" und „Seitenblicke". Für seine Arbeiten wurde er unter anderen mit dem „Bambi", der „Goldenen Kamera", dem „Filmpreis von Oberhausen", dem „Sport Oscar" und dem „Goldenen Ring von Lausanne" ausgezeichnet. 1990 holte ihn Otto Schenk an das Theater in der Josefstadt. Podgorski ist heute als Autor, Regisseur und Schauspieler tätig.

ZU DIESEM BUCH: Vor 50 Jahren – als alles begann – machten gescheite Leute für gescheite Leute ein Fernsehprogramm. Dann machten gescheite Leute ein Programm für Dumme. Und heute? In der „Steinzeit" verstand sich das Fernsehen als Kulturmedium, später wurde es Informationsmedium, danach ein Unterhaltungsmedium und schließlich ein Ablenkungsmedium. Das wird es wohl auch bleiben. Die Menschen müssen ja von ihrer eigenen Situation abgelenkt werden, wenn unser Wirtschaftssystem noch weiter funktionieren soll. Am radikalsten besorgen dieses Geschäft die Privatsender, die selbst Bestandteil dieses Systems sind. Daß sich allerdings die „Öffentlich-Rechtlichen" als Steigbügelhalter dieser Politik präsentieren, ist ein Indiz dafür, in welchem Ausmaß Politiker vom Geld entmündigt wurden. Dieses Buch wird wahrscheinlich absolut nichts bewirken. Oder doch: Vielleicht verführt es Sie zu einem nachdenklichen Lächeln.